ANTIKE UND GEGENWART

Caesar · Bellum Gallicum
Der Typus des Machtmenschen

Lehrerkommentar
von
Friedrich Maier

C.C. BUCHNER

ANTIKE UND GEGENWART

Lateinische Texte zur Erschließung europäischer Kultur

Herausgegeben von Prof. Dr. Friedrich Maier,
Humboldt-Universität zu Berlin

1. Auflage 1 ⁸⁷⁶⁵⁴³   2012 11 10 09 08 07
Die letzte Zahl bedeutet das Jahr dieses Drucks.
Alle Drucke dieser Auflage sind, weil untereinander unverändert, nebeneinander benutzbar.

Dieses Werk folgt der reformierten Rechtschreibung und Zeichensetzung. Ausnahmen bilden Texte, bei denen künstlerische, philologische oder lizenzrechtliche Gründe einer Änderung entgegenstehen.

© C.C. Buchners Verlag, Bamberg 2000

Das Werk und seine Teile sind urheberrechtlich geschützt. Jede Nutzung in anderen als den gesetzlich zugelassenen Fällen bedarf der vorherigen schriftlichen Einwilligung des Verlages. Das gilt insbesondere auch für Vervielfältigungen, Übersetzungen und Mikroverfilmungen. Hinweis zu § 52 a UrhG: Weder das Werk noch seine Teile dürfen ohne eine solche Einwilligung eingescannt und in ein Netzwerk eingestellt werden. Dies gilt auch für Intranets von Schulen und sonstigen Bildungseinrichtungen.

www.ccbuchner.de

Layout und Satz: i.motion, Bamberg
Druck: creo Druck & Medienservice GmbH, Bamberg

ISBN 978-3-7661-**5974**-8

Vorwort

> Cäsar sah fern vom Tumulus
> Der Seeschlacht zu Barbarenschiffe Angstschweiß
> Eines Großen der Geschichte macht Es kam dann
> Auf die Tapferkeit an und Sichelstangen
> Die die Rahen herunterrissen samt den Ledersegeln
> BELLUM GALLICUM der gewohnte Golfkrieg
> Vor den Augen des Landheers im Küstenkino
> Und die Windstille
> So entstehen Weltreiche / Ich sah sie fallen
> Auf seinen Knochen stehnd dem Führerbunker
> Grothewohlstraße im anderen Deutschland
> Der überraschende Landwind in den Korridoren
> Ein Lidschlag der Geschichte gegen die Verblendung
> Taumelzaudernd DER TANZ AUF DER MAUER
> Die Mauerspechte mit den kleinen Hämmern
> Die Volksarmee sah zu das Heer der Arbeitslosen
> Eine Minute in Meiner Zeit
>   Volker Braun, Der Totenhügel, 1999

Der völlig neu arrangierten Textausgabe zum BELLUM GALLICUM ist ein fundierter Lehrerkommentar zur Seite gestellt, der allen Unterrichtsstunden zu einer schnellen und zugleich tiefgreifenden Projekt- und Stundenvorbereitung die nötigen Hilfen bietet. Dadurch soll es vor allem möglich werden, die Lektüreziele auf einer gesicherten Interpretationsgrundlage anzustreben. Um diese zu schaffen ist – wie es sich für einen effizienten Kommentar gehört – die wissenschaftliche und didaktische Literatur soweit als nur möglich herangezogen und eingearbeitet worden. Wer in der Sekundär-Literatur zu Caesar nicht genügend zu Hause ist, hat somit die Gewähr, dass sich die vorgeschlagenen Lektüresequenzen (einschließlich der schematischen Analysen) sowohl am Stand der Caesarforschung wie auch am Standard der Caesar-Didaktik orientieren. Sein Unterricht ist auf der Höhe der fachlichen Diskussion.

Die auch höheren Ansprüchen genügende Gestaltung des Kommentars ist durch die langjährige, intensive Auseinandersetzung des Autors mit Caesars Werk begründet – was sich ja bereits in vielen Veröffentlichungen zur Caesar-Lektüre niedergeschlagen hat. Außerdem sind in mehreren fachwissenschaftlichen und fachdidaktischen Seminaren an der Ludwig-Maximilian-Universität in München und an der Humboldt-Universität zu Berlin dazu Vorarbeiten geschaffen worden. Alle Teilnehmer an diesen Seminaren, die mit didaktischer Phantasie und methodischem Geschick, nicht selten von der Sache begeistert, an der Erarbeitung des neuen Konzepts mitgewirkt haben, verdienen Dank und Anerkennung; ebenso sei den Lehrerinnen und Lehrern aus Berlin und Brandenburg, Hörern meiner didaktischen Abendvorlesung, für die Erprobung einzelner Teile der Ausgabe in der Unterrichtspraxis gedankt. In Frau Studienrätin Anke Bell, Berlin, die die Zeichnungen zu einzelnen Szenen und Personen geschaffen hat, verbinden sich erfreulicherweise die Lehrbefähigung für Latein und Kunsterziehung.

Der Lehrerkommentar ist für die einzelnen Unterrichtsprojekte jeweils so angelegt, dass sie in sich geschlossene Einheiten darstellen. Nach einer kurzen Angabe über die Lektüreform der im Textband enthaltenen Kapitel (statarisch, synoptisch, in Paraphrase, in Übersetzung) werden die Interpretationslinien entwickelt mit starker Konzentration auf die Aussageschwer- oder -höhepunkte (mit Tafelbildern, grafischen Übersichten, Zusammenfassungen, zusätzlichen Bildern) und durch wissenschaftliche Absicherung in den Anmerkungen sub-linea. Die im Textband gestellten Erschließungsfragen („Aufgaben zur Interpretation") werden jeweils suo loco kurz und bündig beantwortet. Die Zusatz- und Informationstexte werden soweit möglich und nötig in die Interpretation einbezogen. Gerade dadurch wird ein hoher Grad an Aktualisierung erreicht.

Eine erfolgreiche Caesar-Lektüre, die die Schülerinnen und Schüler den Sinn einer Auseinandersetzung mit dem Bellum Gallicum erfahren lässt, macht es erforderlich, dass die Vermittler vor Beginn der Arbeit die in die Problematik, Begründung und Zielsetzung einführenden Anfangskapitel dieses Lehrerkommentars lesen und die vorgetragenen Forschungsergebnisse zur Kenntnis nehmen. Erst dadurch ist die Garantie gegeben, dass Caesars „Gallischer Krieg" mit Interesse und innerem Antrieb von Seiten aller Beteiligten im Unterricht behandelt wird.

Der Verfasser

JEDE GENERATION HAT IHRE VORBILDER

Nichts ist spannender als Wirtschaft. Woche für Woche. Wirtschafts Woche

Caesar
Napoleon
Bill Gates

Nach welchem gemeinsamen Merkmal sind diese drei Figuren kombiniert? Welche Wertung erfährt der Römer Caesar in diesem Dreigestirn?

„Caesar zu seiner Zeit – wie Bill Gates heute – ein Garant des Fortschritts, der sich den Herausforderungen der Zeit stellt, sich immer anspruchsvollere Ziele steckt, in unbekannte Regionen vordringt und neue Welten erschließt ... Wo Wirtschaft und modernste Hightech-Forschung mit Caesar als Bannerträger den Schritt in die Zukunft, den Aufbruch ins nächste Jahrtausend wagen, sollten wir nicht zurückschrecken."

Hans Jürgen Tschiedel, Eichstätt

1. Caesar – ein europäisches Bildungsgut
Zur didaktischen Begründung des Autors

An Caesar scheiden sich seit langem die Geister – in Universität und Schule. Daran, wie dieser Autor im Lektürekanon positioniert wird, hängt man gewissermaßen die ganze didaktische Reflexion über Sinn oder Unsinn des Lateinunterrichtes auf. Im Anschluss an Walter Ludwig[1] und Manfred Fuhrmann,[2] die im Zuge der Erneuerung des Faches während der Curriculum-Reform dem Umstand ein Ende setzen wollten, dass „sich der Schüler zuerst durch den Gallischen Krieg zu quälen hat" bzw. die Schüler dem „freudlosen Bemühen", der „öden Plackerei" der Caesarlektüre, überhaupt der Begegnung „mit monotonen Kriegsoperationen" und „einer niederträchtigen Machtpolitik" ausgeliefert würden, hat unlängst Joachim Dalfen[3] die Frage, was wir „mit unseren Bildungsgütern anfangen", engstens an die Bewertung Caesars als Schulautor gebunden. Das Festhalten an Caesar dokumentiert für ihn den Missbrauch des dem Lateinischen gestellten Bildungsauftrages. Von Seiten der Schule haben die universitären Caesar-Gegner Unterstützung erfahren. Neuerdings hat sich Dieter Schmitz tiefgründig mit dieser Problematik auseinander gesetzt.[4] Seine Ablehnung des Autors hat er unter dem sprechenden Titel „Eine Lanze gegen Cäsar..." zur Diskussion gestellt.

Caesar ist jedoch trotz der geharnischten Invektiven nicht aus dem Kanon eliminiert. Das mag wohl in dem vielfach geschmähten Beharrungsvermögen der Altphilologen mit begründet sein; es hat aber auch etwas damit zu tun, dass die gleichzeitig auf den Plan gerufenen Befürworter Caesars doch auch stichhaltige Argumente für den Autor vorzubringen wussten wie etwa Karl Bayer,[5] Ernst Römisch,[6] der Verfasser selbst,[7] Gerhard Fink[8] sowie zuletzt Stephan Brenner[9] und Helmut

---

1) Die lateinischen Schulautoren. In: Mitteilungsblatt des deutschen Altphilologenverbandes 12 (1968), 1 ff.
2) Cäsar oder Erasmus? – Überlegung zur lateinischen Lektüre am Gymnasium. In: Gymn. 81 (1974), 394-407.
3) Probleme mit Caesar, oder: Was fangen wir mit unseren Bildungsgütern heute an? In: Gymn. 102 (1995), 263-288.
4) Eine Lanze gegen Caesar – Alternativen zu Cäsars Bellum Gallicum. In: Anregung 45 (1999), 32-40.
5) Lernziele der Cäsar-Lektüre. Interpretation der Dumnorix-Kapitel (BG 5,1-8). In: AU 15,5 (1972), 5-25.
6) Didaktische Überlegungen zur Caesarlektüre. In: H. Hafter/E. Römisch: Caesars Commentarii De Bello Gallico, Heidelberg 1971, 53 ff.
7) Caesar und die Schüler heute. Das Bellum Gallicum im Zentrum der Mittelstufen-Lektüre. In: Caesar im Unterricht (hrg. von Maier, F.), AUXILIA 7, Bamberg 1983, 5-26.
8) Caesarbild und Caesarlektüre. In: AU 23,3 (1980), 32-41.
9) Die Landung in Britannien – ein Beispiel für Caesars Erzählstrategie. In: Anregung 43 (1997), 75-88, 87: „Ist das Interesse der 15- bis 16-jährigen Schüler erst einmal geweckt, die

OFFERMANN.[10] Auch Universitätslehrer unterstützten die Caesar-Verteidigung wie etwa JOACHIM LATACZ[11] und HANS JÜRGEN TSCHIEDEL.[12]

Die Einlassungen der Caesar-Kritiker waren gewiss nicht erfolglos; sie haben nicht nur Alternativangebote vor allem aus den Gebieten der Spätantike, des Mittelalters und des europäischen Humanismus zutage gefördert – damit wurde Latein überhaupt erst als Schlüsselfach der europäischen Tradition ins Bewusstsein gehoben; das bleibt vor allem MANFRED FUHRMANNS bleibendes Verdienst für die Schule –, auch die Caesar-Lektüre selbst wird seitdem nicht mehr plan-, ziel- und vorbehaltlos betrieben; eine ganz andere methodische Herangehensweise ist heute gefordert und zumindest teilweise vollzogen. Man ist dem Autor gegenüber didaktisch erheblich sensibler geworden.

Warum aber ist Caesar im Kanon geblieben? Er ist nach wie vor einer der Zentralautoren der Mittelstufe, zwar nicht mehr überall verbindlich vorgeschrieben, in manchen Bundesländern zu anderen Autoren in Alternative gestellt. Die Argumentation dafür ist nicht in einem einfachen Für- und Widerschema zu führen, sie ist vielschichtig und von etlichen Komponenten bestimmt. Ein militärisch-politischer Bericht über erfolgreiches, blutig-grausames Erobern ist an sich gewiss kein attraktives Lektüreangebot, es bewirkt beim Schüler von vornherein kein positives Erlebnisgefühl, auch keine Einsicht in wertorientiertes Verhalten; es baut sich kaum Identifikation, kaum Motivation auf. DIETER SCHMITZ meint sogar, dass „die dargebotenen Inhalte völlig an den Interessen der Schüler vorbeigingen".[13] Der „brutale römische Imperialismus", „Herrenvolkideologie", „Völkermord", „Integration durch Ausrottung", wie sie uns bei den Römern und deren Historikern begegnen, seien nach JOACHIM DALFEN keine adäquaten Themen für Menschen an der Wende zu einem neuen Jahrtausend.[14] Auf den ersten Blick wirken diese Gegengründe bestechend.

Aber sind sie wirklich überzeugend und lassen sie sich von den Erkenntnissen der Pädagogik her stützen? Welche Texte wirken eigentlich erzieherisch? Die glatten, schöngeistigen, unanstößigen, einschmeichelnden, mit dem Leserempfinden konformen, „funhaltigen" oder die widerborstigen, ungewöhnlichen, irritierenden, aufregenden, zum Widerspruch reizenden, provokativen Texte? Der Liebesroman eines Apollonios, die Alexandervita des Pompeius Trogus, die Legende des Heiligen Martin, die Colloquia familiaria des Erasmus, die als Ersatz für Caesar vorgeschlagen werden, oder eben Caesars von Machtdenken geprägte Schrift über seinen „Gerech-

---

erzähltechnischen Methoden einer der bekanntesten antiken Gestalten zu entlarven, wird die Caesar-Lektüre bei weitem nicht so negativ erfahren, wie es J. DALFEN in seinem Caesar-Aufsatz darzustellen versucht."

10) Verschiedene Wahrheiten oder: Wahr ist nicht gleich wahr. In: Anregung 45 (1999), 294-307.
11) Zu Cäsars Erzählstrategie (BG I 1-2: Der Helvetierfeldzug). In: AU 21,3 (1978), 70-87.
12) Cäsar und wir. In: Caesar, Bellum Gallicum, Paderborn o.J. Neuerdings: Faszination und Provokation. Begegnungen des europäischen Geistes mit Caesars Größe (noch unveröffentlicht)
13) a.O., 33.
14) a.O., 269.

ten Krieg" gegen die Barbaren des Nordens. Gewiss sind die ersteren Texte reizvoll, interessant und nicht ohne erzieherische Wirkung. Aber zu massiven Auseinandersetzungen mit Kardinalfragen der menschlichen Existenz und der europäischen Geschichte, zur Formung eines eigenen Urteils, zu bewusstem Widerspruch, zur persönlichen Herausforderung und Kritik, zur Ausbildung eines scharfen Distinktionsvermögens – alles Verhaltensweisen, die zum Aufbau der Persönlichkeit gehören – führen sie nicht oder wenig.

Wohl aber die Caesar-Lektüre! Als eine elementare Zielsetzung der Pädagogik gilt es, dem heranwachsenden Menschen, einen festen Stand in seiner Zeit zu geben, ihn für das Leben in seinen vielschichtigen Aspekten und Anforderungen tauglich zu machen. Zu den Schlüsselproblemen der Menschheit gehört wohl immer der Krieg, seit Thukydides der „Zuchtmeister der Menschen", mit allen seinen Bedingtheiten, Folgen und irrationalen Mechanismen. KARL POPPER hat ihn zu jenen Problemen gezählt, die zu lösen eine Daueraufgabe des Menschen bleiben werden.[15] Wenn überhaupt, so gelinge dies nur durch die kommunikative Auseinandersetzung der Menschen untereinander über dieses Phänomen, keinesfalls aber durch sein Verschweigen. Friedenserziehung geschieht, indem man den Krieg betrachtet, analysiert und beurteilt und die ihm zugrunde liegenden Triebkräfte und Mechanismen offen legt. Das sei nichts für Schüler der Mittelstufe, so wird eingewendet; es sei allenfalls für solche der Oberstufe ein taugliches Thema. Wer es jungen Menschen aufzwinge, sei ein autoritärer Lehrer. Der liberale Lehrstil zeichne sich dadurch aus, dass er „dem Kinde lässt, was des Kindes ist".[16] Man darf hier den Caesar-Kritikern die Frage stellen, ob sie überhaupt wissen, womit unsere Kinder schon vor dem eigentlichen Lesealter konfrontiert werden – durch die Masse der informationstechnischen Medien mit ihren unzähligen Eindruck hinterlassenden und sie geistig und seelisch deformierenden Informationen, auch über Aggression, Krieg, Gewalt, Vernichtung, Vertreibung, Völkermord, imperialistisches Gehabe, Herrenmoral, Intoleranz.

Schon die Zeichentrickfilme der Kindersendungen, in denen wahllos und ohne Ende geschossen und getötet wird, bewirken, wie eine Studie des Münchner Pädagogen HELMUT ZÖPFL ergeben hat, „dass die Jüngsten immer brutaler werden und vor allem die Grenzen immer weniger kennen." Aber nicht die Gewalt an sich ist das Schlimme, sondern wie sie dargestellt wird. „Alles ist lustig, sogar der Tod..." „Die Kinder verlieren den Bezug zur Realität, alles wird für sie harmlos wie im Fernsehen."[17] Mit 15/16 Jahren sind die Schüler schon so in dieser „Kriegs- und Gewaltwelt" zu Hause, dass sie den Erscheinungen eher gleichgültig, kritiklos, nicht mit dem nötigen Ernst gegenüberstehen, ja sogar darüber belustigt, geradezu fasziniert sind, weil ihnen die Trennung zwischen der primär-realen und der sekundär-virtu-

---

15) Alles Leben ist Problemlösen. Über Kenntnis, Geschichte und Politik, München-Zürich, 1994, bes. 283f.
16) So FUHRMANN, a.O., 397.
17) So dargestellt in einem Bericht des Bayerischen Fernsehens am 20.11.99.

ellen Welt, die ihnen hinter den Bildschirmen vorgetäuscht wird, kaum mehr gelingt. Töten, Morden, Gewalttätigkeit sind Unterhaltungsinhalte. Deshalb muss, wie von allen Seiten gefordert wird, von der Schule der elementare Auftrag wahrgenommen werden, so früh wie möglich bei den Heranwachsenden die Sensibilität für das Abscheuliche zu wecken, das Distinktionsvermögen für Gut und Böse zu schulen und sie für Kritik zu öffnen, möglichst an Stoffen, in denen die Problematik an exemplarischen und elementaren Fällen zutage tritt.

Im Dreißigjährigen Krieg beklagte sich Gustav Adolf über die sich wehrenden deutschen Bauern, dass er nicht wisse, ob sie „Menschen oder reißende Tiere sind, da sie Nasen und Ohren abschneiden, Arme und Füße zerschlagen und ganz mörderisch und grausam mit den Feinden umgehen." Der „Schwedentrunk" ist, wie wir wissen, das drastische Gegenstück. Der Krieg macht aus Menschen Bestien. Das war in der Vergangenheit so, ist jetzt nicht anders und wird sich auch in Zukunft nicht ändern. Die Schüler erfahren von solcher Problematik früh im Film und Fernsehen; Bernhard Wickis „Die Brücke" kennen bereits die Vierzehnjährigen und Steven Spielbergs „Der Soldat James Ryan" haben sich nicht wenige schon in der Unterstufe per Video „reingezogen". Auf jeden Fall zu spät ist die erste kritische Auseinandersetzung mit dem Thema „Krieg" in der Oberstufe, in der ja die Schüler bereits in einem Alter sind, wo in ihrer Gehirnarchitektur die moralische Disposition in der Regel schon weitgehend festgelegt ist.[18]

Der hier von der Gesellschaft erteilte Bildungsauftrag gilt allen Sprach- und Kulturfächern, also auch dem Latein. Dieses Fach würde sich, täte es dies nicht, einer einzigartigen Chance begeben, sich im Gymnasium als gewichtig und unentbehrlich zu präsentieren. Es ist eine historische Wahrheit, dass die Römer das erste „tausendjährige Reich" auf der Erde schufen und dass sie durch Krieg, den sie zwar nicht erfunden, aber als perfektes Instrument zur Durchsetzung von Macht und Selbstbehauptung entwickelt haben, ihr Weltreich eroberten und alle Mechanismen seiner Begründung in das Denken der Menschheit installierten, dass sie diese durch Rückgriff auf philosophische Dogmen „moralisch" in der Weise absicherten, dass sie sich auch nach dem Ende des *Imperium Romanum* als tragfähig für den europäischen Imperialismus erwiesen und auch kompatibel mit der Absicht christlicher Missionierung. In der Auseinandersetzung zwischen Europa und Südamerika nach 1492 z.B. ist dieses Faktum extrem evident geworden, da die spanischen Konquistadoren durch ihre geistigen Führer sich konsequent und expressis verbis auf die

---

18) Auch aus der Praxis kommt die Bestätigung, dass Schüler etwa der 10. Klasse empfänglich sind für die an der Caesar-Lektüre erarbeiteten Probleme: „Weil der Schüler in seinem eigenen Urteil noch unsicher ist und das auch fühlt, will er Beziehung von Religion und Politik, das Problem der Gerechtigkeit im Staat, das Verhältnis Einzelmensch und Gemeinschaft ebenso kennen lernen wie das Thema Moral und Politik diskutieren, sich über Voraussetzungen und Eigenschaften eines Staatsmannes unterhalten und das Entstehen revolutionärer Bewegungen begreifen." So OTT, A./WOLF, H.: Ein neuer Weg zur Caesarlektüre in der zehnten Klasse des Gymnasiums. In: AU 24,3 (1981), 53-64, bes. 54.

antik-römische Herrschafts- und Eroberungsdoktrin berufen.[19] Die Entdeckung der Menschenrechte und ihrer Kodifikation 1789 im Zuge der Französischen Revolution haben zwar diesen unmittelbaren Zusammenhang zwischen Antike und Gegenwart zerrissen, doch Kriege zur Entbarbarisierung der Welt haben die Europäer – unter der Attitüde des Kulturbringers – trotz des über ihnen stehenden Dreigestirns von Freiheit, Gleichheit und Brüderlichkeit bis in das 20. Jh. hinein geführt. Als Mittel der Konfliktlösung unter Völkern ist der Krieg auch heute nach wie vor weltweit Realität geblieben, nicht ohne Analogien zu früher. Das 20. Jahrhundert wird als „Jahrhundert der Weltkriege", so die vorherrschende Meinung, in die Geschichte eingehen. Die Frage des *bellum iustum* bleibt gestellt, angesichts der Tatsache, dass fast überall nahezu ohne Unterbrechung die Menschenrechte mit Füßen getreten werden und die Würde des Menschen auf brutalste Weise Missachtung erfährt.

Caesars Bellum Gallicum ist – vor diesem Hintergrund betrachtet – ein Text, an dem sich das Schlüsselproblem Krieg originär an einem überschaubaren Szenario studieren lässt. Hier wird nicht nur über die Sache geredet wie etwa im Geschichtsunterricht oder im Unterricht der Politischen Bildung, sondern am originalen Text des geschichtlichen Täters, also authentisch, dem Mechanismus von Macht und Krieg und ihrer Umsetzung in eine „propagandistische Sprache" nachgespürt.[20] Caesar hat ja, wie unlängst UDO SCHOLZ nachwies, in den *commentarii* keine bloßen Kriegsberichte geschrieben, sondern bewusst gestaltete *historiae* hinterlassen, deren Analyse auf Demaskierung des Autors und seiner leserlenkenden Strategie abzielen sollte.[21] „Die *commentarii* sind als literarisch hochwertiges Selbstzeugnis eines der größten Tatmenschen der Weltgeschichte ein Unikum", so MICHAEL V. ALBRECHT.[22] Caesar gilt als Exponent römischer Herrschafts- und Kriegsideologie, er repräsentiert den Typus des europäischen Machtmenschen, der ohne große Rücksicht seine Ziele verfolgt und durchsetzt. „Die Macht befand sich im Fadenkreuz seiner Interes-

---

19) Ausführlich dazu der VERFASSER: Altes Recht in der Neuen Welt. In: Grundtexte Europas. Epochale Ereignisse und Existenzprobleme der Menschheit. Lehrerkommentar, Bamberg 1995, 164-176 und BINDER, G.: SAEVA PAX. Kriegs- und Friedenstexte. In: Krieg und Frieden im Altertum, Bochumer Altertumswissenschaftliches Colloquium, Bd. 1 (hrg. von BINDER, G./EFFE, B.), Trier 1989, 219-245.

20) Dazu der VERFASSER: Caesar im Visier. In: AUXILIA, Bamberg 1995, bes. 56ff. S. dazu auch WILL, W.: Julius Caesar. Eine Bilanz, Stuttgart/Berlin/Köln 1992, 82: „Die geniale Selbstdarstellung Caesars im Bellum Gallicum erfüllte alle Zwecke guter Propaganda, nämlich auf eingängige Weise für die eigene Sache zu werben und nichts über die angestrebten Ziele auszusagen."

21) Der commentarius und Caesars commentarii. In: Musen und Medien. Reihe Dialog Schule und Wissenschaft, Bd. XXXIII (Hrg. von NEUKAM, P.), München 1994, 82-97. Vgl. auch FINK, G., a.O., 40: In Caesars BG liege „nicht ein trockenes Kriegsjournal, sonder ein höchst durchdacht aufgebautes Stück Literatur vor." Dazu auch RÜPKE, J.: Wer las Caesars *bella* als *commentarii*? In: Gymn. 9 (1992), 201-226.

22) Römische Literaturgeschichte, Bd. 1, 342.

sen."[23] Viele caesarische Figuren von kleinerer und größerer Art haben nach ihm Europas Geschichte bis in unser Jahrhundert gestaltet. Man glaube ja nicht, dass das Zeitalter der Demokratie jenseits der Jahrtausendgrenze für einen Machtmenschen nicht mehr anfällig sein wird, und zwar nicht nur in der virtuellen Welt der informationstechnischen Apparaturen, sondern auch im jeweils aktuellen Geschehen der weltweiten Politik.
Nicht das Große, Monumentale macht deshalb Caesar heute pädagogisch interessant, mag er auch eine faszinierende Gestalt der Geschichte gewesen sein;[24] weshalb er in die Schule gehört, ist das Geschichtsmächtige an ihm, das für Europa und die Welt Folgenreiche, das Fragwürdige und eben das Paradigmatische. Nicht eine Figur oder ein Figürchen eines Theaterstücks oder Romans tritt in der Person Caesars dem Schüler entgegen, sondern, wie es ROLF HOCHHUTH formuliert hat, „ein Täter der Weltgeschichte" mit allen Ecken und Kanten.[25] Diesem Manne ist deshalb nur mit kritischem Hinterfragen seiner Sprache, seines Textes, seiner Politik beizukommen.[26]
JÖRG RÜPKES Frage: „Kann man nicht auch in der Schule Caesar anders lesen als nur als 'Schulschriftsteller', als Autor guten Lateins?"[27] muss mit einem unbedingten „Ja" beantwortet werden. An den oben angedeuteten Zielvorgaben ausgerichtet erweist sich seine Lektüre als wichtig, nützlich und notwendig. Sie hat einen nicht geringen didaktischen Wert. Alle Alternativen zur Caesarlektüre müssen sich daran messen lassen.
Bleibt noch die schwierige Frage zu klären, ob die Lateinschüler der Mittelstufe schon dies sprachliche Können aufweisen, über das Erschließen von Satz und Text hinaus sich mit den Intentionen seines „Berichtes" auseinander zu setzen. Diesbezügliche Bedenken sind ernst zu nehmen. Doch da ist der Lehrer gefordert, der die natürliche didaktische Trias des Übersetzens, Verstehens und Bewertens zu verwirklichen hat; der Anspruch und die vertiefende Auseinandersetzung können dabei auf die Altersstufe bezogen differenziert sein. Den Schwerpunkt sollte man immer auf die problemorientierte Lektüre legen.

---

23) SCHWARZ, F. F.: Caesar oder der Triumph der Verwirklichung. In: IANUS 11 (1990), 8-14, bes.9: „Caesar wusste, was er tat, weil er wusste, was zum Erfolg führte; und Erfolg führte zur Macht und die Macht befand sich im Fadenkreuz seiner Interessen, die Macht, die ihm 'machen' ließ, was er für richtig befand. Richtig war es aber, weil er es für richtig hielt." Nach FRIEDRICH KLINGNER (Römische Geisteswelt, München 1961, 93) habe Caesar so lange gekämpft, „bis er Herr der Welt war, mächtig wie selten ein Mensch".

24) CHRISTIAN MEIER (Caesar, Berlin 1982) gibt in etwa die Linie vor, auf der man die Schüler Caesar begegnen lassen kann. Dazu SCHWARZ (a.O.,13) über MEIERS Caesarbild: „Bei MEIER funkelt es nicht, MEIER verteilt nicht eitlen Flitter; er ist von Caesar fasziniert, von der Kette seiner Erfolge, von seiner intelligenten Kühnheit. Sein letztliches Scheitern jedoch sieht er im Kräftespiel der Macht. Ihr Opfer war auch Caesar geworden."

25) Täter und Denker. Profile und Probleme von Cäsar bis Jünger, Stuttgart 1987, 9ff.

26) Ähnlich OFFERMANN, a.O., 295: „Man sollte über die Kriegsdarstellung Cäsars sprechen, aber man muss dabei die manipulatorischen Verbiegungen durch den Verfasser vorlegen und sichtbar machen. Anders gesagt: Der Schüler wird so in die Lage versetzt, den Cäsartext kritisch zu lesen."

27) Wer las Caesars bella als commentarii?, Gymn. 99 (1992), 226.

Ganz zu Beginn wird die sachorientierte Interpretation stehen, doch gewissermaßen übergleitend wird die problemorientierte Interpretation einsetzen und falls in der Oberstufe Gelegenheit gegeben ist, kann Caesar auch einer modellorientierten Interpretation unterliegen, wie es im folgenden Beispielschema angedeutet ist:[28]

		modellorientierte Interpretation
	problemorientierte Interpretation	**problemorientierte Interpretation**
sachorientierte Interpretation	**sachorientierte Interpretation**	**sachorientierte Interpretation**
Anfangslektüre z.B. Erste Britannien-Exkursion (B. IV) oder Rheinübergang (B. IV) oder Germanenexkurs (B. VI)	Mittelstufenlektüre z.B. Helvetierkrieg (B. I) oder Freiheitskampf des Vercingetorix (B. VII)	Oberstufenlektüre z.B. Ariovist-Auseinandersetzung (B. I) oder Römischer Imperialismus in der Critognatusrede (B. VII)
(Wissen)	(Anwenden/Verstehen)	(Werten)

Jedes Lektüre-Konzept muss außerdem ernsthaft mit ins Kalkül nehmen, ob die kostbare geringe Unterrichtszeit, die der Staat dem Fach Latein zur Verfügung stellt, dafür verwendet wird, an irgendwelchen „flüssigen" Texten die Lesefähigkeit der Schüler zu dokumentieren – das mag für die modernen Fremdsprachen, wo die schriftliche und mündliche Kommunikationsfähigkeit anvisiert wird, genügen – oder dazu, intensive Textarbeit an interpretationsträchtigen Stellen zu betreiben, schließlich eine tiefere Auseinandersetzung mit den Inhalten anzubahnen. Das schulische Selbstverständnis ist noch nicht so weit abgesunken, dass es aus den Bedingungen der heutigen Fun-Gesellschaft den Zwang ableitet, Unterricht ausschließlich als Amüsier-Betrieb anzubieten. Dem Lateinschüler sollte spätestens mit Beginn des Lektüreunterrichts etwas vom Sinn seines Lateinlernens aufgehen. Ob dies bei der Lektüre so mancher als Caesar-Ersatz angebotener Texte der Fall ist? Es darf mit Fug bezweifelt werden, dass z.B. die medizingeschichtlichen Texte eines Celsus, die DIETMAR SCHMITZ[29] vorschlägt, den Wert lateinischer Originallektüre im Unterricht mehr erfahrbar machen als das Übersetzen und Analysieren einer gut gewählten und intensiv interpretierten Caesarstelle.

Naturwissenschaftliche Texte der Antike, deren Aussagen durch den wissenschaftlichen Fortschritt von über 2000 Jahren überholt sind, haben in der Regel, sofern sie nicht prinzipielle ethische Fragen – wie etwa beim Eid des Hippokrates – ansprechen, nur historische Bedeutung, muten einen an wie Museumsexponate (etwa die Trepanation der Schädeldecke). Wo und wie würde sich in der Öffentlichkeit das Fach, so präsentiert, rechtfertigen können? Es sollte doch, so steht es in den Fachprogrammen, um Schulung des Denkens und Schärfung des sprachlichen Ausdrucks, um Förderung von Sprach- und Inhaltskritik, um Ausbildung von Analyse- und Urteilsfähigkeit, um Weitung des geschichtlichen, politischen und kulturellen

---

28) Vgl. dazu VERFASSER: Lateinunterricht zwischen Tradition und Fortschritt, Bd.2, 140.
29) SCHMITZ, a.O., 39.

Horizonts gehen, also um die Aneignung von Könnensqualifikationen, die nach dem allgemeinen Konsens als Voraussetzung für Studium, Beruf und Leben gelten[30] – wobei gewiss auch um der „emotionalen Hygiene"[31] willen – gute affektive Erfahrungen mit im Spiel sein sollten.

Das bedeutet: Sehr viel liegt an einer sorgfältig überlegten Textauswahl aus Caesars *Bellum Gallicum* und an einem klug durchdachten Arrangement des Lektürematerials, das einen einigermaßen zügigen Lesefortschritt, das Erfassen der Zusammenhänge und den Einblick in die politischen Hintergründe ermöglicht, nicht ohne optische Unterstützung (durch Bild, Zeichnung, Skizze, Karte), also letztlich an einer attraktiv gestalteten Textausgabe; alles aber liegt an der engagierten Arbeit des Lehrers, der frei von bloßem Routineverfahren seinen Unterricht von den umfassenden Bildungszielen her gestaltet. Bloßes Übersetzen genügt nicht; zur sprachlichen und textlichen Analyse, die an den Kernstellen gewiss auch mikroskopisch sein muss (wo läge der Bildungswert bei einem bloß oberflächlichen und flüchtigen Lesen?), gehören unbedingt die Interpretation und die kritische Auseinandersetzung mit den am Text erarbeiteten Inhalten. So viel Sprache als nötig, so viel Interpretation als möglich.

Dieser didaktische Ansatz schließt jede Art einer Textänderung in Richtung auf eine comicartige Visualisierung aus (Asterix darf und kann Caesar nicht ersetzen), auch verbietet das Lektüreziel eine verkürzende und vereinfachende Umgestaltung des Caesartextes ad usum scholae. Denn in jedem Falle würde der Zugang zum originalen Werk versperrt oder verstellt, so dass eine „Demaskierung" des Autors, die Einsicht in die Psychagogie oder Leserlenkung durch den Autor zwangsläufig nicht zu Stande kommen können.

Den Caesar-Kritikern darf man die Anerkennung nicht versagen; ihr Einspruch hat, wie gesagt, viel bewirkt; zwar ist der Autor nicht aus der Schule verbannt worden; doch die von ihnen angeregte Reflexion über den umstrittenen Schulautor hat als bleibendes Ergebnis gezeitigt: Caesar muss unbedingt besser, d.h. zeit- und schülergemäßer im Unterricht behandelt und wirkungsvoller der interessierten Öffentlichkeit präsentiert werden. Er ist ein Stück gemeinsamer Geschichte des Kontinents; mit ihm hat sich nach Ansicht führender Historiker die politische Landkarte Europas erheblich gewandelt.[32] Für NORBERT ZINK ist Caesar „ein europäisches Ereignis".[33] „Was Caesar bewirkt hat, ist aus unserem geschichtlichen Erbe nicht mehr

---

30) Siehe dazu LOHE, P./MAIER, F. (Hrg.): Latein 2000, Existenzprobleme und Schlüsselqualifikationen. Auxilia 40, Bamberg 1996, bes. 124 f. und 138 ff.

31) So D. GOLEMANN: Emotionale Intelligenz, München/Wien 1996, 14.

32) Vgl. dazu auch TSCHIEDEL, a.O.,16: „Von dem nach einem Willen gelenkten Imperium Caesars führt über das Heilige Römische Reich ein von dem Wunsch nach Frieden und Eintracht zwischen den Völkern markierter Weg bis zur Konzeption eines Vereinten Europas in unserer Zeit." Neuerdings DERS.: Caesar gehöre „zum Fundus europäischen Kulturgutes, und das sei wahrhaftig keine *quantité négligeable*".

33) Caesar. In: Handbuch für den Lateinunterricht. Sekundarstufe 1 (hrg. von ZINK, N./HÖHN, W.), Frankfurt 1987, 282.

wegzudenken und kaum zu entbehren." So Friedrich Klingner.[34] Die römische Geschichte wird, wie Dietrich Schwanitz in seinem Buch „Bildung. Alles was man wissen muss" schreibt, „zur exemplarischen Geschichte überhaupt, aus der Europa wie in einer historischen Versuchsanordnung Politik lernt. Deshalb muss man von der römischen Geschichte die Dramen und Gestalten kennen, die das spätere Europa besonders fasziniert haben."[35] Caesar gehört für Schwanitz unbedingt dazu. Insofern ist er ein europäisches Bildungsgut.

Das sollte durchaus auch in fachübergreifenden Projektvorhaben (etwa unter den Fächern Deutsch, Geschichte, Politische Bildung, Ethik, Französisch, Englisch und Latein) den Schülern bewusst gemacht werden. Dies ist im europäischem Bildungsauftrag des Gymnasiums mit inbegriffen.[36] Eine moderne Caesar-Lektüre kann zweifellos auch die Berechtigung des Faches Latein ostentativ vor Augen führen. Allerdings darf wohl als Regel gelten, sie – angesichts der weiteren Bildungs- und Lektüreziele – nicht länger als drei Monate zu betreiben.

---

34) Römische Geisteswelt, 93.
35) Frankfurt a. M. 1999, 60 ff.
36) Dazu ausführlich Verfasser: Europa – ein Bildungsauftrag des Gymnasiums. In: Profil. Das Magazin für Gymnasium und Gesellschaft, 3/2000, 27-31.

2. Inhaltliche Vorbedingungen zur Caesar-Lektüre

2.1. *Bellum iustum* als Menschheitsproblem

Der Papst ruft zum Krieg auf

Johannes Paul II.: Wehrlose mit Waffen verteidigen – Lage in Bosnien eskaliert

Ca. Gandolfo/Sarajewo – Der blutige Bosnien-Konflikt hat sich am Wochenende weiter verschärft. Die Serben setzten ihre Angriffe fort. Erstmals erhielt die Eingreiftruppe von Uno und Nato einen Marschbefehl Richtung Sarajewo. Und der Papst forderte in ungewöhnlich scharfer Form Waffengewalt zur Verteidigung der Menschen. „Das Recht auf Verteidigung muss umgesetzt werden zum Schutz der Zivilbevölkerung in einem ungerechten Krieg", sagte er in seiner Sommerresidenz Castel Gandolfo. Militäraktionen seien gerechtfertigt zur Verteidigung Wehrloser, fügte er hinzu. Die Kirche habe stets einen „gerechten Krieg" als Antwort auf Aggression für zulässig erkannt.

In tiefer Sorge um die Zivilbevölkerung in Bosnien: Papst Johannes Paul II. fordert militärisches Eingreifen.

Foto: Luciano Mellece/Reuters

(Münchener Abendzeitung, 4.07.1995)

Wie kommt es, dass das Oberhaupt der katholischen Kirche, also einer Weltreligion, deren oberstes Ziel der Frieden unter den Menschen ist (... *et in terra pax hominibus*) zum Krieg aufruft? JOHANNES PAUL II. begründet diesen Aufruf im Zusammenhang mit dem Völkermord auf dem Balkan so: „Die Kirche hat stets einen 'gerechten Krieg' als Antwort auf Aggressionen für zulässig erkannt."

Der Krieg als das absolute Gegenteil zum Frieden ist offensichtlich nicht wegzudenken von den Verhaltensmustern des Menschen, es ist ein Menschheitsproblem. KARL POPPER zählt es zu jenen Problemen, die die Menschheit zu lösen hat;[1] doch auch er ist sich unsicher, ob dies je gelingen könnte. Krieg ist mit dem Menschen gegeben; er ist uralt, er ist die Form der Selbstbehauptung gegenüber Angriffen anderer oder bei eigenen Angriffen auf andere. In einem Fall werden Leben und Besitz verteidigt, im anderen Macht und Besitz erweitert: Verteidigungs- oder Angriffskrieg. Erst als die Philosophie sich dieses Phänomens annahm, wurde der Krieg in einen theoretischen Begründungszusammenhang eingeordnet. ARISTOTELES brachte dies auf den lapidaren Satz: Πολεμοῦμεν, ἵνα εἰρήνην ἄγωμεν („Wir führen Krieg, um in Frieden zu leben.", Nik. Ethik 1177 b5). Der Krieg habe also dem Frieden zu dienen.

Unter dieser Maßgabe ist der Krieg auch in der politischen Theorie der Römer als Mittel zur Sicherung des Staates und seiner Bürger[2] verstanden worden. Anerkennung findet der Krieg nur, wenn er sich mit dem Prinzip der Gerechtigkeit (*iustitia*) verbindet, in diesem Falle ist er ein *bellum iustum*. Dafür hat CICERO die klassische Definition geliefert:

Iustum bellum est, quod ex praedicto geritur de rebus repetitis aut propulsandorum hostium causa ... Nam extra ulciscendi aut propulsandorum hostium causam bellum geri iustum nullum potest. (De rep. III 23,35)[3]

Ein gerechter Krieg wird demnach nur zur Wiedergutmachung von Unrecht (d.h. Rache) oder zur Abwehr von Feinden geführt; ein anderer Grund wird ausgeschlossen; man muss allerdings dazu nehmen, dass das Imperium Romanum seine Gerechtigkeit auch darin verwirklicht, dass es als moralisch höher stehend den minderen Völkern Moral und Zivilisation bringt; wer sich dagegen hochmütig wehrt, ist sich selbst gegenüber ungerecht, weil er sich nicht verbessern lässt. Deshalb gilt der Auftrag an die Römer: *debellare superbos* – „durch Krieg die stolz Widerstehenden niederringen" (Vergil, Aen. III 853). *bellum* zur Durchsetzung des Zivilisationsauftrages, zu dem sich Rom berufen fühlt, ist folglich „gerecht" (*iustum*), es ist eine Leistung des *imperium iustum*.[4] Dadurch, dass Rom mit den angrenzenden Völkern Freundschaftsverhältnisse schloss, die nach strengen rechtlichen Prinzipien geregelt waren (als Hilfs- und Verteidigungsbündnisse), war es, sofern diese *amici* oder *socii* von angrenzenden oder aus entfernten Gebieten kommenden Stämmen oder Völkern angegriffen wurden, immer in der Notlage, die Interessen des Imperiums, zu dem die Schutzbedürftigen, „assoziierten" Völker gehörten, zu verteidigen; es führte also immer Verteidigungskriege. Es verteidigte entweder die Integrität des eige-

---

1) Alles Leben ist Problemlösen. Über Erkenntnis, Geschichte und Politik. München 1994, 283-296.
2) Vgl. dazu VERFASSER, Grundtexte Europas. Lehrerkommentar. Bamberg 1995, 121 - 139, bes. 134 ff. (hier weitere Literatur).
3) S. dazu auch De officiis I 36. Dazu RÜPKE, J.: Gerechte Kriege – Gerächte Kriege. In: AU 33.5 (1990), 8 f.
4) S. dazu KLINZ, A.: Schlagwort und Propaganda. Ihre Bedeutung bei der Caesarlektüre. In: AU 17.1 (1990), 85-88.

nen Gebietes oder das Wohl der angrenzenden *socii/amici*. Oft wirkten beide causae zusammen. *Noster ... populus sociis defendendis terrarum iam omnium potitus est.* („Unser Volk ist durch Verteidigung der Bundesgenossen bereits zur Weltmacht geworden.") So stellt CICERO in rep. III 23,35 fest; Rom hatte sich so ein „Weltreich aus Notwehr" geschaffen.[5] LIVIUS macht „das *bellum iustum* zu einem wichtigen Baustein des Aufstiegs Roms".[6] Das Motiv des Verteidigens fällt dabei zusammen mit dem des Racheübens.

Es unterliegt keinem Zweifel, dass Caesar in dieser Richtung am Bau des Imperiums mitwirkte; er war ein Welteroberer. Sein Rechtfertigungsprinzip war das *bellum iustum*.

Er stellte den Kriegsgrund nachweislich immer so hin, dass er letztlich für sich das Recht oder die Pflicht zur Verteidigung von *socii/amici* und der Rache für diese in Anspruch nahm; so gewann er Gebiet für Gebiet hinzu, indem er verteidigte (und dabei rächte) oder durch Prävention einen Angriff verhinderte.[7] Sein Drang nach Machtzuwachs und Eroberung blieb so mehr oder weniger verdeckt. Nur für den, der diese politische und schriftstellerische Strategie durchschaut, „entblättert sich Caesar im Zuge der Darstellung als präventiver Aggressor".[8] Unter dem Deckmantel der völkerrechtlich gebotenen Verteidigung konnten seine Kriege grausame und rücksichtslose Züge annehmen, da er ja auf die Bitten von bedrohten, „gequälten, bekriegten Freunden" Unrecht rechtmäßig abwehrte.

Dieser Mechanismus versagte nur im Kampf gegen die Usipeter und Tenkterer, wo Caesar sich den Vorwurf des Völkermords zuzog; die „Rücksichtslosigkeit und Härte eines Eroberers" trat bei dem „schier unglaublichen Massaker"[9] so offen zutage, dass man in Rom aus Empörung darüber von Seiten der caesarfeindlichen Senatoren (allen voran Cato) die Auslieferung Caesars an die Barbaren durchsetzen wollte. Auch im Kampf gegen Vercingetorix funktionierte, da sich ja alle Gallier gegen den römischen „Verteidiger" sich selbst verteidigend erhoben, der Mechanismus der Kriegsdoktrin nicht mehr; hier ging es letztlich nur um die Erhaltung des zum Schutz der Gallier gewonnenen Imperiumszuwachses gegen eben diese Gallier, die des römischen „Schutzes" nicht mehr zu bedürfen glaubten und wieder ihre Unabhängigkeit zurückerhalten wollten. Trotz allen Bemühens, Vercingetorix als einen Hasardeur der Macht hinzustellen, der sein Heer aus Gesindel und verkommenen

---

5) S. dazu BORRIES, B. V.: Römische Republik: Weltstaat ohne Frieden und Freiheit? Ein problemorientiertes Unterrichtsmodell für die Sekundarstufen. Stuttgart 1980. Vgl. auch WILL, W.: Julius Caesar, 86: „Die Eroberung fremder Länder hat Cicero ideologisch gerechtfertigt, indem er als Bedingung für eine Invasion den Fall des Bellum Gallicum konstruierte. Wie dieser herzustellen war, demonstrierte Caesar beispielhaft."

6) So RÜPKE: Gerechte Kriege – geröchte Kriege, 8.

7) S. dazu VERFASSER: Caesar – Eroberer aus Notwehr. In: Caesar im Visier. AUXILIA 37, Bamberg 1995, 56 ff., und Furor Teutonicus im Bellum Gallicum, ebenda, 5 ff., bes. 34. Vgl. auch SIEBENBORN, B.: „Bellum iustum". In: AU 33.5 (1990), 39-53, ebenso RÜPKE, J.: Gerechte Kriege – Geröchte Kriege, 5-13.

8) So SCHWARZ, F.F.: Caesar oder der Triumph der Verwirklichung. In: IANUS 11 (1990), 11.

9) So wiederum SCHWARZ, F.F., a.O., 11.

Typen rekrutierte,[10] gelang es Caesar nicht, seinen Krieg unter dem Siegel der Präventive als rechtmäßig erscheinen zu lassen. Der Eroberer will das durch *bella iusta* Eroberte nicht wieder verlieren (Wahrung des Besitzstandes). Hier ist die Maske des Verteidigers gefallen. Im letzten von Caesar geschriebenen Buch des BG kommt das zum Krieg berechtigende Motiv der Zivilisierung von Barbaren, das unterschwellig wohl immer mitspielte, unmittelbarer zum Tragen. Die Critognatus-Rede, in der – bedingt durch den Selbstbehauptungsdrang gegenüber den Römern – der Vorschlag zum Kannibalismus gemacht wird, ist ein Beleg für die „einzigartige und gegen göttliches Recht verstoßende Grausamkeit" (*singularis et nefaria crudelitas* VII 77, 2 ff.) von Galliern, die eine Rückgabe der Freiheit und Selbständigkeit an dieses Volk (hier differenziert Caesar nicht mehr nach Stämmen) als unmöglich und unsinnig erweist. Gallien muss unter dem römischen Zivilisationseinfluss bleiben – was für Rom mehr Sicherheit und für Caesar die Sicherung seiner Macht und seines Erfolges bedeutete.[11]

Dass das Barbaren-Motiv in der antiken Kriegsdoktrin des *bellum iustum* stets mitbestimmend war, zeigt etwa ihr späterer Einsatz in der weltpolitischen Konfrontation zwischen Europa und Südamerika.[12] Bei der Rechtfertigung der mit Grausamkeiten und Völkermord durchgesetzten Missionierung der Indianer weist der Theologe und an der Antike gebildete Humanist JUAN GINÉS DE SEPÚLVEDA darauf hin, dass gleichsam durch Naturrecht die Höherzivilisierten verpflichtet sind, den Barbaren die Kultur zu bringen, und, falls diese das ablehnten, sie mit Waffen dazu gezwungen werden könnten, was nach Naturrecht ein „gerechter Krieg" sei, wofür ARISTOTELES als Gewährsmann zitiert wird. Im Konter, den der Gegenspieler BARTHOLOMÉ DE LAS CASAS setzt, wird der Rückbezug auf die antike Doktrin bestätigt; denn LAS CASAS fragt, indem er den Historiker POMPEIUS TROGUS zitiert, ironisch, ob etwa die Spanier selbst sich als unkultiviert, barbarisch und verwildert gesehen hätten, damals, als Augustus sie zu einer zivilisierten Form des Lebens geführt und so Spanien zur römischen Provinz gemacht habe. Hätten da die Römer etwa einen *bellum iustum* geführt, um die Spanier von der Barbarei zu befreien (*ut eos a barbaris liberarent*) oder die Spanier, als sie sich gegen jene heftig zu verteidigen suchten (*cum ab eis se acriter defendebant*).

Daraus wird deutlich: die römische Theorie des *bellum iustum*, die von Caesar in eine effiziente Praxis umgesetzt wurde, war für das Weltszenario bestimmend geblieben – auch nach dem Ende Roms;[13] und diese Theorie ließ sich in der Praxis für jeweils unterschiedliche persönliche oder weltanschauliche Absichten instrumentalisieren. Das *bellum iustum* erwies sich als ambivalentes Mittel von Politik und Zivilisierung.

---

10) Dazu VERFASSER: Die Freiheit der Barbaren. Die „Geburt des Freiheitshelden Vercingetorix", demnächst in: Zukunft der Antike, Bamberg 2000.
11) Vgl. dazu VERFASSER: Die Freiheit der Feinde. Zur Bedeutung und Rolle der Critognatus-Rede. In: Caesar im Visier, 96 ff.
12) Dazu VERFASSER: Grundtexte Europas, Lehrerkommentar, a.O., 164-176, bes. 169 ff. (hier weitere Literatur dazu).
13) Dazu SIEBENBORN, B.: ... „bellum iustum". Spät- und nachantike Positionen. In: AU 34 (1991), 92-95.

Ist der „gerechte Krieg" als politische Doktrin demnach eine Farce? Kann und darf man sich vor dem Hintergrund solcher geschichtlicher Erfahrungen nicht mehr auf dieses Prinzip berufen? Warum wird aber nach wie vor auch heute – bei brisanten Vorgängen auf dem Globus – vom „Recht des Krieges" gesprochen? Warum orientierte sich der Papst an der Geschichte der Kirche bei seiner Forderung nach einem „gerechten Krieg" auf dem Balkan?

Der Kirchenvater AUGUSTINUS bereitet für ein Verständnis dieser Problematik den Boden. An einer klassischen Stelle seines „Gottesstaates" (19, 7) nimmt er auf das *bellum iustum* Bezug, indem er es zum Gegenstand einer tiefsinnigen Erörterung macht. Ein weiser Lenker (*sapiens*) des Staates (vielleicht ist der in CICEROS „Staat" auftretende Laelius gemeint) führe nur „Kriege besserer Art", wie man sagt. Dagegen erlaubt sich der Christ AUGUSTINUS einen Einwand, da ihm diese Aussage zu wenig kritisch erscheint. Der Weise sollte vielmehr darüber Bedauern empfinden (*dolere*), dass sich für ihn die Notwendigkeit zu „gerechten Kriegen" ergibt, weil er sie doch, wenn sie nicht gerecht wären, überhaupt nicht zu führen bräuchte, und es deshalb für den Weisen überhaupt keinen Krieg gebe. Aber es gibt nun einmal den berechtigten Grund, also den Zwang, die Notwendigkeit (*necessitas*) zum Krieg. Als Mensch muss man das bedauern, aber es gehört zum Menschen. Der Krieg ist leider da, weil der Mensch da ist; er ist unter Umständen notwendig. Denn die *iniquitas adversae partis*: „die Unbilligkeit der Gegenpartei", d.h. der Feinde, zwingt dazu; damit ist die Missachtung der den Menschen gemäßen, quasi von Natur gesetzten Rechtsordnung gemeint, die sich in menschenverachtender Grausamkeit, in rasendem Zerstörungstrieb und in bestialischem Tötungswahn äußern kann (der Kirchenvater AUGUSTINUS hat davon aus der Ferne seiner afrikanischen Heimat bei der Eroberung Roms durch die Westgoten erfahren). Für AUGUSTINUS ist das *bellum iustum* nicht bloß die Maxime eines rational gefassten Völkerrechts, sie ist ihm eine beklagenswerte Notwendigkeit des Menschen, ein existentielles Problem, das für ihn geradezu schicksalshafte, tragische Züge bekommt. Krieg gehört zum menschlichen Dasein. Er ist ihm das letzte Mittel zum Erhalt seiner Würde und seines Lebens.

In dieser Orientierung und mit dieser existentiellen Dimension ist das *bellum iustum* über THOMAS VON AQUIN, HUGO GROTIUS u.a. in das moderne Völkerrecht eingegangen und steht in engstem Zusammenhang mit dem Schutz der nur mühsam entdeckten und 1789 kodifizierten Menschenrechte.[14] So verstanden ist der „gerechte Krieg" ein politisches Mittel, für das man durch Berufung auf eine lange Tradition plädieren kann.

Wenn also heute der Papst zum Krieg aufruft, dann ist ihm der angedeutete Zusammenhang bewusst.[15] Dabei steht ihm ohne Zweifel in ähnlicher Weise die tragische Not des Menschen vor Augen wie AUGUSTINUS. Und wenn KARL POPPER,

---

14) S. dazu D. BLUMENWITZ: Grundlegung der Menschenrechte und der westlichen Kultur. In: Sonderheft der Hanns-Seidel-Stiftung 1 (1995), 5-13; s. dazu auch BOBBIO, N.: Das Zeitalter der Menschenrechte. Ist Toleranz durchsetzbar? – Berlin 1998.
15) S. o. S. 15.

der, wie gesagt, den Krieg zu den der Lösung bedürftigen Problemen zählt, bekennt: „Wir dürfen nicht davor zurückschrecken, für den Frieden Krieg zu führen. Das ist unter den gegenwärtigen Umständen unvermeidbar. Es ist traurig, aber wir müssen es tun, wenn wir unsere Welt retten wollen,"[16] dann nimmt er nicht bloß das aristotelische Diktum auf, er gibt dem Problem die tragische Tiefe des augustinischen Verständnisses.

Für die Caesar-Lektüre bedeutet dies, nicht einfachhin das Phänomen des *bellum iustum* am konkreten politisch-historischen Fall zu exemplifizieren, sondern die Bedenklichkeit, ja Gefährlichkeit seiner Anwendung bei Caesar herauszuarbeiten und durch Verweis auf die spätere Rezeption des Prinzips seine andersartige Qualität im heutigen weltweiten Diskurs bewusst zu machen. Gerade darauf muss es die kritische Hinterfragung des römischen Kriegsmannes abgesehen haben.[17] Also ein Lektüreziel e contrario: Vor dem Gegenbild des römischen Modells wird das Problem in seinen Konturen sehr scharf fassbar. Und dann wird auch der Wert einer modernen Caesar-Lektüre evident.[18]

---

16) a.O., 288.

17) Die römische Kriegsdoktrin ist allerdings auch heute noch virulent; ein russischer Stipendiat an der Humboldt- Universität äußerte auf die Frage, warum Russland so brutal gegen Tschetschenien vorginge, die Tschetschenen seien „Untermenschen, die zivilisiert gehörten". Ähnliches war von den Serben im Urteil über die Albaner zu hören. Die kritische Auseinandersetzung mit diesem Prinzip erweist sich also als höchst aktuell.

18) Das Lektüreziel hier ist also nicht auf *plurima lectio* aus, sondern auf eine thematische Linie konzentriert, nämlich auf die Art und Wirkung des römischen Imperialismus in der Eroberungspolitik Caesars, die sich am Prinzip des *bellum iustum* orientiert. Dafür hat HEINZ MUNDING, (Politische Bildung und Cäsarlektüre. In: AU 15.5 (1972), 26-93, bes. 32) schon vor Jahren plädiert: „Es geht darum, Gesichtspunkte zu finden, die eine straffe Auswahl und Ponderierung der zu lesenden Abschnitte erlauben... Unter dem Thema Imperialismus wäre nun das Hauptgewicht auf solche Stellen zu legen, an denen Caesar sein Vorgehen in Gallien als im Interesse des *populus Romanus* liegend zu rechtfertigen sucht." Dass dem Schüler Caesar innerhalb dieser thematischen Ausrichtung allmählich als Typ des Machtmenschen bewusst wird, ist die umfassende Zielvorstellung, auf die hier die vorliegende Text-Ausgabe angelegt ist.

2.2. Ratio, Rationalität, Rationalisierung im Denken, Handeln und Schreiben des Machtmenschen

Caesars Wortschatz ist begrenzt,[1] auch die tragenden Begriffe sind auf wenige reduziert. Darunter zählt *ratio*. Aber auch dessen semantisches Feld ist erheblich eingeengt. Aus der Fülle der möglichen Bedeutungen ist nur ein relativ geringer Teil in Anspruch genommen. Das zeigt folgende Übersicht (Entnommen aus VERFASSER: Caesar im Visier, 124):

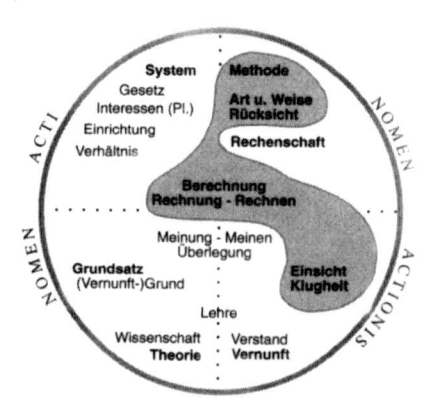

[Diagramm: Kreis mit Bedeutungsfeld von *ratio*; Außenbeschriftungen NOMEN ACTI, NOMEN, NOMEN ACTIONIS; innen u.a.: System, Methode, Gesetz, Interessen (Pl.), Art u. Weise, Rücksicht, Einrichtung, Verhältnis, Rechenschaft, Berechnung – Rechnung – Rechnen, Meinung – Meinen, Überlegung, Grundsatz (Vernunft-)Grund, Einsicht, Klugheit, Lehre, Wissenschaft, Theorie, Verstand, Vernunft]

Aus dem Gesamtspektrum sind allein die Bedeutungen: „Berechnung, Methode, strategische Klugheit, Kalkül" vertreten; als Synonym tritt häufig *consilium* dem Begriff zur Seite. Diese Eigenheit ist nicht Zufall, darin manifestiert sich Caesars Wesensart; er ist Rationalist. „Was bei ihm greifbar wird, ist ... eine rationalistische Auffassung des Feldherrnamtes."[2]

Dieser Wesenszug äußert sich in seinem Vermögen, den Bericht über seine Taten zu rationalisieren, d.h.: was nicht zum Planen, zur strategischen Berechnung des militärischen Vorgangs und Kriegsziels oder zum Kalkül des Politikers gehört, wird weggelassen. Seine Sprache ist bewusst reduziert, damit in der Kargheit der Darstellung Art, Erfolg und Richtigkeit seines Handelns schnell und eindringlich bewusst werden. Das Faktische steht im Vordergrund, was nicht bedeutet, dass er die Fakten nicht in rationale Begründungszusammenhänge bringt und damit dem „Oberflächengeschehen eine Tiefenstruktur" gibt.[3] Der stofflichen Kargheit entspricht die „Nacktheit" von Sprache und Stil. CICEROS Urteil trifft den Punkt der *commentarii*: „*Nudi sunt, recti et venusti, omni ornatu orationis tamquam veste detracta*" (BRUTUS 75,262). Caesars Stilhaltung verrät Absicht, ist gesucht, sie ist Kunst, die in der

---

1) Vgl. dazu WILL, W.: Julius Caesar. Eine Bilanz, Stuttgart/Berlin/Köln 1992, 82: „Caesars Gallischer Krieg ist stilistisch einfach, der Wortschatz reduziert sich auf weniger als 1200 häufiger gebrauchte Wörter (2600 insgesamt) und zeigt Vielfalt nur dort, wo es ums Töten und Sterben geht (zwei Dutzend Wörter)."
2) So RÜPKE, J.: Gerechte Kriege – gerächte Kriege. In: AUXILIA 33.5 (1990), 12. Vgl. dazu und zum Folgenden auch VERFASSER, Lateinunterricht BD. 3, 49 ff.
3) So LATACZ, J.: Zu Caesars Erzählstrategie. In: AU 1 (1978), 70-87, bes. 79.

Kunstlosigkeit besteht.[4] „Caesar verzichtet auf Anschaulichkeit und Plastik."[5] Der Fortschritt der Handlung und die Berechtigung des Handelns sollen uns ins Auge springen. Die Wirklichkeit wird dem rationalisierenden Prinzip der Auswahl unterworfen. FRIEDRICH KLINGNER vergleicht das in Sprache Gefasste mit „dem Gerippe eines Blattes, dem die Raupen das Fleisch genommen haben."[6] Was nicht entscheidend dem geradlinigen Ablauf der Dinge zugeordnet ist, wird weggelassen; auf die komplexe Wirklichkeit, gar auf geschichtliche Hintergründe ist keine Rücksicht genommen. Wir erkennen „eine unnachahmliche Beherrschtheit des Erzählten".[7] Die Rationalisierung der Sprache, die vornehmlich auf das äußerlich Faktische gerichtet ist, lässt aber doch auch die hintergründige Analyse der Geschehensvorgänge und Handlungstriebkräfte zu; allerdings ist auch hier nur insofern *ratio* im Spiel, als sie die inneren Strukturen (des Denkens und Fühlens) so zurechtrückt und so selektiv darstellt, dass davon eine suggestive Wirkung auf die Leser – im Sinne seiner Rechtfertigung – ausgehen muss.

Caesars Bericht ist im Grunde auf einfache Formeln gebracht. Die vorherrschende Formel gibt sich als Grundmuster der Darstellung zu erkennen: das Begriffsdreieck von *difficultas, ratio/consilium* und *virtus*. Die Komplexität des militärischen Einsatzes ist geradezu stereotyp auf das sich stets wiederholende Zusammenwirken von der Schwierigkeit einer Situation, von dem planenden, strategisch wirkungsvollen Eingreifen des Feldherrn und der entschlossen zupackenden Tapferkeit der Soldaten festgelegt. Sie machen die drei Bedingungen oder Faktoren des strategischen Fortschritts aus.

Im Schema:[8]

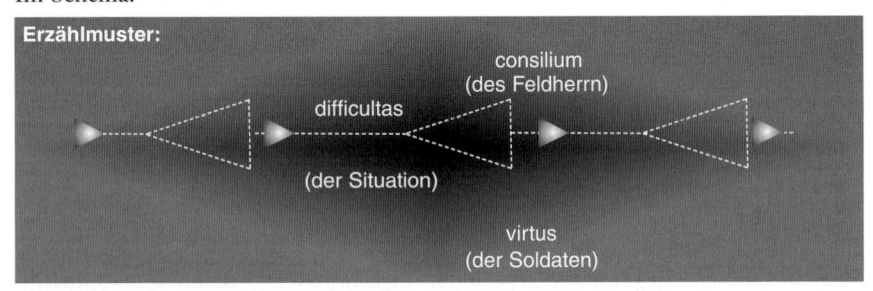

Erzählmuster:

consilium
(des Feldherrn)

difficultas

(der Situation)

virtus
(der Soldaten)

4) „Wie die Schlichtheit dieser Berichte ihre Vollkommenheit ist, in der Kunstlosigkeit ihre Kunst besteht, so verbinden sich in ihnen Einfachheit und Raffinesse der Diktion." So CHRISTIAN MEIER: Caesar, 310f. vgl. auch ADCOCK, F.: Caesar als Schriftsteller, Göttingen 1959, 46ff.

5) So FRAENKEL, H.: Über philologische Interpretation. Am Beispiel von Caesars Gallischem Krieg. In: Wege und Formen frühgriechischen Denkens. München 1950, 308.

6) C. Julius Caesar. In: Römische Geisteswelt. Hamburg/München 1961, 95.

7) So SCHWARZ, F.F., a.O., 13. Diese Beherrschtheit betrifft sowohl die Fakten wie auch die darüber und dabei vollzogenen Reflexionen. „Die unendliche Fülle der tatsächlich angestellten Überlegungen zwingt den Autor zu einer rigorosen Auswahl." So MENSCHING, E.: Caesars Bellum Gallicum. Eine Einführung. Frankfurt 1988, 151.

8) Dazu ausführlich VERFASSER, Lateinunterricht Bd. 3, 42f. und in: FINK, G./ MAIER, F.: Konkrete Fachdidaktik Latein, München 1996, 126ff.

Absicht dieser Erzähltechnik, der sich wiederholenden Dreieckskonstellation, ist jeweils die Feststellung der Beseitigung der Schwierigkeit, also die Erfolgsmeldung, so dass sich die *commentarii* als die Aneinanderreihung von mehr oder weniger deutlich herausgestellten Erfolgsmeldungen erweisen.

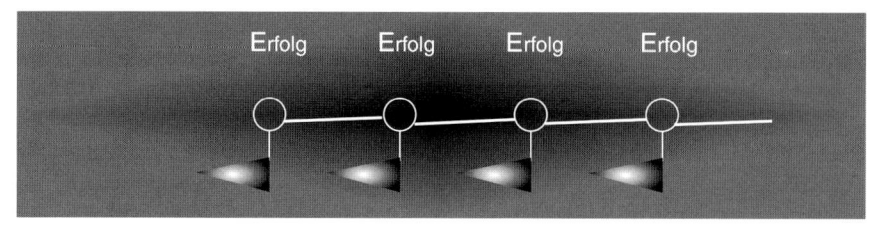

Der Bericht gewinnt auf diese Weise an bohrender Eindringlichkeit und wirkt durch solche Suggestivität auf die Leser in Rom „überzeugend". Diese Darstellung hat offensichtlich, wie JÖRG RÜPKE in anderem Zusammenhang feststellt, die „Zeitgenossen überzeugt".[9]
Die stofflich vereinfachte und im Wortmaterial reduzierte Darstellung ist jedoch keineswegs in ihrem sprachlich syntaktischen Gefüge einfach; das Ziel, die Information über sein Handeln in gedrängter Abfolge und nur mit dem Ergebnis der Einsicht in die Berechtigung des Vorgehens darzustellen, erzwingt einen sehr dichten Stil, der höchsten Ansprüchen der Rationalität genügt. Man erkennt es als Zeichen der zunehmenden Ausprägung der antik-europäischen Rationalität, dass die griechischen und römischen Autoren vom sogenannten „reihenden Stil" (λέξις εἰρομένη) zum „gedrungenen, gestrafften Stil" (λέξις κατεστραμμένη) übergingen. Die Periodisierung ist Ausdruck dieser Entwicklung. Die caesarischen Perioden, die ein Charakteristikum seines Werkes sind, sind Ausdruck des von Rationalität vorherrschend bestimmten Menschen Caesar. Sie sind ein Element „seiner alles überspannenden Rationalität im Sinne eines haargenau durchgezogenen Konzepts."[10] Nur ein analytischer Verstand von hohem Grade vermag ein komplexes Geschehen, wie etwa die extreme, der Niederlage nahe Bedrängtheit des römischen Heeres in der Nervierschlacht, durch Konzentration auf das Wesentliche so in eine einzige Periode (der längsten bei Caesar begegnenden im Umfang von ca. 20 Textzeilen) zu bannen, dass der Leser die Situation im Nachvollzug des Satzbaus nur schrittweise erschließen und sich vorstellen kann – unter Einsatz analoger Analyse-Fähigkeiten.[11]

II 25: *Caesar ab decimae legionis cohortatione ad dextrum cornu profectus, ubi suos urgeri signisque in unum locum collatis duodecimae legionis confertos milites sibi ipsos ad pugnam esse impedimento vidit, quartae cohortis omnibus centurionibus occisis signiferoque interfecto, signo amisso, relinquarum cohortium omnibus fere centurionibus aut vulneratis aut occisis, in his primipilo P. Sextio Baculo, fortissimo viro, multis gravibus-*

---

9) RÜPKE, J.: Wer las Caesars bella als commentarii? In: Gymn. 9 (1992), 212. Vgl. Dazu auch LATACZ, a.O. 79: er spricht von „erzählerischer Suggestion".
10) So SCHWARZ, a.O., 12.
11) Ausführlicher dazu VERFASSER, Caesar im Visier, AUXILIA 37 (1995), 87 ff.

que vulneribus confecto, ut iam se sustinere non posset, reliquos esse tardiores et nonnullos ab novissimis desertos proelio excedere ac tela vitare, hostes neque a fronte ex inferiore loco subeuntes intermittere et ab utroque latere instare et rem esse in angusto vidit neque ullum esse subsidium, quod submitti posset, scuto ab novissimis uni militi detracto, quod ipse sine scuto venerat, in primam aciem processit centurionibusque nominatim appellatis reliquos cohortatus milites signa inferre et manipulos laxare iussit, quo facilius gladiis uti possent. Cuius adventu spe illata militibus ac redintegrato animo, cum pro se quisque in conspectu imperatoris etiam in extremis suis rebus operam navare cuperet, paulum hostium impetus tardatus est.

Das scharfsinnig, taktisch-strategische Denken (wie es etwa einem Schachspieler eigen ist) drückt sich auch in der Sprache aus. Die Strategie des militärischen Vorgehens spiegelt sich in der Strategie der Sprache.[12] Diese Strategie ist von Anfang an auf Distanz angelegt, in der Regel nicht auf eine dramatisierende, den Leser emotional einbeziehende Darstellung. Deshalb sind die Reden in der Oratio obliqua gehalten, so dass nur eine indirekte Teilhabe möglich wird; deshalb spricht Caesar von sich in der dritten Person, um keine persönliche Anteilnahme in der einen oder anderen Richtung aufkommen zu lassen. Manches davon mag durch die Form des *commentarius* vorgeprägt sein, aber im sprachlich-stilistischen Gesamtarrangement treten markant die individuellen Züge Caesars zutage. Caesar hat nach UDO W. SCHOLZ mit seinem Werk bewusst gestaltete *historiae* geliefert,[13] ihm also ein höchst eigenes Gepräge gegeben. Wo Caesar von diesem Gesamtgepräge abweicht, ist dies absichtlich gesucht; er will dem Bericht hier einen besonderen Touch geben; es herrscht die Intention vor, einen Höhepunkt zu setzen, den Leser zu packen, durch Pathos, durch Emotionalisierung Anti- oder Sympathie zu wecken, etwa, wenn er ab dem vierten Buch auch gelegentlich zur Oratio recta greift (z.B. bei der Rede des Adlerträgers beim Angriff auf die britannische Steilküste, IV, 25, 10) oder wenn er plötzlich in kurzen Sätzen im reihenden Stil dramatische, erlebnisdichte Vorgänge erzählt (z.B. bei der Waffenübergabe des Vercingetorix, VII 89, 3-5). All dies mögen Anklänge an die „Tragische Historie" sein,[14] ohne Zweifel aber sind es Effekte seiner Psychagogie oder Leserlenkung,[15] letztlich will sein politisches Kalkül damit eine propagandistische Wirkung erreichen.

---

12) Zu ähnlicher Erkenntnis ist auch LATACZ, a.O., 81 gekommen: „Die Kriegsstrategie wird widergespiegelt in der Erzählstrategie. Oder andersherum: so planvoll wie Caesar Krieg führt und Politik betreibt, so planvoll schreibt er auch. Rationalität, Planung und Strategie – das ist die alles dominierende Persönlichkeitskonstitution Caesars."

13) Der commentarius und Caesars commentarii. In: Musen und Medien. Dialog Schule und Wissenschaft. Bd. XXXIII, S. 82-97, bes. 94.

14) Vgl. dazu SCHÖNBERGER, O.: Darstellungselemente in Caesars Bellum Gallicum. In: Gymn. 95 (1988), 141-153, bes. 142f. Nach MICHAEL V. ALBRECHT (Meister römischer Prosa, Heidelberg 1973, 83) „setzt Caesar das Pathos ... nur zweckbestimmt ein."

15) vgl. dazu bes. PETERSMANN, G.: Caesar als Historiograph. In: IANUS 11 (1990), 2-7, bes. 5. Er betont, dass die gerade im zweiten Teil des Werkes erkennbare wechselnde Erzählform auf ein ganz bewusstes Erzählverfahren „schließen lässt, um ganz bestimmte Effekte und Wirkungen auf den Leser auszuüben."

Wer sich eingehend über längere Zeit mit Caesar beschäftigt hat, wird erkennen, dass er es hier durchaus mit einem sprachlichen Kunstwerk zu tun hat. Die *ratio* des Autors ermöglichte ihm eine aufs Höchste gesteigerte Rationalisierung des Textes – MICHAEL V. ALBRECHT spricht von „funktionalem Denken", das sich in seiner Sprache manifestiert[16] – und weist ihn als markanten Vertreter abendländischer Rationalität aus. Wenn sich diese Gabe mit der Ambition eines Machtmenschen vereint, ist Gefahr im Verzug. Die Beherrschtheit in der Sprachverwendung symbolisiert geradezu „den Drang und das Bedürfnis nach Macht, das Kalkül von Macht und den Umgang mit Macht."[17] Sprachkunst wird zu einem bedrohlichen Mittel, zur Waffe. Vielleicht ist Rationalität in dieser Wirkungsweise überhaupt ein typisches Merkmal des Machtmenschen. Napoleon jedenfalls hat deshalb Caesars Werk so geschätzt, dass er es auf seinen Feldzügen stets mit sich führte und zur täglichen Lektüre machte.

Darauf Schüler aufmerksam zu machen ist um so nötiger, je mehr sie solchen „Waffen" von Seiten aller möglichen Mächte (Zeitung, Fernsehen, Internet, Wahlreden u.v.m.) tagtäglich ausgesetzt sind. Die Reflexion über Sprache und Text und den in ihnen liegenden Möglichkeiten gehört zu den hochangesetzten Zielen des Lateinunterrichtes. Dieses Ziel ist zweifellos fachübergreifend; man darf gerade auch darin ein Signum des Gymnasialen sehen.

---

16) Meister römischer Prosa, 83f.
17) So wiederum SCHWARZ, a.O., 9.

3. Das neue Arrangement der Schulausgabe

Die vorgelegte Ausgabe unterscheidet sich erheblich von allen bisher üblichen Caesar-Schulausgaben; dies liegt an der in vielen Punkten anders, größtenteils neu arrangierten Kombination von Originaltext und Zusatzmaterialien sowie auch an der sehr differenzierten Aufbereitung des Originaltextes selbst. Dieser Neukonzeption liegen lang durchgeführte Untersuchungen zur Textgestaltung, Informationsvermittlung und Anregung von Schülerinteressen zugrunde; die Ergebnisse wurden in mehreren fachwissenschaftlichen und fachdidaktischen Seminaren an der Humboldt-Universität zu Berlin erarbeitet und von Seminarmitgliedern aus dem Kreise postgraduierender Lateinlehrer in Teilen in der Praxis erprobt. Auf diese Weise ist die Adressatenbezogenheit gewährleistet: Schüler und Schülerinnen haben in der Entstehungsphase bereits damit gearbeitet; ihre Reaktionen sind als Rückmeldungen aus der Praxis berücksichtigt. Dass diese Ausgabe allein schon durch ihr Erscheinungsbild auf Zuneigung und Interesse stößt, darf, soweit bisher Äußerungen vorliegen, als gesichert gelten.

3.1 Das differenzierte Angebot des Originaltextes

Mit Rücksicht auf die didaktische Bedingung, dass ein Verständnis von Caesars Gestalt, Politik und Sprachkunst nur zu Stande kommt, wenn übergreifende Zusammenhänge, d.h. größere Werkpartien vom Leser erfasst werden, erwies es sich als notwendig und förderlich, die Textmasse zu gewichten und je nach Bedeutung eines Textteiles für das Verständnis des größeren Ganzen in unterschiedliche Darbietungsformen zu bringen:

a) **Zentrale Texte**: Texte, in denen Handlungsschwerpunkte, Entscheidungssituationen, Begründungszusammenhänge, erklärende Hintergründe, diplomatische Konfrontationen, Verhandlungsschwierigkeiten, Überzeugungsmechanismen dargestellt sind, erscheinen als Kernstellen-Lektüre. Sie sind um der leichteren Analyse wegen, kolometrisch angelegt, so dass sich eine graphische Analyse in Form der Kästchenmethode, Stammbaummethode o.Ä. vielfach erübrigt. Größere Satzkomplexe zeigen sich dadurch, dass die syntaktischen Teilelemente voneinander abgehoben und für sich stehend vor das Auge des Lesers treten, leichter durchschaubar und in Einzelschritten analysierbar.[1] Diesem Ziel dient der hier beigefügte sub-linea-Kommentar, der neben der Angabe des unbekannten Wortschatzes auch Konstruktionshilfen, wo immer es nötig erscheint, anbietet. Diese Kernstellen sollten intensiv und tiefer greifend gelesen werden, in statarischer Lektüre und in mikroskopischer Betrachtung der sprachlichen und stilistischen Details. Auf sie konzentriert sich die engagierte Lektürearbeit; sie stehen im Mittelpunkt der Interpretation. Die Erschließungsfragen zielen auf das Verstehen der darin gemachten Aussagen, also der Autoreninten-

---

[1] Neuerdings schlägt OFFERMANN, H.: Verschiedene Wahrheiten oder wahr ist nicht gleich wahr. In: Anregung 45,5 (1999), 294-307, bes. 299f. und 45,6, 367-381, die kolometrische Textanlage für die Kerntexte des Bellum Helveticum vor.

tion und der Hintergründe dazu sowie auf die kritische Auseinandersetzung damit. Sie enthalten auch Aufgaben zur selbständigen Beschäftigung mit einzelnen Aspekten des Textes.

b) Texte zur synoptischen Lektüre: Texte, die für den Ablauf der Ereignisse und für das Verständnis der handlungsbestimmenden Begründungszusammenhänge nicht oder kaum entbehrliche Informationen enthalten, sind in synoptischer Form geboten; d.h. dem lateinischen Text ist auf gleicher Höhe die deutsche (möglichst wörtliche) Übersetzung gegenübergestellt; diese Texte sollten kursorisch gelesen werden; d.h. bei der Lektüre des deutschen Textes, die dem rascheren Lesetempo dient, sollten die tragenden Begriffe, die in der politischen Kalkulation des Imperators im Fortschritt seines Eroberungszuges und in seiner Darstellungsstrategie eine Rolle spielen, aus dem lateinischen Text herausgeholt und festgehalten werden. Die hierfür gestellten Aufgaben der Textbearbeitung dienen vornehmlich diesem Ziel.

c) Übersetzungslektüre: Texte, die entweder zu schwer übersetzbar sind, aber für die Gesamtentwicklung wichtige Informationen enthalten oder die kulturgeschichtlich interessante Aussagen bringen (z.B. über den Bau der ersten Brücke über den Rhein), werden als bloße Übersetzungslektüre angeboten; sie sollten nach Heimlektüre in die Interpretationsarbeit, soweit möglich, einbezogen werden. Auch Kurzreferate können darüber gehalten werden.

d) Text-Paraphrasen: Berichte über militärische Aktionen, Schlachten, Belagerung, Sieg, Vernichtung, Vertreibung, Rachemaßnahmen, die, oft langatmig, meist am Ende von Eroberungsfeldzügen stehen, werden nur in knapper Paraphrase wiedergegeben; von ganzen Kapitelfolgen ist oft nur kurz über das Ergebnis referiert. Wo tiefgründige politische Reflexionen mit im Spiel sind, wird umfassender paraphrasiert. Ziel ist dabei, den Gesamtablauf eines Unternehmens und dessen politischen Hintergrund zügig zu erfassen und Caesars Erzählstrategie von den kleinen und größeren Elementen her zu verstehen. Sie haben also auch die Funktion, den Zusammenhang herzustellen und das Verständnis zu sichern. Solche Paraphrasen können in der laufenden Lektüre im Unterricht oder zu Hause mit gelesen werden.

3.2 Das zusätzliche Textmaterial

Die Ausgabe enthält neben dem in verschiedenen Varianten gebotenen Caesar-Text reiches Text-Zusatzmaterial, das je nach Bedarf in die Lektürearbeit einbezogen werden kann.

a) Informationen: Das Verständnis des Handelns, Entscheidens und Schreibens des Autors hängt ab von Informationen über geschichtliche Voraussetzungen, rechtliche Bedingungen, politische Maßnahmen vor allem in Rom, aber auch auf Seiten der Gegner, d.h. der Gallier und Germanen. Zuweilen bedürfen auch Sachbegriffe oder Kulturgegebenheiten des fremden Landes, auf die im Text angespielt wird, der Erklärung. Solche Infos sind unter der Sigel „I" in Rasterkästen gesetzt, angeboten.

Man wird sie in der Regel zur Hausaufgabenlektüre heranziehen. Aufgrund bisheriger Erfahrungen darf erwartet werden, dass gerade die Infos über kulturelle und politische Eigenheiten der Römer, Gallier und Germanen auf das Interesse der Schülerinnen und Schüler stoßen und von diesen auch gelesen werden.

b) Zusatztexte: Um Caesars Darstellungsabsicht Schritt für Schritt zu durchschauen und seiner tendenziösen Berichterstattung auf die Spur zu kommen, sind Texte aus der (vor allem griechischen) Parallelüberlieferung in deutscher Sprache zitiert; sie geben oft einen anderen Blick auf die Vorgänge frei. Diese Zusatztexte, die mit „Z" markiert sind, stellen, ebenfalls in Rasterkästen stehend, für die Interpretationsarbeit wichtige Stützen dar. Dazu zählen auch Aussagen von anerkannten Caesarforschern; ihr Urteil soll die Schüler zur kritischen Bewertung des Caesartextes anregen und die Ambivalenz seiner Person, Politik und geschichtlichen Leistung spüren lassen; in einfacher Form kann hier wissenschaftliche Propädeutik betrieben werden: Es empfiehlt sich auch die Schüler selbst im Vergleich der verschiedenen Urteile zu einer eigenen Stellungnahme anzustoßen, was zu einer Art von kreativer Auseinandersetzung mit dem Lektüregegenstand führen kann.

c) Beispiele von „produktiven" Texten: Gelegentlich sind Textkreationen eingefügt, die den produktiven Umgang mit dem Caesar-Text dokumentieren, entweder ein Zeitungsbericht oder eine Rundfunknachrichtensendung, die auf die Caesar-Vorgabe hin geschrieben worden sind. Sie dienen der Aktualisierung des antiken Sujets und verweisen auf die Gültigkeit des Problems oder der Aussage auch für die heutige Zeit. Auch davon können und sollen Impulse zur Eigentätigkeit des Schülers ausgehen. Handlungsorientierter Unterricht ist neuerdings ein stark betontes Prinzip in der modernen Methodik.

3.3 Das reichhaltige Bildmaterial

Textausgaben ohne Bildmaterial sind unattraktiv; sie passen nicht mehr zu einem modernen Unterricht. Bild und Farbe gehören zu einer zeitgemäßen Ausstattung. Die in dieser Hinsicht angemahnte Zurückhaltung zu Seriosität, da die Schüler sich auf den Text, seine Aussage und seinen Ausspruch zu konzentrieren und sich – von nichts abgelenkt – der davon ausgehenden Appellation zu stellen hätten, ist gewiss nicht von vornherein zurückzuweisen. Die engagierte Auseinandersetzung mit dem Text ist nach wie vor das zentrale Anliegen des Lektüreunterrichts und muss es auch bleiben. Aber angesichts des lerntechnischen Umfelds lässt sich das nackte Textangebot nicht mehr begründen. Die Lehrbücher keines Gymnasialfaches sind ohne Farbe und Bild. Warum soll sich Latein kein schülerfreundliches Make-up geben? Die graue Eminenz bloßer Textlichkeit, die der Philologe liebt, ist in der Schule nicht mehr zeitgemäß: Sie findet beim Schüler keine Gegenliebe. Sie bezeichnen die bildlosen Schulausgaben, die vielfach auch heute noch – leider – im Einsatz sind, als „öde Bleiwüsten" oder „unappetitliche Lektürekost". Mit Lust nehmen sie solche Texte bestimmt nicht in die Hand, eher mit dem Bedürfnis, sie bald wieder aus den Fingern zu bekommen.

Längst ist die Didaktik soweit: Auch die lateinische Lektüreausgabe bedarf, wie eben auch die Sprachlehrbücher, einer schönen äußeren Aufmachung, so dass man das Büchlein schon vor Beginn der Lektüre interessiert durchblättert und an manchem Blickfang hängen bleibt. Über das Auge kommt, wie lernpsychologisch nachgewiesen ist, das Hauptinteresse für eine Sache – ein Faktum, das die moderne Werbestrategie bis ins Extrem ausnützt.

Gerade Caesars Text, der von seinem Inhalt her kaum Identifikation zulässt, also von sich aus eher motivationshemmend wirkt, bedarf aller möglichen Stimulanzien des Interesses; den optischen kommt eben die stärkste Wirkung zu. Deshalb liegt der Neuansatz dieser Caesar-Ausgabe auch und gerade im Versuch, durch ein reichhaltiges Bildmaterial der Lektüre von vornherein ein anderes, attraktiveres Vermittlungsniveau zu geben. Das angebotene Bildmaterial lässt sich dabei hinsichtlich seiner Funktion und Wertigkeit differenzieren.

a) Historische Bilddokumente: Bilddokumente, die aus der Antike stammen, beleuchten den Text aus seiner Zeit, verstärken damit den Eindruck der Authentizität. Sie machen die beschriebenen Vorgänge fassbarer, da Informationen eben auch über den ikonischen Kanal ins Gedächtnis gelangen und dort haften bleiben. Solche Bilder geben den stärksten Eindruck von der vergangenen Welt: „Kein anderes Zeugnis, kein Text aus der Vergangenheit vermag wie das Bild eine derart unmittelbare Vorstellung von der Welt zu vermitteln, in der andere Menschen zu anderen Zeiten lebten." So J. BERGER.[2] Wo immer es deshalb möglich ist, sind Dokumente solcher Art über die Römer in Gallien und über die Gallier und Germanen selbst in die Ausgabe aufgenommen. Die antike Geschichte erhält auf diese Weise auch ein optisches Profil, sie gewinnt an Anschaulichkeit, das Interesse wird über das Auge an den Text gebunden.

b) Rezeptionsdokumente: Sie zeigen, wie einzelne Szenen, meist dramatische Höhepunkte des Eroberungsunternehmens von späteren Lesern aufgenommen und phantasievoll verarbeitet wurden, etwa die Fahrt nach Britannien, die Kapitulation des Vercingetorix, die „Unterjochung" der Römer durch die Helvetier. Solche Dokumente beweisen, wie wirkungsmächtig der Text zu anderen Zeiten bis heute gewesen ist, und auch, dass es sich deshalb lohnt, sich damit zu beschäftigen. Zugleich kann davon auch die Anregung ausgehen, selbst eine Zeichnung, Karikatur oder ein Bild zu einer Szene zu gestalten – wieder eine kreative Reaktion aufseiten der Leser.

c) Illustrationen und Karikaturen: Da Caesars Bericht nüchtern gestaltet ist, auf Anschaulichkeit und Plastizität in aller Regel verzichtet, ist er, wie gesagt, wenig emotional anregend; die kühle Distanz ist schwer aufzuheben, solange nur erzähltechnische Mittel eingesetzt werden. Es drängt sich während der Lektüre beim mühevollen Erschließen von Satz und Text kaum etwas als Vorstellung, als lebendiges Geschehen, als griffige Person ins Bewusstsein des Lesers. Nur selten springt ein Funke über, der die Phantasie zum Lodern bringt. Zwischen der vom Autor bewusst

---

2) Sehen. Das Bild der Welt in der Bilderwelt, Hamburg, 1974, 10.

angestrebten Rationalität der Darstellung und dem vom Schüler benötigten oder zumindest erwarteten Erlebniseindruck lässt sich im Unterricht eine Brücke besonders durch die Illustration (auch in Form einer Karikatur) bauen.[3] Solche Illustrationen zu Szenen und Personen, die – orientiert an uns zugänglichen literarischen oder archäologischen Zeugnissen über die realhistorischen Bedingungen der damaligen Verhältnisse (bei Galliern und Germanen) –, gestaltet sind, bringen den Textbericht bildhaft vor Augen. Die Vorgänge werden verlebendigt, die Personen, vor allem die Gallier- und Germanenführer, erscheinen als Wesen mit Fleisch und Blut. Die textpragmatische Dimension wird – sicherlich abhängig von der individuellen Vorstellungskraft des Künstlers – visuell erschlossen. Dadurch wird dem Text etwas von seiner papierenen Existenz genommen. Die Lektüre bekommt auch emotionale Anziehungspunkte.

3.4 Der Anhang zur Abrundung der Caesar-Lektüre

Im Anhang sind die zwei Höhepunkte im Drama von Caesars Leben als kleine Lektüreprojekte aufbereitet; sie sollen den erarbeiteten Eindruck von dieser Gestalt ergänzen, abrunden, und möglichst zu nachhaltiger Wirkung bringen;[4] dazu sind zwei berühmte Sueton-Stellen herangezogen.

a) **Die Überschreitung des Rubikon:** Der Gallische Krieg geht, durch die politischen Bedingungen veranlasst, nahtlos in den Bürgerkrieg über. Caesars Übergang über den Rubikon, den Grenzfluss zwischen seiner Provinz und dem römischen Staatsgebiet, hat Rom, Italien und das ganze Imperium in Not
stand gebracht. Der zum Diktator ernannte POMPEIUS verteidigte gegen den Aggressor aus dem Norden die *res publica libera*, musste allerdings aus der Hauptstadt und aus Italien fliehen, wurde verfolgt und in Griechenland von Caesar geschlagen, schließlich auf der Flucht in Ägypten ermordet. Caesar versucht sich in allen Richtungen des Reiches durchzusetzen, mit Erfolg. Der Bürgerkrieg, der die damals „bewohnte Erde" heimsuchte, war zum Weltbürgerkrieg geworden, an dessen Ende er der alleinige Potentat des Imperium Romanum war. Der Machtmensch

---

3) Natürlich wäre die filmische Umsetzung des Textes noch sehr viel effektiver, aber dem sind in der Schule erhebliche Grenzen gesetzt. Neuerdings bietet sich für die Lektüre des Vercingetorix-Teiles als ein brauchbares Mittel der Verlebendigung an: Iulius Caesar. Die Schlacht um Alesia. Video-Kassette. In der Reihe: Die großen Feldherrn, WBG Darmstadt (hergestellt von BMG VIDEO/ Universum Film GmbH, 81619 München).

4) An diesen beiden Ereignissen hängt sehr viel, was die Einschätzung Caesars als Gestalt der Weltgeschichte anbelangt. Für WERNER DAHLMANN (Julius Caesar, München/Zürich 1987, 24) stellt sich überhaupt „die Frage, ob denn Caesars Leben weiterhin von Interesse wäre, wenn die Entscheidung am Rubikon und die Verschwörung gegen den Diktator nicht stattgefunden hätten".

war allmächtig geworden. Caesar hat so lange gekämpft, „bis er der Herr der Welt war, mächtig wie selten ein Mensch."[5]

b) Die Ermordung des „Tyrannen": Caesars Erfolge und sein dadurch erreichter Status haben nicht nur Bewunderer gefunden, sondern auch Neider und hasserfüllte Gegner, in deren Augen durch Caesar der Freiheit, d.h. der *res publica libera*, ein Ende gemacht wird; die mächtigsten von ihnen sitzen in der Kurie, sind angesehene Senatoren. Sie wollen den „Tyrannen" nicht länger ertragen, planen das Attentat, das an den Iden des März 44 erfolgreich durchgeführt und dessen dramatisches Geschehen vom Biographen SUETON eindrucksvoll geschildert wird. Der Machtmensch Caesar ist im politischen Kräftespiel an seinen Machtambitionen zugrunde gegangen; auch dies ein Zeichen seiner paradigmatischen Existenz.

Beide Lektüreprojekte, die als Angebot zum Abschluss der Caesar-Lektüre angeboten sind, sind für den Unterricht mit allen nötigen Materialien aufbereitet, mit Text, Bildern, Zusatztexten und Erschließungsfragen; das erste Projekt kann als Übersetzungslektüre, das zweite in der Form der synoptischen Lektüre behandelt werden. Sie verfolgen das Ziel, mit emotionalen Höhepunkten die Lektüre Caesars abzuschließen. Aufs Ganze gesehen sollte es durch diese völlig neu gestaltete Caesar-Ausgabe gelingen, der Lektüre dieses Autors im Lateinunterricht eine neue und bessere Qualität zu geben.

3.5 Ein alternativer Einstieg in die Caesar-Lektüre

Will man die Schüler nicht sofort mit dem Originalwerk konfrontieren, sondern sie auf einem kurzen lateinischen Umweg an Caesar und den Gallischen Krieg heranführen, so lässt sich dies durch einige kurze Kapitel aus EUTROPIUS' *Breviarium ab urbe condita* bewerkstelligen. Den Vorschlag dazu haben WILFRIED OLBRICH[6] und JÜRGEN REINSBACH[7] gemacht, mit guten Gründen. Der Text ist leichter als Caesars Text und macht sowohl mit dem Phänomen an sich wie mit den geographischen Gegebenheiten vertraut. Die Schüler können sich gewissermaßen vom Lehrbuch über EUTROPIUS zu Caesar „hinauflesen". Dabei genügt es schon, nur den Text zu lesen, der das *Bellum Gallicum* umfasst.

Wer die gesamte Vita Caesars über den lateinischen Text den Schülern vermitteln will, hat den Text mit sub-linea-Kommentar in der Schülerausgabe zur Verfügung; dieser Text ließe sich aber erst am Abschluss der Caesarlektüre lesen.

---

5) So KLINGNER, F.: : Römische Geisteswelt, München 1981, 93.
6) Ein neuer Einstieg in die Caesarlektüre. In: Anregung 35 (1989), 228-230.
7) In einem Unterrichtsprojekt, das er mit einer meiner Studentinnen, ANTJE SCHARF, anlässlich ihres Gymnasialpraktikums 1999 realisierte.

4. Didaktischer Kommentar

4.1 Unterrichtsprojekt

DAS PROÖM –
DAS EINGREIFEN IN GALLIEN

(als Einstiegsprojekt zu allen Unterrichtsprojekten notwendig)

Porträtdarstellung eines Galliers mit ornamentaler Haartracht, Vorderseite eines Goldstaters aus einer der ersten Prägestätten der Parisii in Gallien, 6./1. Jh. v. Chr.

Das Proöm – Das Eingreifen in Gallien

Völker und Flüsse, die im Unterrichtsprojekt begegnen

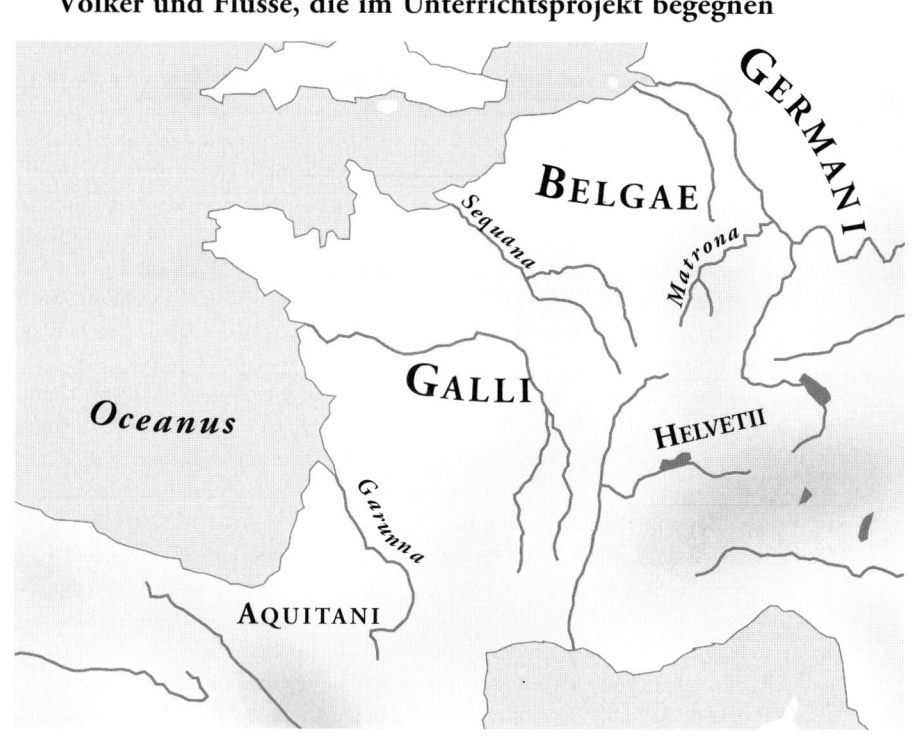

Völker

Galli: Gallier, Bezeichnung für alle Gallier, d.h. die keltischen Stämme in Oberitalien, Frankreich, Belgien, im Süddonauland, Kleinasien; im Proöm nur Bezeichnung für die zwischen *Sequana* und *Matrona* siedelnden Kelten, im späteren Werk auch Bezeichnung für alle in Frankreich lebenden Kelten (im Unterschied etwa zu den Germanen und Britannen).

Gallia: Bezeichnung für das gesamte zwischen Rhein, Pyrenäen, dem *Oceanus* und Oberitalien liegende Land; im Proöm Bezeichnung nur für den nicht von Rom unterworfenen Teil des heutigen Frankreichs, der auch *Gallia ulterior* heißt; der unterworfene Teil Galliens wird als *Gallia citerior* oder *Gallia Cisalpina* (auch *Provincia Romana*) bezeichnet.

Belgae: Belger, Bewohner des nördlichsten Teils von Gesamtgallien, zwischen Rhein, Mosel, Marne und Seine.

Aquitani: Aquitaner, gallischer/keltischer Volksstamm, der den kleinsten der drei Teile Galliens bewohnt.

Helvetii: Helvetier, keltisches Volk zwischen Rhein, Rhône und Jura im Gebiet der heutigen Schweiz siedelnd.

Germani: Germanen, eine Vielzahl von Stämmen, die unter diesem Begriff zusammengefasst werden, von den Galliern/Kelten unterschieden, auf dem rechten Rheinufer, zu einem kleinen Teil auch linksrheinisch siedelnd; ihr größter Stamm sind die Sueben, dessen Eigenheiten meist auf alle Germanen übertragen werden.

Flüsse

Garunna: Fluss im Süden Galliens, in den *Oceanus* (Atlantik) mündend, heute: Garonne.
Matrona: Fluss im Norden Frankreichs, in die *Sequana* (Seine) mündend, heute: Marne.
Sequana: Fluss im Norden Frankreichs, in den *Oceanus* (Atlantik) mündend, heute: Seine.
Rhenus: Strom, der Gallien von Germanien trennt, heute: Rhein.

Kap. 1 muss unbedingt statarisch gelesen werden.

Caesar konfrontiert die Leser am Beginn seines Berichts mit Volk und Land der Gallier. Dabei kommt es ihm nicht darauf an, eine detaillierte geographische und ethnographische Beschreibung zu liefern. Er will nur einen ganz knappen Überblick geben, wie sich Gallien in seiner Gesamtheit, im Allgemeinen (deshalb das prädikativ gestellte *omnis*) dem Betrachter darstellt. Er unterscheidet nur drei Volksgruppen, und zwar im Hinblick auf Sprache, Sitten und Gesetze: die Belger, Aquitaner und die Kelten, die nach der Sprachregelung der Römer Gallier im engeren Sinne sind. Die drei genannten Flüsse Galliens (Garonne, Marne, Seine) trennen von Natur die genannten Volksgruppen voneinander ab; diese Flüsse haben also eine politische Trennfunktion.

Caesar hebt von den drei Volksgruppen die am entferntesten von Rom lebenden Belger heraus; der Gesichtspunkt, unter dem er sie der Betrachtung zugänglich macht, ist rein militärisch.[1] Das Begriffsfeld zeigt es an: *omnium fortissimi – continenter bellum gerunt*. Sie sind ein ausgesprochenes Kriegsvolk, das sich bewusst den Einflüssen der römischen Zivilisation entzieht, da diese nur zur Verweichlichung führt, das sich dagegen mit den benachbarten Germanen jenseits des Rheins ständig auf kriegerische Auseinandersetzungen einlässt. Nähe zu Rom würde demnach einen Mangel an Tapferkeit zur Folge haben, Nähe zu den Germanen einen Zugewinn an Tapferkeit, so der Eindruck der Leser. Indirekt werden damit die anderen gallischen Volksgruppen als romnäher, weniger tapfer und damit auch weniger gefährlich gekennzeichnet. Der *proptera-quod*-Satz durchbricht die militärisch festgelegte Oberflächenstruktur und lässt gleich zu Beginn Caesars Intention zur Analyse des Hintergrunds aufscheinen. Er stellt sein Unternehmen in Gallien – aus der Sicht der späteren Abfassungszeit von 52/51 v. Chr.[2] – in einen größeren und tieferen Begründungszusammenhang; hier tritt die politische Kalkulation des Autors zutage, die das Verhältnis von Rand- und Fremdvölkern zu Rom unter dem Gesichtspunkt von Zivilisation und militärischer Kampfkraft abwägt.[3]

---

1) „Nicht um ihrer selbst willen sind ... die gallischen Völker für Cäsar wichtig. Nur als Kriegsgegner sind sie nach ihrer Erheblichkeit für das Handeln des Feldherrn abgeschätzt.", so Friedrich Klingner: Römische Geisteswelt, Hamburg/München 1961, 96.

2) Eckart Mensching: „Caesarstudien. Eine Einführung", Frankfurt, 1987, 27 f.: „Die Abfassung des ganzen BG im Winter 52/51 ist unzweifelhaft."

3) Ausführlich dazu Latacz, J.: „Zu Cäsars Erzählstrategie" (BG I 1-29: Der Helvetierfeldzug). In: AU 21,3 (1978), 70-87, bes. 73 ff. Vgl. dazu auch Haffter, H.: Der Politiker und Feldherr Caesar in seinem Werk De bello Gallico. In: Haffter, H./Römisch, E.: Caesars Commentarii de bello Gallico, Heidelberg, 1971, 5-52, h. 17 f., ebenso Zink, N.: Caesar. In: Handbuch für den Lateinunterricht, Sekundarstufe I, 237 ff.

1. Grafische Analyse I 1:

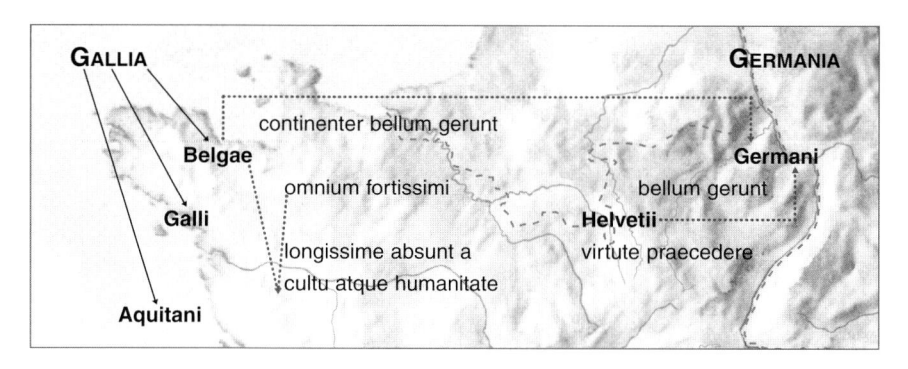

```
GALLIA                                                    GERMANIA
         continenter bellum gerunt
    Belgae                                           Germani
         omnium fortissimi                   bellum gerunt
    Galli                                    Helvetii
         longissime absunt a                 virtute praecedere
         cultu atque humanitate
    Aquitani
```

Die Helvetier freilich machen, obwohl sie in Romnähe wohnen, eine Ausnahme. Vor dem angedeuteten Hintergrund gewinnen sie ein schärferes Profil, da sie ähnlich wie die Belger durch die Grenznachbarschaft zu den Germanen, mit denen sie sich ständig im Kampf messen (*contendunt*), durch Tapferkeit unter allen Galliern herausragen (*reliquos Gallos virtute praecedunt*). Dadurch hat Caesar die Leser zielstrebig auf das eigentliche Thema hingeführt, auf die Helvetier, deren politische Eskapade ihn überhaupt zum Eingreifen in Gallien bewegt hat.

Zugleich ist Caesar noch etwas anderes gelungen; er hat den Blick der Leser auf die Germanen gelenkt, die zweimal gleich am Anfang erwähnt werden als ein Volk, das jeden, der es mit ihm aufnimmt, zu höchster Tapferkeit „trainiert", das demnach selbst alle an Tapferkeit überragt. Die Gefahr der Germanen wird somit sofort als ein Beweggrund für zukünftiges römisches Verhalten und caesarisches Handeln bewusst gemacht.[4] Wiewohl die Germanen erst in der zweiten Hälfte des 1. Buches ins Zentrum der Darstellung rücken, treten sie als die eigentliche Triebkraft des gallischen Krieges hier schon ins Bewusstsein. Caesar weckt römische Ängste, die sich seit der Kimbern- und Teutonengefahr als schlimme geschichtliche Erinnerung von Generation zu Generation vererbt hatten. Die germanische Bedrohung funktionalisiert er als den Hauptrechtfertigungsgrund für sein militärisches Unternehmen in Gallien, das mit dessen Eroberung endet. Durch diese massive Erwähnung der Germanen im Prooem erreicht der Autor, „dass der Leser gleich zu Beginn des Werkes als die eigentliche latente Drohung die Germanen im Bewusstsein speichert."[5] Das Horror-Bild der Germanen wird propagandistisch eingesetzt. „Das Schreckliche des Kimbern- und Teutonenereignisses demonstriert sich für viele, die darauf zu sprechen kommen, darin, dass die Germanen wie Wasserwogen die Alpen, den Sicherheitswall im Bewusstsein der Römer, überwanden und sich nach Italien und Gallien

---

4) Vgl. dazu VERFASSER: Furor Teutonicus im Bellum Gallicum. In: Caesar im Visier. AUXILIA 37 (1983), 5-47, bes. 27ff. „Die Darlegung läuft auf die Helvetier zu, und hinter diesen Helvetiern tauchen die Germanen auf." So HAFFTER, a.O., 18.
5) So LATACZ, a.O., 76.

hineinergossen."⁶ Caesar macht dieses Germanensyndrom, den „*Furor Teutonicus*", diese „Angst vor einer extraordinären Bedrohung" gegenüber seinen Landsleuten in kluger Berechnung zur Grundlage seiner Strategie in Wort und Tat.

2. Leserlenkung:

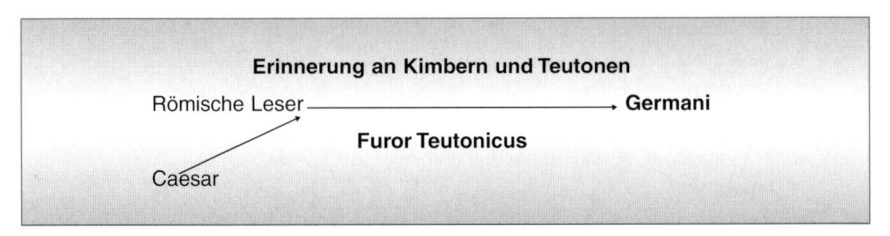

```
                Erinnerung an Kimbern und Teutonen
    Römische Leser ─────────────────────────► Germani
                      Furor Teutonicus
    Caesar
```

Damit hat das nur eine allgemeine Charakteristik von Gallien liefernde Pröom letztlich eine sehr tiefgreifende Aufgabe für das Gesamtwerk erhalten, es zeigt an, dass der Helvetierkrieg als die Vorstufe zur eigentlichen Auseinandersetzung mit den Germanen zu verstehen ist;⁷ das Pröom eröffnet die Perspektive auf die pangallische Zielsetzung unter dem Vorzeichen der Germanenbedrohung.⁸

3. Planungsstruktur im Pröom:

```
PROÖM
   a) Belgae  b) Germani  c) Helvetii
                                           gesamtgallische Konfrontation
                                           ─ ─ ─ ─ ─► B III-VII
                                  ►c) Belger-Kampf  B II
                        ►b) Ariovist-Auseinandersetzung   B I
                  ►a) Helvetierkrieg  B I
BUCHFOLGE
              Struktureller Chiasmus
```

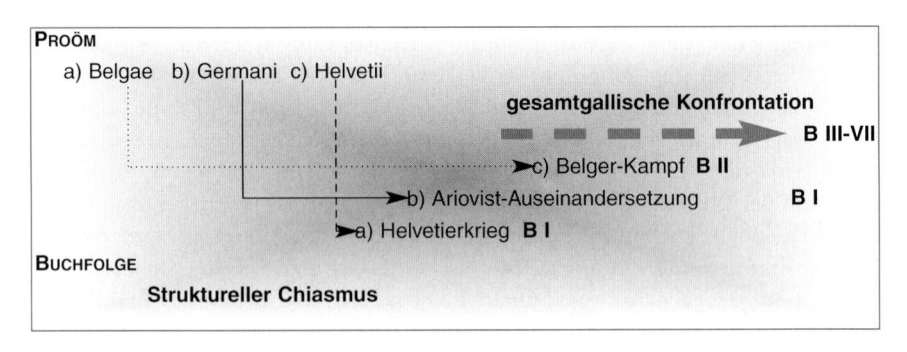

6) So CALLIES, H.: Zur Vorstellung der Römer von den Kimbern und Teutonen seit dem Anfang der Republik. Ein Beitrag außerpolitischer Ideologie in Rom. In: Chiron 1 (1975), 341-350.

7) S. dazu LATACZ, a.O., 80: „Der Helvetierfeldzug ist also ein präventiver Germanenfeldzug!"

8) Dazu ausführlich VERFASSER: Furor Teutonicus, a.O., 5ff. HAFFTER, H, a.O., 18: „Meisterhaft ..., wie hier der Verfasser die Thematik des Bellum Gallicum andeutungsweise präludiert." NORBERT ZINK, a.O. 239, spricht von dem „Reizwort Germanen", mit dem der Autor von Anfang an Wirkung bei den Lesern erzielen will. „Realiter löst der Offensivdrang der Germanen Angst aus." Nach WOLFGANG WILL (Julius Caesar. Eine Bilanz, Stuttgart/Berlin/Köln 1992, 66) habe Caesar „Gallien zu romanisieren beabsichtigt, um ein Bollwerk gegen den *furor Teutonicus* zu bilden." Mit dem Bild, das Caesar vom Pröom an entwerfe, „verfolgte er propagandistische Absichten".

Antworten auf die Fragen (Kap. 1):

1. *Omnis* ist hier prädikativ verwendet, weil Gallien in seiner Gesamtheit und nicht in den Details ins Blickfeld gerückt werden soll. Es wird eine geographische Grobskizze vorgeführt.
2. Die drei Flüsse *Garunna*, *Matrona* und *Sequana* grenzen gewissermaßen Zentralgallien ein, das Gebiet der so genannten *Galli*. Die Flüsse stellen also sozusagen die Schnittlinien der „Vivisektion" (Latacz) des Gesamtvolkes in drei Hauptstämme dar.
3. Diese Trennung wird im Hinblick auf die Sprache (linguistisches Kriterium: *lingua*) und im Hinblick auf politische Einrichtungen und Bräuche (politischsoziales Kriterium: *institutis, legibus*) vorgenommen. Die Helvetier heben sich davon als Sonderfall ab wegen ihrer alle Gallier überragenden Tapferkeit, die sie ähnlich wie die Belger durch ihre Nähe zu den Germanen erworben haben.
4. Die zweimalige Nennung der Germanen schiebt dieses Volk als die eigentliche Bedrohung für Rom in den Vordergrund; sie müssen als das militärisch gefährlichste, weil allertapferste Volk begriffen werden. Unterschwellig weckt Caesar beim Leser Angstgefühle, die seit den Zeiten des Kimbern- und Teutonen-Krieges latent vorhanden sind. Damit bringt Caesar die Leser gleich von Anfang an auf seine Seite.

4.2 Unterrichtsprojekt

DER HELVETIERKRIEG

(günstig zu verbinden mit dem Unterrichtsprojekt
Dumnorix – Symbolfigur des gallischen Widerstands
und/oder dem Unterrichtsprojekt
Caesar am Rhein)

Ein barhäuptiger Gallier verteidigt seine Rundhütte gegen einen römischen Legionär,
Relief vom Trajansforum in Rom, 1. Jh. n. Chr.

Der Helvetierkrieg
Orte, Völker und Personen, die in diesem Unterrichtsprojekt begegnen

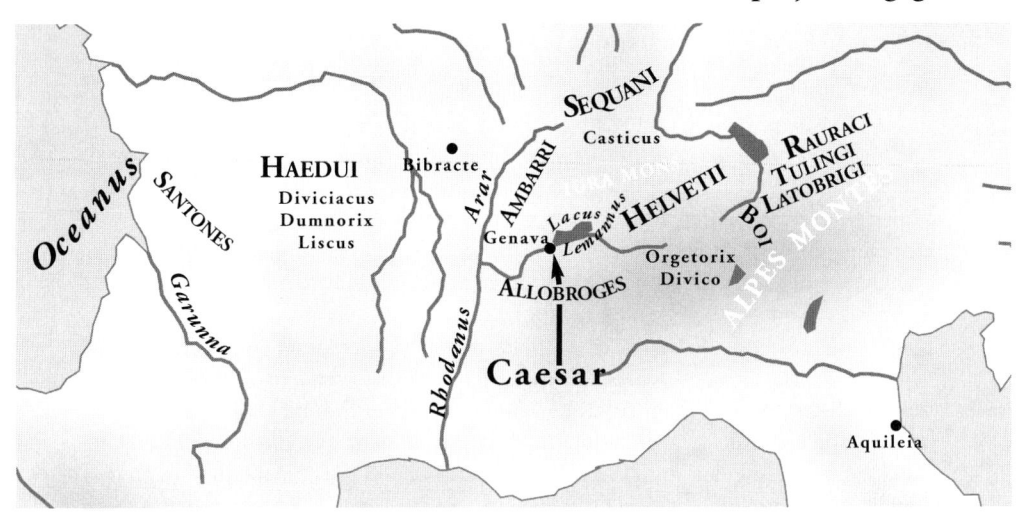

Völker
Helvetii: Helvetier, keltischer Stamm zwischen Rhein, Rhône und Jura, im Gebiet der heutigen Schweiz; ihre Emigrationsabsicht bringt Unruhe im nördlichen Grenzgebiet des Imperium.
Rauraci: Rauracer, helvetischer Stamm in der Gegend des heutigen Basel.
Tulingi: Tulinger, germanischer Stamm, östliche Nachbarn der Helvetier.
Latobrigi: Latobriger, germanischer Stamm, an den Quellen der Donau und des Neckars siedelnd.
Boi: Boier, keltisches Volk, Nachbarn der Helvetier.
Haedui: Haeduer, größter gallischer Stamm zwischen Loire und Saône; zwischen ihm und Rom bestand schon vor Caesars Ankunft ein Freundschaftsvertrag; sie sind zunächst treue Bundesgenossen der Römer. Ihr Hauptort ist Bibracte.
Ambarri: ein den Haeduern verwandter keltischer Stamm, westlich des *Lacus Lemannus* siedelnd
Sequani: Sequaner, einer der großen gallischen Stämme, zwischen Saône, Rhône und Schweizer Jura siedelnd; den Römern feindlich gegenüber stehend.
Allobroges: Allobroger, gallischer Stamm zwischen Rhône, Isère und den Alpen; ein Teil des Stammesgebietes gehört zur römischen Provinz, Hauptort *Genava*.
Santones: Santonen, Stamm im aquitanischen Gallien am Ozean.
Tolosates: Tolosaten, Stamm im Westen von *Gallia Narbonensis*.

Personen
Orgetorix: aus dem Stamm der Helvetier, hochadelig, reich, machtgierig, strebt nach einer Führungsrolle in Gallien; Schwiegervater des Haeduers Dumnorix.
Casticus: Stammesführer der Sequaner
Dumnorix: aus dem Stamm der Haeduer, ehrgeizig, erbitterter Romgegner, stellt sich gegen Caesars Verteidigungsstrategie, Bruder des Diviciacus.
Diviciacus: Anführer der Haeduer, romfreundlich und entschiedener Vertreter des Bündnisses der Haeduer mit Rom; Bruder des Dumnorix.
Liscus: aus dem Stamm der Haeduer, adelig, Stammesfürst.
Divico: Adeliger aus dem Stamm der Helvetier, der deren Gesandtschaft bei Caesar anführt, selbstbewusst und von provozierendem Stolz.

a) Herrschaftsgelüste bei den Helvetiern[1]

Nach Lektüre der Paraphrasen von Kap. 2/3/4 lassen sich folgende Gedanken – evtl. auch durch Schülerreferate – zur Kenntnis geben:

Die Helvetier initiieren den Einstieg in das Bellum Gallicum. Sie liefern den Grund dafür, warum der römische Provinzverwalter, der Prokonsul Caesar, die Grenze des Imperiums nach Norden hin überschreitet und sich auf das Wagnis der Gallieneroberung einlässt; als eine offizielle politische Aufgabe war ihm dies nicht gestellt: „Einen Auftrag zur Eroberung hatte er nicht, er hatte nicht einmal die Vollmacht dafür."[2]

Da Caesar vom Ende des Krieges her (52/51 v. Chr.) seinen durchaus sensationellen Schritt über die Grenzen seines Dienstbereiches hinaus beschreibt, mit dem Ziel, ihn gerechtfertigt erscheinen zu lassen, muss er die Begründung gerade am Anfang massiv und eindrucksstark gestalten. Deshalb schiebt er vor die eigentliche Auseinandersetzung den Bericht über eine helvetische Vorgeschichte, in dem an der Gestalt des Orgetorix die Gefährlichkeit dieses Stammes und seiner politischen Ambitionen erkennbar werden soll.

Der adelige, machtgierige Orgetorix will durch eine Verschwörung seinen Stamm, die Helvetier, zum Auszug aus ihrem bisherigen Wohngebiet veranlassen, da sie für ihren naturgegebenen Trieb nach Einfluss und Herrschaft zu wenig Entfaltungsspielraum hatten.[3] Ihr Raum ist zu eng. Zu diesem Zweck sucht er, zum Stammesführer gewählt, eine Koalition mit den Stammesfürsten der Haeduer (Dumnorix) und der Sequaner (Casticus) zustande zu bringen. Gemeinsam wollen sie die Oberherrschaft über Gallien.

Das lässt bei Orgetorix' Stammesangehörigen offensichtlich den Verdacht aufkommen, Orgetorix verfolge nur Eigeninteressen, weshalb sie ihm den Prozess machen, was zu seinem Tode führt.

Erstrebter Eindruck bei den Lesern: Im Moment ist ein Gefahrenherd im Entstehen, der zur höchsten Vorsicht Anlass gibt. Ein Einschreiten des Prokonsuls erscheint dringend geboten, da die Helvetier auch nach dem Ende des Orgetorix dessen Vorhaben weiter verfolgen.[4] Die Helvetier sind ein Volk, das bewusst den Konflikt riskiert. Kern dieser Vorgeschichte ist demnach, wie LATACZ feststellt, dass die

---

1) Allgemein empfohlen zum Medieneinsatz: HUNDSRUCKER, a.O., 117-140 (mit vielen Tafelbildern), dazu MÜLLER, W.: Overhead-Transparent-Serie zum Helvetierkrieg, Realienkunde zu Caesar: Caesars Helvetierkrieg, Klett-Verlag, Stuttgart 1982. Zu empfehlen auch: GOTTWALD, R.: Caesar und die Helvetier. In: Anregung 29 (1983), 315-318.

2) So CHRISTIAN MEIER: Caesar, Berlin 1982, 288.

3) „Welch ein Rattenfänger! Persönlicher Ehrgeiz, seine Macht bis zur Königsherrschaft zu steigern (*regni cupiditate inductus*), ist die Triebkraft für die Volksbewegung großen Ausmaßes." So KEULEN, H.: Politisches Denken bei der Caesar-Lektüre in der 10. Klasse. Das erste Kapitel des Helvetierkrieges I 2. In: Caesar im Unterricht, AUXILIA 7, Bamberg 1983, 66ff., bes. 70. Vgl. auch HAFFTER: Der Politiker und Feldherr Caesar, Heidelberg 1971, 19f.

4) Vgl. dazu OFFERMANN: Verschiedene Wahrheiten oder wahr ist nicht gleich wahr, Anregung

Die Helvetier halten Gericht über Orgetorix,
Kupferstich nach einem Gemälde von Edouard Ravel, 19. Jh.

„Helvetier mit der stammesübergreifenden Verschwörung des Orgetorix die Keimzelle einer romgefährdenden gesamtgallischen Union"[5] sind.

---

45 (1999), 302. Ein großer Einzelner mit seinem Ehrgeiz ist die wesentliche Triebkraft. Er bedient sich in diesem Fall der gleich gearteten Disposition des ganzen Volkes. Vgl. auch GLÜCKLICH, H.-J.: Sprache und Leserlenkung in Caesars Bellum Gallicum, Stuttgart, 1985, 24.

5) Zu Caesars Erzählstrategie, AU 21,3 (2978), 78. Orgetorix ist nach FRIEDRICH KLINGNER (Römische Geisteswelt, 97) „der Ursprung des Krieges". ZINK: Caesar. In: Handbuch für den Lateinunterricht, Sekundarstufe 1, Frankfurt 1987, 241, meint, Caesars Aussageabsicht sei es womöglich, „dass eine Potenzierung der Macht (wie sie Orgetorix angestrebt hat, der VERF.) eindeutig gegen die römische Interessenslage gerichtet ist."

b) Politik der verbrannten Erde

Das Kap. 5 ist in synoptischer Lektüre zu bewältigen. Die Schüler sollen den lateinischen Text beim Vortrag der deutschen Übersetzung mitlesen und dabei die thematisch wichtigen lateinischen Begriffe (Leitwörter) notieren.

Der Emigrationsbeschluss bleibt nach Orgetorix' Tod bestehen. Die Helvetier wollen ihre Heimat verlassen. Damit niemandem Hoffnung auf Rückkehr bleibt, vernichten die Emigranten die Städte, Dörfer, Einzelgehöfte durch Brand (*incendunt*), ebenso die Getreidevorräte (*comburunt*), außer das, was sie mit sich tragen wollen. Sie überreden zu dieser Auswanderung auch noch andere Verwandte oder benachbarte Stammesgruppen, die Rauraker, Tulinger, Latobriger sowie die erst einige Zeit vorher aus dem Osten zugewanderten Boier.

Antworten auf die Fragen (Kap. 5):

1. Das Ziel der Auswanderung wird beibehalten, weil sich die ursprünglichen Motive nicht geändert haben; diese liegen in ihrem Wesen begründet: Machtsucht.
2. Die Vernichtung ihrer Heimat ist ein emotionaler Schritt; die Entscheidung soll unwiderruflich und die Auswanderung unumkehrbar sein – für alle ohne Ausnahme.
3. Andere Völker werden zur Emigration gewonnen, wahrscheinlich um noch größere Schlagkraft beim Zug durch fremde Gebiete zu erlangen.

c) Auswanderungsweg

Das Kap. 6 soll in statarischer Lektüre gelesen werden; es hat einen kernigen Inhalt, der optisch durch die Illustration vergegenwärtigt wird.

Es geht um die beiden Auswanderungswege, die sich den Helvetiern bieten. Der durch das Gebiet der Sequaner ist zu schwierig, weil zu eng; der weitaus günstigere führt durch das Gebiet der Allobroger, allerdings durch die römische Provinz, da dieser Stamm seit langem dem Ordnungsbereich (*pax*) des *Imperium Romanum* angehört. Die Allobroger sollen entweder durch Überredung oder durch Gewalt dazu gebracht werden, sie durch ihr Gebiet ziehen zu lassen. Da römische Interessen berührt werden, muss der Prokonsul nicht nur das römische Territorium sichern, sondern Mitglieder des Reiches (*socii*) vor Gefahr schützen.[6] Das Vorgehen der Helvetier lässt Caesar deshalb als Aggression erscheinen, so dass der Verteidigungsfall gegeben ist: am 28. März 58 v. Chr.

---

6) Zur zweiten Möglichkeit: „Hier bringt Caesar zu Beginn das einzige Argument, das die Helvetier abhalten könnte: *per provinciam nostram* überträgt auf den Leser Angstgefühle und weckt sein Schutzbedürfnis." So GLÜCKLICH: Sprache und Leserlenkung, 29. Der Eindruck, den Caesar von Anfang an erwecken will, ist: „In ihrem Wesen sind die Helvetier die geborenen Aggressoren." S. ZINK, a.O., 239.

Im Schema:

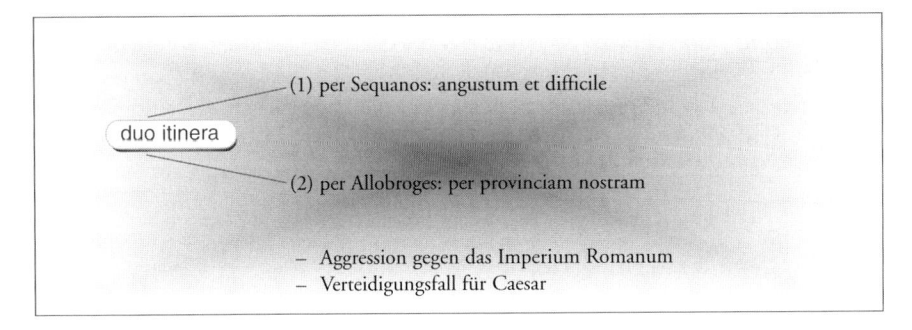

```
                    ┌─ (1) per Sequanos: angustum et difficile
    duo itinera ────┤
                    └─ (2) per Allobroges: per provinciam nostram

         – Aggression gegen das Imperium Romanum
         – Verteidigungsfall für Caesar
```

Antworten auf die Fragen (Kap. 6):

1. Die Helvetier können, da der erste Weg leicht abzusperren ist (s. Bild), nur durch die römische Provinz auswandern.
2. Sie können hier hoffen, dass die Allobroger ihre „Befriedung – Unterwerfung" (*pacati*) wieder rückgängig machen wollen und ihnen deshalb beim Durchzug zu helfen bereit sind.

d) Caesars Reaktion

Auch das Kap. 7 ist genau, d.h. mikroskopisch, zu lesen, da hier über entscheidende Vorgänge und Beweggründe berichtet wird.

Die kritische Situation an der Nordgrenze zwingt Caesar, der sich noch in der Nähe Roms aufgehalten hat, in Eilmärschen in das Kriegsgebiet also in das jenseitige Gallien (*Gallia ulterior*) zu marschieren und zwar bis nach *Genava*, das am *Lacus Lemannus* liegt, wo der *Rhodanus* herausfließt. Durch die *Lex Vatinia* ist Caesar erst kurz zuvor dieser Teil der Provinz (*Narbonensis, ulterior*) auf ein Jahr übertragen worden.
Da sich nur eine Legion in der Gegend befindet, muss Caesar taktisch klug agieren: Er lässt die Brücke über den *Rhodanus*, bei *Genava* abbrechen (s. Bild) und lässt in der ganzen Provinz Truppen in größtmöglicher Zahl ausheben. Auf das Durchzugsgesuch der helvetischen Abgesandten reagiert er hinhaltend. In die Bedenkphase lässt er psychologisch geschickt die Erinnerung an eine schmachvolle Niederlage der Römer durch eben diese Helvetier einfließen. 107 v.Chr ist das Heer des Konsuls L. Cassius geschlagen, der Konsul getötet und die Soldaten sind gezwungen worden, unter dem Joch durchzugehen – die denkbar tiefste Schmach, die je ein Römer erleiden kann.[7]

---

[7] Diese Katastrophe hängt, was in der Linie der im Proöm angedeuteten Begründung liegt, mit der Germanengefahr zusammen. Man darf sicherlich von einer „tiefgreifenden Erschütterung im damaligen Rom ausgehen, die bis in Cäsars Zeit weiterwirkte, von einem Germanentrauma geradezu." So OFFERMANN, a.O., Teil 2, 306; der *pagus Tigurinus*, der den Rö-

Vor diesem geschichtlichen Hintergrund muss das Versprechen der Helvetier, sie würden ohne Schaden anzurichten (*sine maleficio*) durchziehen, als zweifelhaft angesehen werden. Jenes militärische Trauma wird jeden Leser auf Caesars Seite bringen. Der Autor beschwört die Vergangenheit, um sein Handeln in der Gegenwart als gerechtfertigt erscheinen zu lassen. Die emotionale Basis für ein Verständnis seiner weiteren Maßnahmen ist gelegt. Denn längst ist der Feldherr innerlich zur Ablehnung des Helvetiergesuches entschlossen.

Im Schema:

Vordergrund	**Hintergrund**
actiones	memoria
1. pontem rescindit	L. Cassius occisus est
2. ... militum numerum imperat	exercitus ab Helvetiis pulsus
3. tempus ad deliberandum sumit	et sub iugum missus est

militärische und psychologische Basis für sein weiteres Vorgehen

Antworten auf die Fragen (Kap. 7):

1. Die „Unterjochung", d.h. dass römische Soldaten unbewaffnet und halb nackt unter einem Joch durchkriechen mussten, ist für Römer ein Zeichen tiefster Erniedrigung. Das stolze Herrenvolk fühlt sich gedemütigt. Dadurch werden unwillkürlich Rachegedanken geweckt. Die Helvetier sind von jeher gefährliche Feinde.
2. Caesar will verhindern, dass er mit geringen Truppen den helvetischen Massen ausgeliefert ist. Deshalb wendet er die Taktik der Verzögerung an,

---

mern die Niederlage beibrachte, hatte sich den Kimbern und Teutonen angeschlossen. Allgemein wichtig dazu RÜPKE, J.: Gerechte Kriege – gerächte Kriege. In: AU 33,5 (1990), 5-13. „Eine *ignominia* – so sollen wir aus diesen Zeilen heraushören – lastet seit jener Niederlage auf dem römischen Volk, und dies umso mehr, als das römische Heer zum Durchzug unter dem Joch gezwungen worden war." So HAFFTER, a.O., 20. Das historische Gemälde von CHARLES GLEYRE stellt nach einer Interpretation von W. HAUPTMANN die „Auflehnung des Schweizer Volkes gegen jegliche Unterdrückung durch fremde Herrschaft" dar. Den Hauptakzent sehe GLEYRE „in der Demütigung jener in der Antike wohl am schlagkräftigsten eingestuften Armee durch eine 'unzivilisierte' Horde. GLEYRE, der zeitlebens ein überzeugter Republikaner war – und zudem ein erklärter Gegner von Napoleon III. – bot sich hier die Möglichkeit, eine pikante Anspielung auf den französischen Herrscher zu machen, der sich gern als Caesar des modernen Zeitalters zu bezeichnen pflegte."

3. Die Schweiz gilt seit Jahrhunderten als freiheitsliebendes Volk. In SCHILLERS *Wilhelm Tell* kommt dieses patriotische Freiheitsdenken zur dramatischen Gestaltung. An das geschichtliche Großereignis, einmal gegen die Römer siegreich gewesen zu sein, denken sie mit Stolz zurück; das Bild von CHARLES GLEYRE, 1853, ist ein Ausdruck dieses Nationalstolzes.

e) Bau eines Befestigungswalls – Bedrohung römischer Bundesgenossen

Die Kap. 8/9/10 sind paraphrasiert bzw. als synoptische Lektüre geboten. Als Ergebnisse lassen sich folgende Punkte festhalten:

Durch den Bau eines Befestigungswalls vom Genfer See bis zum Iura ist den Helvetiern der Weg durch die römische Provinz, zu der Caesar keinen Zugang gewährt, verschlossen. Es bleibt deshalb nur der Zug durch das Gebiet der Sequaner. Da dieser aber sehr eng ist, brauchen sie die Zustimmung des Stammes. Der Haeduer Dumnorix, zu dem sie Gesandte schicken, soll ihnen dabei helfen; dieser soll für sie bei diesen ein gutes Wort einlegen (vgl. *eo deprecatore*). Dumnorix, der bereits in Kap. 3 namentlich erwähnt ist, wird von Caesar als eine führende, aber gefährliche Person gekennzeichnet; er besitzt durch seine Beliebtheit (*gratia*) und Freigiebigkeit (*largitio*) hohen Einfluss, zudem ist er wegen seiner Heirat mit der Tochter des Orgetorix mit den Helvetiern befreundet. Da herrschsüchtig und auf Veränderung der politischen Verhältnisse bedacht, will er möglichst viele Gallier an sich bringen.[8]

Im Tafelbild ließe sich dies so verdeutlichen:

DUMNORIX			
	Persönliche Vorzüge	Wirkung auf die gallischen Stämme	
Erkaufte Beliebtheit	*gratia, largitio*	*plurimum poterat apud Sequanos*	Einfluss
Verwandschaftliche Beziehungen	*matrimonium (cum filia Orgetorigis)*	*Helvetiis amicus erat*	Freundschaft
Herrschsucht	*cupiditate regni adductus*	*quam plurimas civitates obstrictas habere volebat*	Abhängigkeit von ihm

---

8) Da er nach Orgetorix' Tod dessen politisches Erbe angetreten hat, ist er nun „der Exponent gallischer Unionsbestrebungen". „Die Orgetorixlinie setzt sich also in Dumnorix fort". So LATACZ, a.O., 78.

Diese eindringliche Charakterisierung rückt Dumnorix in das Zentrum des Berichts.[9] Das ist Caesars Absicht; er stellt diesen Haeduer als den ersten ernst zu nehmenden Gegner hin; ein Mann, der selbst seinen Einflussbereich erweitern will und zu den römischen Interessen in Gegensatz gerät. Dadurch wird nicht nur die helvetische Bedrohung noch stärker bewusst gemacht, es wird zugleich auf eine kritische Entwicklung im Grenzbereich hingewiesen, auf die Rom nicht sorglos reagieren kann. Dumnorix wird zur Figur stilisiert, die für die Gefahr im Norden steht.[10] Selbst von den Haeduern, Freunden der Römer, geht Gefahr aus. Da alle Angaben dazu im Imperfekt stehen (*poterat, erat, studebat, volebat*), wird hier der Geschehenshintergrund ausgeleuchtet; er gibt dem Bericht die Darstellungstiefe, die Caesar als planenden Denker und Organisator, als reflektierenden Gestalter seines Werkes ausweist. Hier werden bereits Erklärungen für zukünftige Ereignisse gegeben. Durch Dumnorix' Einsatz dürfen die Helvetier durch das Gebiet der Sequaner ziehen.

Antworten auf die Fragen (Kap. 8-10):

1. Caesar will nicht, dass durch den fremden Stamm Unruhe in die Provinz kommt und etwa die kurz zuvor unterworfenen Allobroger wieder rebellisch werden; es geht ihm um die Sicherung der *pax*.
2. Dumnorix verfolgt sein persönliches Ziel, sich Macht und Einfluss bei möglichst vielen zuzueignen. Vor allem deshalb unterstützt er die Helvetier.

Im Auswanderungsvorgang erkennt Caesar – so in Kap. 10 dargestellt – höchste Gefahr für die Provinz, da die Santonen, deren Gebiet sie zunächst durchzogen, in Grenznähe siedeln und auch die innerhalb der Provinz siedelnden Tollosaten wieder abtrünnig gemacht werden könnten. Für Caesar potenziert sich also durch den Einsatz des Dumnorix' die Gefahr an der Nordgrenze. Die politische Lage wird immer kritischer. Deshalb ist sofortiges Handeln geboten: Truppenaushebung, eiliger Zug mit fünf Legionen über die Alpen nach *Gallia ulterior*, von dort über die Rhône, also außerhalb der Provinz.

Dieser Schritt ist entscheidend und für alles Weitere folgenreich; völkerrechtlich bedenklich, auch durch keinen Auftrag des Senats abgesichert, bedarf er der Rechtfertigung, wenn die Leser auf Caesars Seite gehalten werden sollen.[11]

---

9) „Kap. 9 bietet Caesar die Möglichkeit, lang vorbereitet Dumnorix als gefährlichen Machtfaktor zu erweisen". So GLÜCKLICH: Sprache und Leserlenkung, 36.

10) Wichtig dazu RINNER, W.: Erfassen der Tendenz in Caesars Bellum Gallicum – Die Darstellung des Dumnorix – ein Beispiel manipulierter Information? In: Caesar im Unterricht, AUXILIA 7, 76 ff.

11) „Aushebung, Grenzüberschreitung und, was gleich darauf folgen wird, eigenmächtige Kriegsoffensive, gehört dies zu den Kompetenzen eines Statthalters im Allgemeinen oder des Statthalters Caesar im Besonderen, dem die beiden Provinzen mit bestimmten Vollmachten übertragen waren? Die Grenzüberschreitung ist sehr wahrscheinlich auch eine Kompetenzüberschreitung." So HAFFTER, a.O., 22. Vgl. dazu auch MEIER: Caesar, 288 f.

f) Bitte um Schutz vor den Helvetiern

Kap. 11 ist als Zentraltext statarisch zu lesen.

Diese Rechtfertigung wird mit aller Deutlichkeit in Kap. 11 geliefert. Hatte Caesar noch in Kap. 10 wissen lassen, dass das Vorgehen der Helvetier mit einer großen Gefahr für die Provinz verbunden sei (*id ... magno cum periculo provinciae futurum*), wenn sie die dort wohnenden, so kriegerischen Menschen, Feinde des römischen Volkes, zum Nachbarn hätten (*populi Romani inimicos finitimos haberet*, 10,2), also die Sicherung des Territoriums dringend gefordert sei,[12] so lässt er nun die *amici populi Romani* selbst in Aktion treten, nämlich die Haeduer, durch deren Auftritt er nachweist, dass für ihn und Rom der Verteidigungsfall gegeben ist. Die Forderung des *amicitia*-Verhältnisses ist zu erfüllen. Im Kern des Freundschaftspaktes steht die wechselseitige *fides*, die die Römer dazu zwingt, bedrohten *socii* zu helfen, und die Bundesgenossen dazu, Rom bei Gefahr durch Truppen und Verpflegung zu unterstützen.

Im Schema lässt sich die Funktion des *amicitia*-Verhältnisses so verdeutlichen:[13]

---

12) Zur Dramatisierung der hautnahen Gefahr vgl. OFFERMANN, a.O., Teil 2, 294 und GLÜCKLICH, Lehrerkommentar, a.O., 43.

13) Dieses *amicitia*-Verhältnis ist, darauf ist unbedingt zu verweisen, die Grundlage der römischen Eroberungsdoktrin; ihm liegt das harte Konzept eines Machtstaates zugrunde, der sein Einflussgebiet durch Erweiterung zu sichern versucht; darauf weist mit Nachdruck GERHARD BINDER (SAEVA PAX. Kriegs- und Friedenstexte. In: Krieg und Frieden im Altertum. Bochumer Altertumswissenschaftliches Colloquium, Bd. 1, hrg. von BINDER, G./EFFE, B., Trier 1989, 219-245, h.: 220f.) hin, indem er dieses Konzept am Beispiel der Helvetier verdeutlicht: „C. Iulius Caesar trat nach Ablauf seines Konsulats im Jahr 59 v.Chr. eine Statthalterschaft an, in deren Verlauf er ganz Gallien dem römischen Herrschaftsbereich einverleibte: Gallien wurde eine Provinz des römischen Reiches." Die Friedensregelung erfolgte nach dem Schema der *deditio*. „Wie eine solche 'Friedensregelung' zu Stande kam und was sie für die Besiegten bedeutete, teilt Caesar schon aus Anlass der Unterwerfung der Helvetier (58 v.Chr.) in seiner scheinbar emotionslosen, distanziert klingenden Sprache mit (Bellum Gallicum 1,27, 1-3)." Nachdem die Helvetier Mangel litten, der durch die Römer herbeigeführt worden sei, seien sie gekommen, um die Kapitulation anzubieten. „Die Bitte um Frieden wird durch Unterwerfungs- und Demutsgesten vorbereitet: Fußfall, Flehen, Tränen. Caesar stellt das neue Verhältnis sogleich klar: Er befiehlt, die Helvetier gehorchen. In einem asyndetischen Trikolon bezeichnet Caesar sodann seine Forderungen: Geiseln, Waffen, Sklaven. Wir finden hier in seltener Kürze und caesarischer Präzision zusammengefasst, wie der Zustand der *Pax Romana* herbeigeführt wird, was er vom ersten Augenblick an für die Unterworfenen bedeutet und – indirekt – welche Folgen eine Auflehnung gegen die Segnungen dieses Friedens hätte."

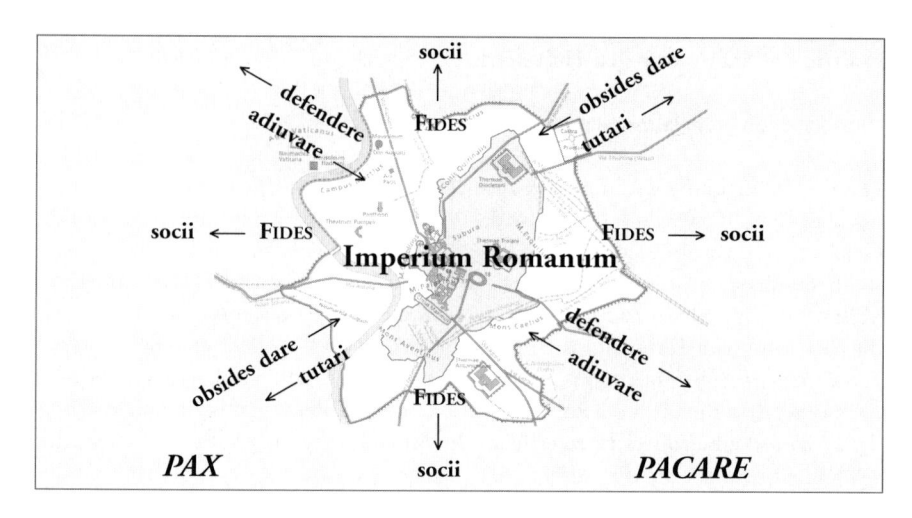

```
                          socii
        defendere                 obsides dare
     adiuvare     FIDES          tutari
                                                
socii ← FIDES                    FIDES → socii
           Imperium Romanum

        obsides dare            defendere
              tutari          adiuvare
                    FIDES
  PAX           socii          PACARE
```

Vonseiten der Haeduer ergeht ein Hilfsgesuch an die Römer (*mittunt ... rogatum auxilium* – 11,2), weil sie sich und das Ihre nicht gegen die ihr Land verwüstenden Helvetier „verteidigen" können. Hier begegnet erstmals und an der entscheidenden Stelle der Kernbegriff der römischen Eroberungspolitik: *defendere*; in dieser Situation hat Rom durch „Verteidigung" Hilfe zu leisten,[14] wodurch Caesar seine Verteidigungsverpflichtung in Gallien gegenüber dem römischen Leser glaubhaft zu machen sucht. Die Wörter und Wendungen des Textes machen es eindringlich deutlich. Die haeduischen Gesandten berichten, was ihnen, Freunden der Römer, nicht hätte widerfahren dürfen:

Im Schema:

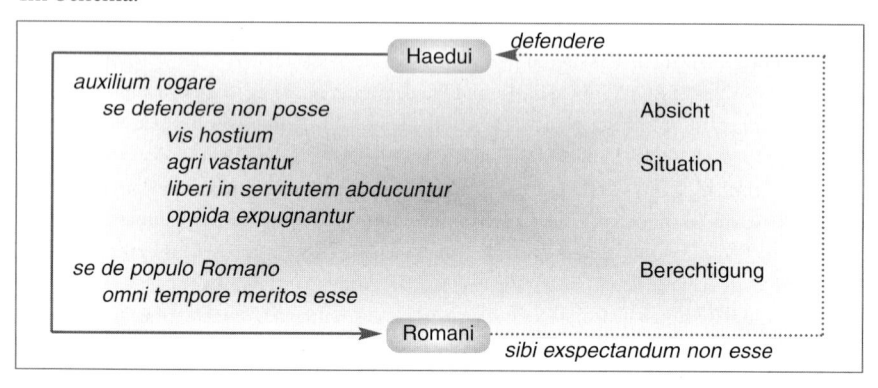

```
                                    defendere
                         Haedui ←----------
  auxilium rogare
     se defendere non posse              Absicht
         vis hostium
         agri vastantur                  Situation
         liberi in servitutem abducuntur
         oppida expugnantur

  se de populo Romano
  omni tempore meritos esse              Berechtigung
                       → Romani ----------
                                sibi exspectandum non esse
```

14) Es gab einen Senatsbeschluss für den jeweiligen Statthalter der Narbonensis, „nach Maßgabe der Staatsinteressen und der Möglichkeiten, die Haeduer und die übrigen Freunde des römischen Volkes zu verteidigen ... Damit wird selbstverständlich impliziert, dass der römische Statthalter mit seinem Heer die Grenzen der Provinz überschreiten konnte". So CHRIST, K.: Krise und Untergang der römischen Republik, Darmstadt ²1984, 325. „Hilfsbitten der verbündeten Haeduer und von Allobrogern, die jenseits der Rhône siedeln, begründen die Notwendigkeit dieser Maßnahme, mit der Caesar sich endgültig für ein Vorgehen im freien Gallien entscheidet." So OPPERMANN, H.: Caesar. In: Interpretationen lateinischer Schulautoren

Hier ist das Vokabular des Krieges massiv verwendet. Der Leser gewinnt den Eindruck, dass ein Kriegsschauplatz vorliegt, in dem man gewaltsamen Feinden (vgl. *vim hostium*) gegenüberstehe. Caesar steht demnach unter dem politischen Zwang zum sofortigen Eingreifen (vgl. *sibi exspectandum non esse statuit* – 11,14 ff.), damit nicht alle Grundlagen zu einem erträglichen Leben (*omnes fortunae*) den *socii* genommen würden. Für Caesar steht demnach die Bündnisverpflichtung (zumal auch die Allobroger sich in ähnlicher Notlage befinden) im Vordergrund. Er muss Unrecht, das eben durch das Eingreifen des Dumnorix letztlich erst ermöglicht worden ist, abwehren, also einen „gerechten Krieg", ein *bellum iustum* führen, auch wenn dies außerhalb des Imperiums geschieht.[15]

Die Beschreibung der Lage der Helvetier und die daher verwendeten Begriffe sollen dem Leser diese Notwendigkeit, das Vorgehen des Imperators gerechtfertigt erscheinen lassen:

agri vastari (non debuerint) – depopulatis agris *praeter agri solum nihil esse reliqui*	Landverwüstung
liberi in servitutem abducuntur	Versklavung
oppida expugnari (non debuerint)	Städte-Eroberung
vis hostium	Gewalttätigkeit von Feinden
fuga se recipiunt ad Caesarem	Zwang zur Flucht

Antworten auf die Fragen (Kap. 11):

1. Unrechtstaten der Helvetier sind: Verwüstung des Gebietes (*fines populabantur, fines vastari*); Versklavung der Kinder (*liberi in servitutem abduci*); Eroberung der Städte (*oppida expugnari*).
2. Die Feinde der *socii* sind auch die Feinde der Römer; die Gewalttätigkeit ist nun Anlass, durch Verteidigung der Bundesgenossen – dem Hilfsgesuch entsprechend – einzugreifen.
3. Die im Freundschaftspakt verankerte *fides* zwingt Caesar zu dieser Verteidigung der *amici*; darin liegt zugleich seine Rechtfertigung.

(hrg. von KREFELD, H.), Frankfurt 1968, 20-42, h. 32. Nach WILL, W.: Julius Caesar. Eine Bilanz. Stuttgart/Berlin/Köln, 1992, 74) diente der fingierte Hilferuf der Helvetier „dem propagandistischen Zwecke: Caesar führte Krieg um Bundesgenossen zu verteidigen."

15) Die Überschreitung der Nordgrenze braucht eine starke Begründung, wie LATACZ, a.O., 78, feststellt; er sieht diese allerdings fast ausschließlich in der von Dumnorix' Opposition ausgehenden Gefahr. Dazu, dass Caesar hier ein *bellum iustum* zu führen gedenkt, vgl. FRICEK, A.: Die Helvetier bei Caesar – Caesar, BG 1-29. Eine gegenwartsbezogene Interpretation. In: Erziehung und Unterricht 138 (1988), 657f. und SIEBENBORN, E.: Bellum iustum. In: AU 33,5. (1990), 39-53. Sehr nützlich und wichtig für die Wertung und Rolle des Begriffes *bellum iustum* zu Beginn des Gallienkrieges sind die Ausführungen von RÜPKE, J.: Gerechte Kriege – gerächte Kriege, 8 ff.

g) Beseitigung der Gefahr auf dem Verhandlungswege?

Kap. 12 ist in Paraphrase und im Schlussteil zur statarischen Lektüre angeboten; Folgendes ist daran wichtig:

Caesars Eingreifen hat sofort Erfolg; beim Überschreiten des Arar (Saône) werden die Helvetier angegriffen und ein Teil, der noch nicht über den Fluss war, erleidet eine vernichtende Niederlage. Das ist die erste Schlacht außerhalb der Provincia Romana, also des Gebietes, wofür Caesar eigentlich nur zuständig ist. Der Ararfluss liegt zwischen Lugdunum und Bibracte, im Haeduergebiet.

Worauf kommt es Caesar bei der Taktik seines Berichtes an? Dadurch, dass er das haeduische Hilfsgesuch so stark heraushebt, will er sich als *defensor* präsentieren. Dass er dabei die Grenzen der Provinz in ein Rom nicht zugehöriges Gebiet voranschiebt, bleibt unerwähnt. Das Paradoxe ist die Verteidigung durch Offensive. Man muss dies Schülern mit allem Nachdruck deutlich machen. Caesar ist zum Schutz von „Freunden" über das römische Staatsgebiet hinaus vorgedrungen und hat sich dann nicht mehr verpflichtet gefühlt (weil er weitere Gründe dieser Art gegeben sieht), sich in dieses wieder zurückzuziehen. Das ist der erste Schritt zur Eroberung Galliens. Den Eindruck, den Caesar im ersten Teil seines Berichts über die Auseinandersetzung mit den Helvetiern erwecken will, ist klar zu fassen: Die Aggressivität der Romfeinde in Gallien zwingt ihn zur Verteidigung der römischen Interessen, die auch die der Bundesgenossen einschließt; er handelt gewissermaßen aus Notwehr.[16] Zugleich aber wird deutlich, dass Caesar der römischen Öffentlichkeit die Rechtmäßigkeit seines Vorgehens auch dadurch plausibel machen will, dass er es als Racheakt für die einstmals den Römern zugefügte Schmach hinstellt. Es mag sogar im Plan der unsterblichen Götter gelegen haben, dass der Teil der Helvetier, der den Vorfahren die empfindliche Niederlage beigebracht hat, nämlich der Stamm der Tiguriner, als Erster dafür nun hat büßen müssen. Caesar stellt also schon zu Beginn des Bellum Gallicum gewissermaßen sein Handeln, d.h. die imperiale Politik Roms, als Folge eines göttlichen Willens hin. Damit ist ein zentraler Aspekt römischer Eroberungs- und Herrschaftsideologie angesprochen.

---

16) Wichtig dazu Rüpke, a.O., 9: „Für die unmittelbaren 'Rechtfertigungsbedürfnisse' verknüpft Caesar das Motiv vom Schutz der eigenen Provinz mit der Römerfeindlichkeit der Helvetier (7,4; 10,2) und dem Stichwort *iniuria/maleficium* (7,3; 7,4; massiv in 14,3). Hier klingt eindeutig die *iusta causa* der Selbstverteidigung, die dem *hostis invadens* entgegentritt, an. Präzisiert wird dieser Komplex durch den Übergang von den nur antizipierten *iniuriae* zu den realen *iniuriae* an römischen Bundesgenossen (*socii*). Dieses in der Argumentation zentrale Motiv nimmt zusammen mit der Selbstverteidigung das Zentrum der Theorie vom Gerechten Krieg ein."

Antworten auf die Fragen (Kap. 12):

1. Caesar erwähnt diese Niederlage der Römer durch die Helvetier hier sicherlich deshalb nochmals, um die römischen Leser verstärkt emotional anzusprechen und auf seine Seite zu bringen. Die Rache für diese historische Schmach rechtfertigt jedes Mittel, befriedigt den angeschlagenen römischen Stolz.
2. Die Erwähnung des *consilium deorum immortalium* macht gleich zu Beginn des Krieges darauf aufmerksam, dass das imperiale römische Vorgehen nach dem Willen der Götter geschieht; Rom ist zur Herrschaft berufen, Eroberung ist im Sinne der göttlichen Vorsehung – ein Aspekt römischer Herrschaftsideologie.
3. Die Vernichtung der Tiguriner geschieht am Arar außerhalb der römischen Provinz; sie ist also vom Statthalter Roms gegenüber dem Senat zu rechtfertigen, als ein Akt der Verteidigung von Bundesgenossen, d.h. letztlich des Imperium Romanum.

Im Schema:

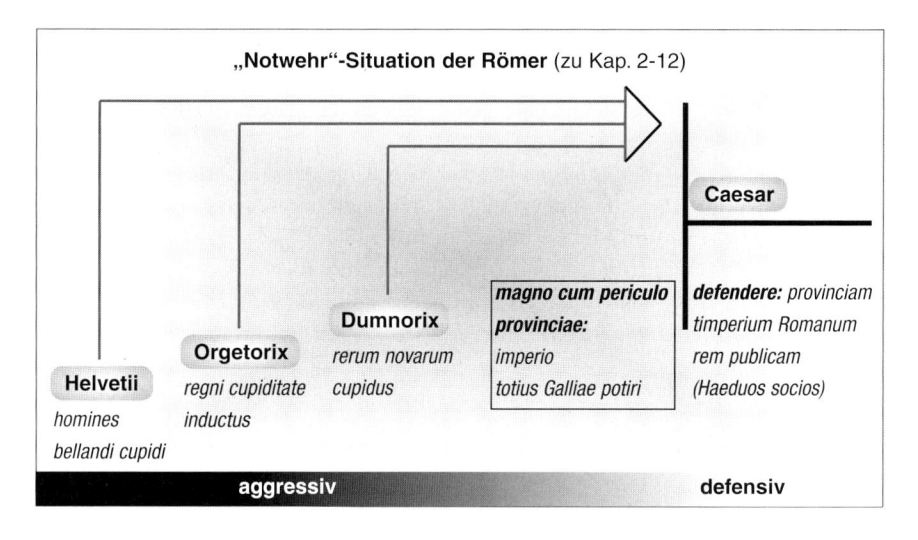

„Notwehr"-Situation der Römer (zu Kap. 2-12)

Helvetii	Orgetorix	Dumnorix	magno cum periculo provinciae:	Caesar
homines bellandi cupidi	regni cupiditate inductus	rerum novarum cupidus	imperio totius Galliae potiri	defendere: provinciam / imperium Romanum / rem publicam / (Haeduos socios)

aggressiv ←――――――――――――――――→ defensiv

h) Verhandlung zwischen Divico und Caesar

Kap. 13/14 sind der erste diplomatische Höhepunkt dieses „Eroberungsfeldzuges"; sie sind in statarischer Lektüre zu lesen. Vorher sind die wichtigsten Regeln der Oratio obliqua zu erklären.

Caesars Erfolg beeindruckt die Helvetier; sie schicken wieder eine Gesandtschaft zu Caesar, um mit ihm zu verhandeln. Ihr Anführer ist Divico. Die diplomatische Auseinandersetzung entwickelt sich zu einem ersten Höhepunkt, zu einem Rededuell zweier selbstbewusster Vertreter ihrer Völker. Der helvetische Adelige, einst Anführer des Stammes im erfolgreichen Krieg gegen den Konsul L. Cassius, tritt sehr provokativ auf (Kap. 13): Forderung nach Durchzugserlaubnis – Krieg oder Frieden; Frieden, wenn die Erlaubnis gegeben werde, Krieg bei Ablehnung mit drohender Erinnerung an die letzte Niederlage der Römer. Voller Selbstbewusstsein in die eigene Leistungsstärke (*virtute contendere*) prophezeit er den Römern eine weitere Geschichtsmarke des nationalen Unglücks (*calamitas*) und der Vernichtung des Heeres (*internecio exercitus*): Auch an Divico will Caesar den unverkennbaren aggressiven Ton als Merkmal dieses Volkes herausstellen. Die Auseinandersetzung mit den Helvetiern ist plötzlich, unter der Hand, eine ureigene römische Sache geworden; die Leser wissen nun: Caesar kämpft im Norden für Rom, für die Provinz, für das Imperium Romanum, für die *res publica libera*.

In seiner Antwort auf Divico (Kap. 14) tritt dies noch stärker hervor: Caesar nimmt das römische Volk in Schutz vor dessen Beleidigung und zeigt sich empört über das helvetische Verhalten, weil nichts durch Verschulden des römischen Volkes (*merito populi Romani*) passiert sei, was Anlass zum Krieg gewesen wäre; die Römer seien sich keines Unrechts bewusst gewesen, der Stamm, den Divico vertritt, habe deshalb kein *bellum iustum* geführt.

Die Argumentationsrichtung ist deutlich: Für die anderen, die Helvetier, wird die Begründung, deretwegen jetzt Caesar Krieg führt, ausgeschlossen. Insofern müssen die Leser auf seiner Seite sein. Er aktiviert das „Wir-Gefühl" und bringt alle geschlossen auf Distanz zu den „Feinden". Der rhetorische Aufbau einer Birelation (zwischen *nos* und *isti*) ist gelungen. Caesar weist das anmaßende Gebaren der Helvetier zurück.

Wenn er sogar die Götter aufseiten von *nos*, den Römern, sieht, insofern sie, wenn auch verspätet, den Helvetiern die verdiente Strafe auferlegen würden, dann kommt hier die Ideologie des römischen Imperialismus voll zur Geltung. Auf Roms, also auch auf Caesars Seite stünden die Götter. Da sich der hier vorgestellte Rechtfertigungsansatz im Grunde nicht ändert (allenfalls modifiziert), erscheint gleich zu Beginn dem Leser der Gallische Krieg als „gottgewollt", er ist also nicht bloß ein „gerechter" Krieg.

Trotz dieser Verhandlungssituation macht Caesar das Angebot zu einer friedlichen Lösung, was aber von Divico schroff abgelehnt wird. Das Ziel der Psychagogie ist klar: Alle Schuld liegt beim „Feind". Caesar ist zum Krieg gezwungen.[17]

---

17) Diese Partie ist, da sprachlich zu schwer, im Text nicht mit abgedruckt, sie könnte aber im deutschen Wortlaut zitiert werden: „Die unsterblichen Götter seien es gewohnt, damit die Menschen umso schlimmer am Wechsel ihres Schicksals leiden müssten, denen, die sie für ihre Verbrechen bestrafen wollen, bisweilen recht glückliche Verhältnisse und eine länger dauernde Unbestraftheit zu gewähren." Sie würden aber, wie im Falle der Helvetier, als Rächer auftreten und so aufseiten der Römer stehen. Man kann hier auf SALLUSTS Adherbalrede (*dis volentibus*, 14,19), VERGILS Aeneis (*imperium sine fine dedi*, I 279) oder auf CICEROS Laelius im Staatswerk (*lege divina*, 22 f.) zurückgreifen. Vgl. dazu CHRISTIAN MEIERS Feststellung, 294 f.: „Caesar ... rechnete den Helvetiern ältere und neuere Rechtsbrüche vor. Er fand es unverschämt, wie sie sich ihres Sieges brüsteten, wie sie sich sicher fühlten. Die unsterblichen Götter nämlich, so führte er nach eigener Aussage aus, pflegten den Menschen, die sie für ihre Verbrechen strafen wollten, zuweilen günstige Umstände und längere

Im Schema:

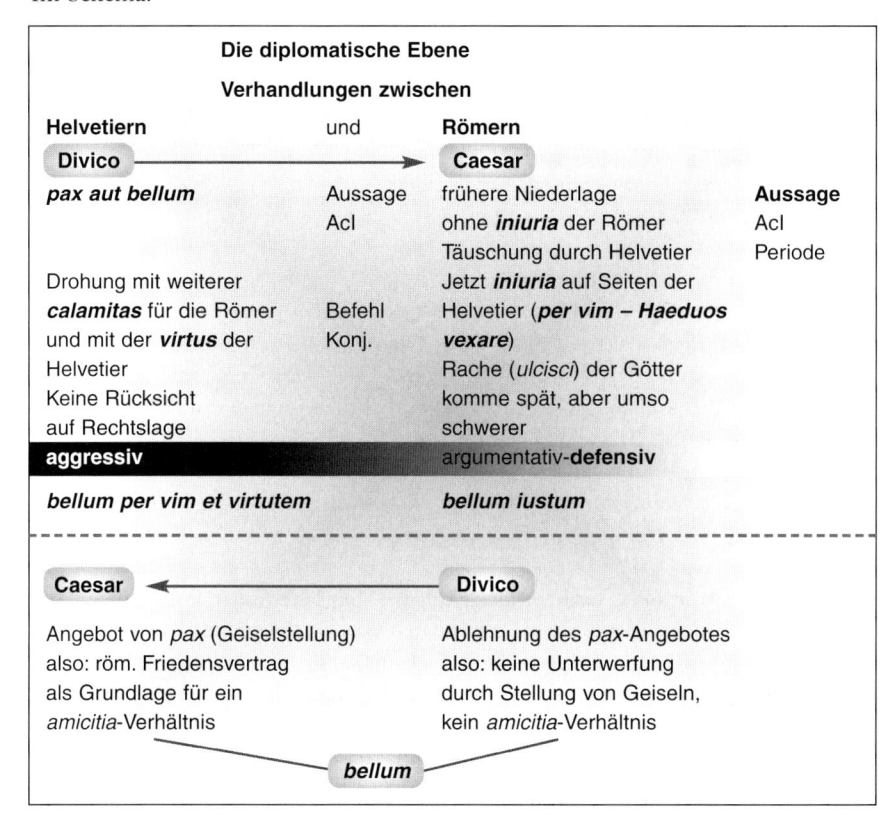

Die diplomatische Ebene				
Verhandlungen zwischen				
Helvetiern	und	**Römern**		
Divico	──────────▶	Caesar		
pax aut bellum	Aussage AcI	frühere Niederlage ohne *iniuria* der Römer Täuschung durch Helvetier	**Aussage** AcI Periode	
Drohung mit weiterer **calamitas** für die Römer und mit der **virtus** der Helvetier Keine Rücksicht auf Rechtslage	Befehl Konj.	Jetzt *iniuria* auf Seiten der Helvetier (**per vim – Haeduos vexare**) Rache (*ulcisci*) der Götter komme spät, aber umso schwerer		
aggressiv		argumentativ-**defensiv**		
bellum per vim et virtutem		**bellum iustum**		
Caesar ◀────────		Divico		
Angebot von *pax* (Geiselstellung) also: röm. Friedensvertrag als Grundlage für ein *amicitia*-Verhältnis		Ablehnung des *pax*-Angebotes also: keine Unterwerfung durch Stellung von Geiseln, kein *amicitia*-Verhältnis		
	bellum			

Antworten auf die Fragen (Kap. 13):

1. Die Helvetier werden als selbstbewusst und stolz (auf ihre geschichtliche Leistung: Sieger über die Römer) charakterisiert. Sie zeigen sich als Volk, das sich mehr auf seine Tapferkeit (*virtus*) als auf List oder Tücke (*dolum aut insidiae*) verlässt und das sich aggressiv und provozierend verhält. Mit diesem Volk, so sollte der Eindruck auf die Leser sein, kann durch Verhandlung nichts erreicht werden.

> Straffreiheit zu gewähren, damit sie durch die Wendung der Dinge dann umso schmerzlicher litten. Gleichwohl war er zum Frieden bereit, aber nicht von gleich zu gleich, sondern nur, wenn sie Geiseln stellten und eine Wiedergutmachung für den angerichteten Schaden leisteten. Das war gut römisch argumentiert. Die anderen waren immer im Unrecht, mindestens hatten sie Roms Freunden immer etwas angetan. Denn Rom hatte weit über seine Grenzen hinaus überall Freunde. Unser Volk hat sich, so schrieb CICERO, indem es seine Verbündeten verteidigte, schon aller Länder bemächtigt. Caesar legte auch, hier wie sonst in seinem Bericht, Wert darauf, sich als Prokonsul zu präsentieren, der ganz nach herkömmlicher Art Roms Interessen wahrnahm, übrigens getreu den Richtlinien senatorischer Politik. Dabei ließ er beiseite, dass der Krieg, den er führen wollte, nicht dem Willen der Senatsmehrheit entsprach."

2. Die *Pax Romana* gilt Divico nur insoweit als begehrenswert, als die Interessen der Helvetier dadurch befriedigt würden. Die damit verbundenen Bedingungen (etwa der Unterwerfung *deditio in fidem*) sind ihm nicht akzeptabel. Er steht dem „römischen Frieden" skeptisch gegenüber.
3. Den heutigen Schweizern ist diese skeptische Grundhaltung gegenüber mächtigen Nachbarn geblieben. Die „Nazi-Friedenstaube" verwandelt sich in der Karikatur in ein Bombenflugzeug der Deutschen.

Antworten auf die Fragen (Kap. 14):

1. Caesar ist verärgert über die Erwähnung der römischen Niederlage, die nur zustande gekommen sei, weil die Römer, ohne ein Unrecht getan zu haben, durch Täuschung in diese Kriegssituation gebracht worden seien.
2. Caesar bietet den Helvetiern den Frieden an, um seine Bereitschaft zu einer friedlichen Lösung zu zeigen und um in Rom zu erkennen zu geben, dass ihm von den „Barbaren" das Gesetz des Handelns aufgezwungen worden sei.

i) Bedrängte Situation – Unzuverlässigkeit bei den Haeduern

Die Kap. 15/16 sind paraphrasiert; Kap. 17 ist in synoptischer Form angeboten; auf dieses Kapitel sollte intensiver eingegangen werden, da für den weiteren Ablauf der Ereignisse die Hintergründe ausgeleuchtet werden.

Nach dem Scheitern der Verhandlungen muss es zum Kampf kommen; allerdings zuerst nur zu kleinen Scharmützeln, in denen die römische Hauptmacht nicht eingreift und die deshalb zu kleinen Erfolgen für die Helvetier führen.
Doch für die Römer ergibt sich aus anderen Gründen eine höchst schwierige Situation. Wegen der kalten Jahreszeit benötigen sie dringend Getreidelieferungen zur Truppenverpflegung; diese bleiben jedoch aus. Das Bündnis hätte den Haeduer-Stamm dazu verpflichtet. Deshalb lässt Caesar die im Heer befindlichen Volksvertreter zu sich kommen: Diviciacus und Liscus, zwei Adelige, der eine ein ausgesprochener Römerfreund, der andere der führende Mann im Stamm. Die Art, wie er mit diesen beiden verhandelt, zeigt nach OTTO SCHÖNBERGER „sein diplomatisches Geschick".[18]
Auf seine heftigen Vorwürfe hin, dass die Haeduer den Römern, um deren Hilfe sie doch gebeten hatten, ihrerseits nun den Römern die nötige Unterstützung verweigern (ein klarer Vertragsbruch gegen die *fides*), offenbarte Liscus ein sichtlich lang verdeckt gehaltenes Geheimnis. Da sei „Sabotage" im Spiel.[19] Es gebe im Stamm der

---

18) Caesar, Dumnorix, Diviciacus. Zu Caesar, De bello Gallico I 16-20. In: Anregung 17 (1971), 378-383.
19) Vgl. dazu LOHMANN, D.: Leserlenkung im Bellum Helveticum. Eine kriminologische Studie zu Caesars BG I 15-18. In: AU 33,5 (1990), 56-73, bes. 63. Vgl. dazu auch GLÜCKLICH: Sprache und Leserlenkung, a.O., 63f.

Haeduer romfeindliche Kräfte, die in aufrührerischer und unmoralischer Weise (vgl. *seditiosa atque improba oratione*) das Volk einschüchterten und die gebotenen Pflichten zu erfüllen nicht zuließen. Ihr Argument, es sei besser die Herrschaft von Galliern zu ertragen als die der Römer, sei so durchschlagend, dass man von der Obrigkeit schwer dagegen angehen könne. Die Römer wollten, so deren Argumentation, ganz Gallien die Freiheit rauben. Die Solidarität mit den anderen Galliern rechtfertige den Verrat der römischen Pläne und die Unterstützung der Romfeinde. Diese Romfeinde unter den Haeduern seien so gefährlich (vgl. *quanto id cum periculo*), dass selbst er, der verantwortliche Stammesfürst, nicht darüber zu reden gewagt habe.

Caesar macht die Leser auf eine gefährliche Opposition gegen Rom selbst im befreundeten Stamm der Haeduer aufmerksam;[20] er projiziert aus der späteren Zeit der Abfassung des Berichtes (52/51 v. Chr.) schon in den Anfang die Motive, die erst am Ende, im gesamtgallischen Freiheitskampf, voll zur Geltung kommen; die Notwendigkeit des vollen militärischen Einsatzes gegen den brodelnden Untergrund, gegen die gallische „Résistance". Er lenkt damit die Leser geschickt in eine Richtung, so dass sie kurze Zeit später noch viel weiter gehende Kriegsentscheidungen billigen müssen.

Antworten auf die Fragen (Kap. 15-17):

1. Die Leser erfahren von einer antirömischen Kampagne bei den Haeduern: Oppositionelle hetzen die Menge gegen Rom auf (*seditiosa atque improba oratione multitudinem deterre; praestare ... Gallorum quam Romanorum imperium perferre*).
2. Die Römer würden nach Besiegung der Helvetier sich ganz Galliens bemächtigen wollen und den Galliern die Freiheit rauben. Zentralbegriff ist *libertas*.
3. Dadurch, dass der Stammesfürst Liscus erst nach langem Zögern sein Schweigen bricht, wird die Gefährlichkeit der Lage umso drastischer bewusst gemacht. Zugleich soll dadurch dem Bericht größere Objektivität gegeben werden.

k) Gefahr durch Dumnorix

Kap. 18/19 sind in Paraphrase vorgestellt; das Zentral-Kap. 20, wieder teilweise in Oratio obliqua abgefasst, ist statarisch zu lesen. Es enthält wichtige Aussagen über Caesars diplomatisches Verhalten.

Längst hat sich beim Leser der Verdacht erhärtet, dass hinter dieser Opposition ein führender Kopf sein müsse. Caesar erhält es bestätigt: Dumnorix ist der gefährliche

---

20) „Es existiert nicht nur unter den gallischen Alliierten eine antirömische Opposition, sondern sie ist auch in der Lage, konkrete Aktionen aus dem Untergrund gegen das römische Heer zu führen." So LOHMANN, a.O., 60. WOLFGANG WILL, a.O., 75: „Der antirömische Flügel der Haeduer unter Dumnorix erwies sich als immer noch so stark, dass er Getreidelieferungen für Caesar blockieren konnte."

Mann, den die Leser über Kap. 3 und 9 bereits mit immer deutlicheren Konturen kennen gelernt haben, ein reicher, einflussreicher Haeduer, der die Römer vor allem deshalb hasst, weil sein ungeliebter Bruder Diviciacus durch sie in seine alte Machtstellung wieder eingesetzt worden ist; sein Ziel ist nicht das Wohl seines Stammes, sondern seine eigene Macht, die er mit allen Mitteln (auch denen des Vertragsbruchs, der Unterstützung der romfeindlichen Helvetier) durchsetzen will.[21] Die Meldung, Dumnorix habe den Helvetiern den Zug durch das Gebiet der Sequaner ermöglicht, macht seine Bestrafung dringend erforderlich. Soll Caesar aber auf dessen Bruder Diviciacus Rücksicht nehmen? Der bittet um Gnade für Dumnorix in Kap. 20, das als Höhepunkt des Helvetierberichts gilt.

Der herbeizitierte Diviciacus, dem gegenüber Caesar schwerste Anschuldigungen gegen Dumnorix äußert, die die Todesstrafe erwarten lassen, versucht Caesar mild zu stimmen; seine Bittrede ist mit Mitteln der persuasiven Technik kunstvoll angelegt, wodurch sich eben auch der Schreiber als rhetorisch versierter Autor ausweist. Diviciacus beschwört Caesar unter Tränen, um ihn von einem zu schlimmen Beschluss zurückzuhalten. Die Rede gliedert sich folgendermaßen:

Diviciacus' Bittrede für Dumnorix

1. Eingeständnis seiner Mitwisserschaft
2. Persönliche Verärgerung über Dumnorix
   - 2.1. Förderung des jüngeren, aber politisch einflusslosen Bruders
   - 2.2. Beinahe Vernichtung durch ihn aufgrund seiner gewachsenen Macht
3. Bestimmende Überlegungen bei seiner Fürsprache für ihn
   - 3.1. Bruderliebe (*amor fraternus*)
   - 3.2. Rücksicht auf die öffentliche Meinung (*existimatio vulgi*)
4. Folgerungen für sein Verhältnis zu Caesar
   - 4.1. Harte Bestrafung führt zum Verdacht, dass sie mit seinem Willen erfolgt sei.
   - 4.2. Dieser Verdacht würde ihm alle Sympathien in ganz Gallien entziehen.

Als Ergebnis dieser Aussage drängt sich unwillkürlich der Eindruck auf, dass Caesar durch eine Hinrichtung des Dumnorix dessen Bruder Diviciacus als einflussreichen gallischen Sympathisanten aufs Spiel setzen würde und ihm letztlich der Stamm der Haeduer als „Brückenkopf" im unrömischen Gallien verloren ginge. Aus dieser militär-taktischen Überlegung heraus ist Caesars Reaktion zu erklären, dass er den wei-

---

[21] Dazu SCHÖNBERGER, a.O., 380: „Da stellt sich heraus, dass Dumnorix ein gefährlicher Demagoge ist, der mit Geld um sich wirft und einen Umsturz plant. Seine Geldmittel verschafft ihm der Terror: Niemand darf es wagen die Steuern gegen ihn zu ersteigern. Zum Terror gehören Leibwache und Schutzstaffel; dass Dumnorix diese auf eigene Kosten hält, unterstreicht das Illegale des Vorgangs, dass er sie stets … um sich hat, hebt die Dauer der Provokation hervor. Der Hass auf die Römer ist begreiflich: Diviciacus ist durch das Eingreifen der Römer wieder mächtig geworden."

nenden Diviciacus tröstet und ihn vergewissert, er bedeute ihm so viel, dass er seinetwegen das Unrecht am Staat und seine persönliche Kränkung verzeihe. Er mahnt am Ende nur Dumnorix, weitere Verdachtsgründe zu meiden und stellt ihn unter Bewachung. Caesars situative Entscheidungen sind von seiner vorplanerischen Strategie bestimmt; nicht *„clementia"* macht ihn hier nachgiebig und weich, sondern kaltes politisches Kalkül (am Ende, in Buch V 7, wird der Gallier-Rebell auf der Flucht – nach Befehl – getötet).[22]

Als antithetisches Tafelbild ließe sich zum Abschluss dieser Kapitelfolge einsetzen:

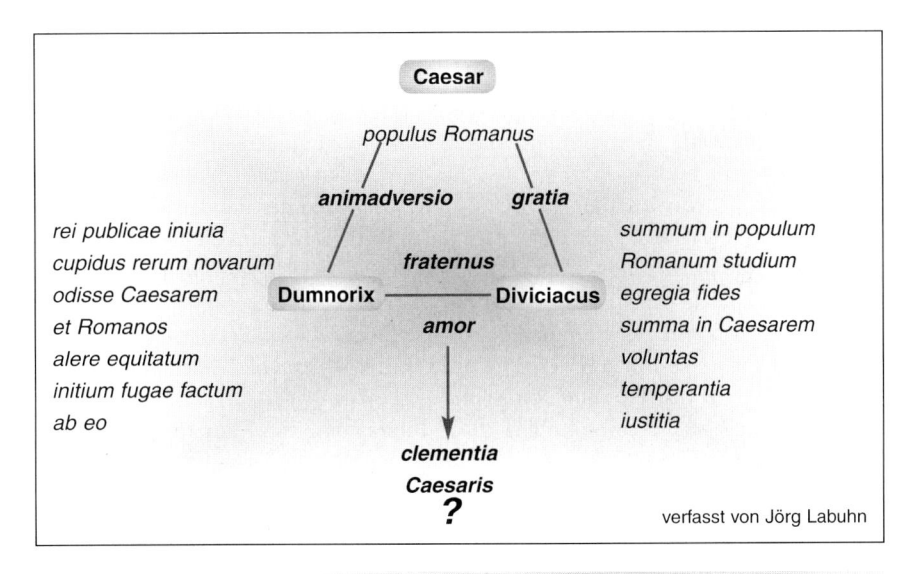

```
                              Caesar

                        populus Romanus
                         /           \
                   animadversio      gratia
rei publicae iniuria    /              \      summum in populum
cupidus rerum novarum  fraternus              Romanum studium
odisse Caesarem    Dumnorix ——— Diviciacus    egregia fides
et Romanos              amor                   summa in Caesarem
alere equitatum          |                     voluntas
initium fugae factum     ↓                     temperantia
ab eo                                          iustitia
                      clementia
                       Caesaris
                          ?                    verfasst von Jörg Labuhn
```

Antworten auf die Fragen (Kap. 20):

1. Dass ein zunächst politisch einflussarmer Römer, nachdem er durch die Unterstützung eines Mächtigen groß geworden ist, diesen bekämpft und politisch kaltzustellen versucht, ist ein üblicher gesellschaftlicher Vorgang in Rom (Exempel: Caesar – Pompeius). Caesar sucht sich Vermögen anzueignen durch Beziehungen, er heiratet die Tochter des Lucius Piso, der sein Nachfolger im Konsulat werden sollte, vermählt seine eigene Tochter mit Pompeius; damit sucht er sich seine Stellung im Zentrum der Macht. Der Grund dafür, dass Dumnorix dennoch negativ beurteilt wird, ist seine Kollaboration mit den *hostes*.

---

22) LOHMANN, a.O., 66, spricht von „demonstrativ bewiesener *clementia Caesaris*"; möglich, dass der Leser das Verhalten Caesars so empfindet, doch sein Handeln ist von tiefer greifenden Gründen der politischen Berechnung bestimmt. Leserlenkung liegt aber auf jeden Fall vor. Caesars Wesensart, zu der diese *clementia* gehört, ist „ein Mittel seiner Politik, die auf Erringung der Macht zielt." So TREU, M.: „Clementia Caesaris". In: Mus. Helv. 5 (1948), 209 und 206. Dazu auch RINNER, a.O., 80f. Siehe auch SCHÖNBERGER, a.O., 381ff. und HAFFTER, a.O., 26. Allgemein zu Caesars *clementia* vgl. auch MEIER, a.O., 400.

2. Caesars Reaktion auf Dumnorix' Vorhaben ist die Absicht einer harten Bestrafung (Hinrichtung); diese wird aber durch den Einspruch des Bruders Diviciacus zu einer bloßen Verwahrung gemindert; Grund ist reine politische Kalkulation; er will den einflussreichen Gallier Diviciacus nicht als Helfershelfer verlieren.

l) Caesars Truppen in Schwierigkeiten – Die Schlacht bei Bibracte

Von Kap. 21-26, die in Zusammenfassung geboten werden, da sie die Kampfhandlungen darstellen, ist das Kap. 25 als statarische Lektüre geboten – auch aus übersetzungstechnischen Gründen.

Aufgrund des Eingreifens des Dumnorix war der Weg durch das Gebiet der Sequaner für die Helvetier frei; Verhandlungen halfen nichts mehr. Die Entscheidung musste im Kampf herbeigeführt werden. Da die ersten taktischen Versuche ins Leere gingen, brach Caesar nach Bibracte auf, um hier gerade des Proviants wegen eine feste Stellung zu beziehen. Die Helvetier folgten ihm. Auf einer Anhöhe in der Nähe von Bibracte kam es zum Kampf. Die Römer stürzen sich von oben auf die anrückenden Feinde.
Das Kap. 25 ist aus dieser Kampfszenen-Darstellung – *exempli gratia* – ausgewählt; in ihr wird von einer sehr schwierigen Lage der Römer „erzählt", auch wie sie diese meistern. Ziel der Lektüre sollte also sein:
- einmal den Schülern einen Enblick in die Kampfweise von Römern und Galliern zu geben,
- zum anderen Caesars Art der Darstellung, seine Erzählstrategie intensiv kennen lernen zu lassen.[23]

Das soll durch eine textgrammatische Analyse des Kapitels, also in mikroskopischer Betrachtung der Details, geschehen.[24]

Die Bearbeitung des Textes soll unter folgenden Fragen stehen:

1. Wie lässt sich der Text nach sachlichen Schwerpunkten gliedern? Geben Sie dabei die lateinischen Wörter, Begriffe und Wendungen an, die den Darstellungsschwerpunkt markieren.
   Welche Personen stehen dabei im Zentrum?
   (Kriterium des Sach- und Bedeutungsfeldes mit Rücksicht auf die Personen)
2. Wie werden die Tempora innerhalb der Darstellungsschwerpunkte verwendet? Was ist in den Handlungshintergrund gedrängt, was steht im Vordergrund und wie sind die in den Vordergrund gestellten Geschehnisse erzählt?
   (Kriterium des Tempus-Reliefs)

---

23) Vgl. zum Satzbau auch die Analyse bei OFFERMANN, a.O., Teil II, 377: „Es liegt nahe anzunehmen, dass der komplex gebaute Satz eben die Kompliziertheit des Vorganges (die Eisen der Wurflanzen verhakten sich unlösbar in den gallischen Schilden) nachbilden sollen ..."
24) Entnommen aus VERFASSER: Caesar im Visier, AUXILIA 37 (1995), 73 ff.

Römische Soldaten mit Helm, Schild und *pilum*, Relieffragment einer Säule, wahrscheinlich vom Prätorium von Mogontiacum, Mainz, Römisch-Germanisches Zentralmuseum

3. Mit welchen sprachlichen Mitteln sind die einzelnen Gliederungsabschnitte miteinander verbunden? Und in welchem Verhältnis stehen die Handlungsschwerpunkte aufgrund dieser Gliederungsmittel zueinander?
(Kriterium der Konnektoren)

Zu 1) Die Darstellungsschwerpunkte und Personenverteilung

Der Text lässt sich von seinen Schwerpunkten her entweder in vier oder fünf Abschnitte gliedern; dies hängt davon ab, ob man die Aussagen über die Gallier in der ersten Hälfte des Textes entweder als eine Einheit ansieht oder ob darin zwei Geschehnisse erfasst sind; für Letzteres sprechen verschiedene Gründe, wie sich zeigen wird. Die Personenkonstellation wird hier immanent mitberücksichtigt:
Der erste Abschnitt ist gekennzeichnet vom Begriff *pugna* und der Wendung *magno erat impedimento*; die Gallier haben ein großes Handicap beim Kampf, das im kausalen *quod*-Satz näher begründet wird.

Der zweite Abschnitt stellt sich als die notwendige Konsequenz des vorher begründeten Handicaps für die Gallier dar; er zeigt das, wozu sie durch die Schwierigkeit der Situation gezwungen sind; kernhafte Wendungen sind hier *pedem referre, se recipere* (*in montem*).

Der dritte Abschnitt ist vorherrschend bestimmt von den Wendungen *ex itinere aggressi, circumvenire*; es geht – plötzlich und überraschend – um Angriff, Einkreisung, Umzingelung, und zwar der Römer durch neu ins Kampfgeschehen eingreifende Volksgruppen, nämlich der Boier und Tulinger, die die Nachhut des feindlichen Heeres bilden.

Im vierten Abschnitt treten die Helvetier wieder ins Blickfeld; sie erneuern, angeregt durch die plötzliche Wendung des Geschehens, den Kampf, und zwar von dem Berg aus, auf den sie sich zurückgezogen haben: *rursus instare, proelium redintegrare* sind die dafür bezeichnenden Wendungen, die sofort ins Auge springen.

Der fünfte Abschnitt zeigt die Reaktion der Römer auf die vorher erzählten Vorgänge; vorherrschende sprachliche Merkmale sind: *conversa signa ... intulerunt*, wobei erklärend dann die jeweils spezifischen Leistungen der drei Frontreihen in den *ut*-Sätzen hinzutreten.

Es ergibt sich demnach folgendes Analyseschema:
(Dieses wird nachfolgend als Grundlage für ein Overlay-Verfahren durch Folien schrittweise aufgebaut)

Abschnitte	Darstellungsschwerpunkte mit Rücksicht auf die Personen	Vorherrschende Wendungen und Begriffe
1.	Kampfhandicaps für die **Gallier** (1-5)	pugna magno ... impedimento
2.	Rückzug der **Gallier** (5-7)	pedem referre se recipere <in montem>
3.	plötzlicher Angriff der **Boier** und **Tulinger**	ex itinere aggressi circumvenire
4.	erneuter Kampfeswille der **Helvetier** (11-12)	rursus instare proelium redintegrare
5.	Reaktion der **Römer** (13-15)	conserva signa ... intulerunt

Zu 2) Das Tempus-Relief

Die Verteilung der Tempora ist in diesem Textstück sehr markant ausgeprägt. Hintergrund und Vordergrund sind deutlich reliefiert.

Geschehenshintergrund

Im Hintergrund stehen alle Situationen und Vorgänge, die als Begründungen und Erklärungen der schrittweise erfolgenden Maßnahmen auf beiden Seiten der Kämp-

fer fassbar werden sollen (und zwar im Imperfekt oder Plusquamperfekt):
Im ersten Abschnitt: Die Schwierigkeit war groß (*erat*), weil sie nicht richtig kämpfen konnten (*poterant*).
Im zweiten Abschnitt: Der Berg, auf den sich die Gallier erschöpft zurückziehen konnten, wird in seiner Lage – nämlich in unmittelbarer Nähe – beschrieben (*quod ... suberat*).
Im dritten Abschnitt: Die Boier und Tulinger werden als Leute gekennzeichnet, die den Zug abschlossen (*claudebant*) und der Nachhut Schutz bedeuteten (*praesidio ... erant*).
Im vierten Abschnitt: Die Helvetier werden als diejenigen gekennzeichnet, die sich auf den Berg zurückgezogen hatten (*qui ... sese receperant*).

Geschehensvordergrund

Im Vordergrund stehen all die Maßnahmen und Vorgänge, die sich vor dem angedeuteten Hintergrund schrittweise vollziehen, und zwar im Perfekt (historisch) oder in einer diesem Tempus gleichen Zeitform:
Der zweite Abschnitt zeigt die erzwungene Handlung der Gallier: *pedem referre et ... sese recipere coeperunt*.
Im dritten Abschnitt erfolgt die plötzliche Umzingelung, *aggressi circumvenire*, also historischer Infinitiv in engster Verbindung mit einem temporalen PC.
Der vierte Abschnitt wird von der wieder aufflammenden Kampfeslust der Helvetier bestimmt: *proelium redintegrare coeperunt*.
Im fünften Abschnitt steht als abschließende Reaktion der Römer: *conversa signa bipertito intulerunt*: sie haben in geteilter Kampfordnung nach zwei Seiten hin gekämpft (und zwar mit Erfolg).
Es ist deutlich sichtbar, wie das Geschehen durch die Tempora im Handlungsvordergrund als ständiger Wechsel von Vorgängen gekennzeichnet wird, mit dem zweimaligen Beginnen von gegensätzlichen Verhaltensweisen. Dem Beginn des Rückzugs folgt der Beginn des Wiederangriffs. Dazwischen steht das plötzliche Eingreifen der Boier und Tulinger, die diese Wendung herbeiführen; dieser Wendepunkt ist gekennzeichnet durch den historischen Infinitiv: gewissermaßen der dramatische Höhepunkt, der für die Römer die Situation zum Kippen zu bringen droht. Am Ende dann die in der äußersten Bedrängnis nötige Taktik des *signa bipertito inferre*. Damit ist der markante Schwerpunkt der Handlungsentwicklung gesetzt.
Diese in der Verwendung der Tempora spürbare Dramatisierung des Geschehens ist vom Autor zweifellos beabsichtigt; sie soll die Schwierigkeit, in der sich der Stratege befand, im schriftlichen Bericht darüber intensiver erfahren lassen.

Die Tempus-Verwendung sei dem Analyse-Schema in folgender Weise hinzugefügt:

Ab-schnitte	Darstellungsschwerpunkte mit Rücksicht auf die Personen	Vorherrschende Wendungen und Begriffe		**Tempus-Relief**	
				Hintergrund - Vordergrund	
1.	Kampfhandicaps für die Gallier (1-5)	*pugna* *magno ... impedimento*		*erat* *(poterat)*	
2.	Rückzug der Gallier (5-7)	*pedem referre* *se recipere <in montem>*		*(suberat)*	*coeperunt*
3.	plötzlicher Angriff der Boier und Tulinger	*ex itinere aggressi* *circumvenire*		*claudebant,* *erant*	*circum-* *venire*
4.	erneuter Kampfeswille der Helvetier (11-12)	*rursus instare* *proelium redintegrare*		*receperant,* *erant*	*coeperunt*
5.	Reaktion der Römer (13-15)	*conserva signa ...* *intulerunt*			*intulerunt*

Zu 3) Die Konnektoren

Die Konnektoren – als sätzeverbindende Elemente – müssen die Handlungsentwicklung tragen, intensivieren und pointieren. Solche Elemente sind nicht bloß parataktische Konjunktionen, Adverbien, Partikeln, sie können auch ganze Strukturelemente sein, die rückverweisend bestimmte Aussagen aufgreifen und weiterführen, z.B. Abl. abs., PC, demonstrative oder relativische Satzanschlüsse u.a.m. Welche Konnektoren geben also diesem Text eine Struktur und unterstützen seine Gliederung?

Der zweite Abschnitt ist mit dem ersten durch das Adverb *tandem* verbunden; es deutet gewissermaßen die zeitliche Folgerung aus der schwierigen Situation an, die den Rückzug veranlasst.

Im dritten Abschnitt stellt der satzwertige Abl. abs. *capto monte*, der das vorausgehende *mons* wiederholend aufgreift (auch Rekurrenz) und das Geschehen so weiterführt, die enge Verbindung zum Nachfolgenden her.

Der vierte Abschnitt ist ebenfalls durch eine satzwertige Konstruktion, nämlich durch ein PC, mit dem vorausgehenden verbunden: *id conspicati*, wobei das *id* zusätzlich als demonstrativer Satzanschluss fungiert.

Welche Verbindung aber hat der fünfte Abschnitt zum ganzen vorausgehenden Text? Da stehen die Römer (*Romani*) an der Spitze. Und der Konnektor? Er fehlt. Also ein Asyndeton, die stärkste adversative Satzverbindung, die wir kennen. „Die Römer aber ..." Dieser Handlungsabschnitt wird so scharf wie nur möglich vom vorausgehenden abgehoben, als besonders bemerkens-, d.h. hier lesenswert markiert. Am Ende steht das Ergebnis, die Leistung der Römer, die zum Erfolg führt und deshalb dem Leser als abschließender Eindruck vermittelt wird.

So dass wir nun auch die Konnektoren-Abfolge in das Analyse Schema aufnehmen können:

Ab-schnitte	Darstellungsschwerpunkte mit Rücksicht auf die Personen	Vorherrschende Wendungen und Begriffe	**Konnektoren**	Tempus-Relief Hintergrund - Vordergrund	
1.	Kampfhandicaps für die Gallier (1-5)	pugna magno ... impedimento	**tandem**	erat (poterat)	
2.	Rückzug der Gallier (5-7)	pedem referre se recipere <in montem>	**capto monte**	(suberat)	coeperunt
3.	plötzlicher Angriff der Boier und Tulinger	ex itinere aggressi circumvenire	**id conspicati**	claudebant, erant	circumvenire
4.	erneuter Kampfeswille der Helvetier (11-12)	rursus instare proelium redintegrare		receperant, erant	coeperunt
5.	Reaktion der Römer (13-15)	conserva signa ... intulerunt	**Romani**		intulerunt

Diese vorausgehend langsam und in Teilschritten vollzogene Kohärenzanalyse zeigt die vom Autor angestrebte Tendenz des Kapitels sehr deutlich. Caesars taktisches Genie (seine *ratio*, sein *consilium*) ist durch die dramatische Entwicklung aufs höchste gefordert, da die Situation sich so verkompliziert hat (man könnte hier durchaus von einer *summa difficultas* sprechen), dass nur noch die Notstrategie des *bipertito pugnare* hilft. Mit Hilfe der Leistung (*virtus*) seiner Soldaten, der drei Frontreihen im Heere, konnte er, wie die nachfolgenden Kapitel zeigen, eine für die Römer positive Entwicklung des Geschehens erzwingen. Die Schlacht bei Bibracte endete nach hartem Kampf mit dem Erfolg der Römer.

Wir erfassen hier also erstmals das Caesars Bericht bestimmende Darstellungsdreieck:

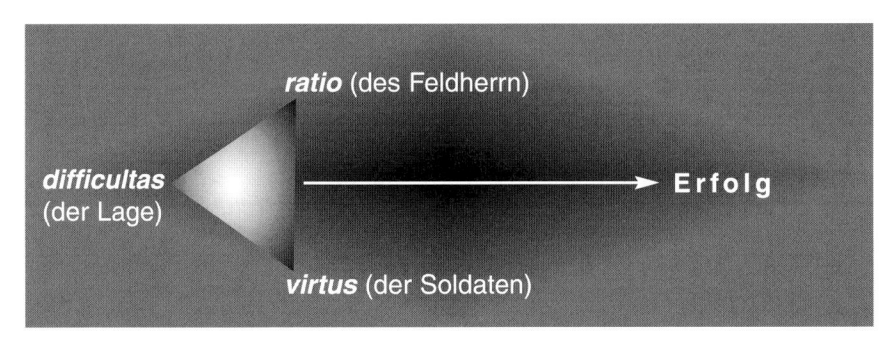

ratio (des Feldherrn)

difficultas (der Lage) ⟶ **Erfolg**

virtus (der Soldaten)

Diese Leistung war sozusagen die Voraussetzung für den Sieg bei Bibracte, also auch dafür, dass er die Helvetier in die Schranken weisen und seine Aufgabe als Provinzstatthalter, seinem prokonsularischen *officium* entsprechend, erfüllen konnte. Die Einsicht des Lesers soll in diese Richtung gelenkt werden; die sprachlichen Mittel der Textgestaltung sind ganz in den Dienst dieser Intention gestellt. Die Erzählstrategie ist gewissermaßen die Kehrseite der Medaille, auf deren Vorderseite die politisch-militärische Strategie ausgeprägt ist.[25]

Antworten auf die Fragen (Kap. 25):

1. Die militärische Überlegenheit der Römer zeigt sich einmal in der Waffenart (die besondere Wirkung des *pilum*) und in der geordneten Front, die bei Gefahr von hinten die Taktik des Zweifrontenkampfes beherrscht.

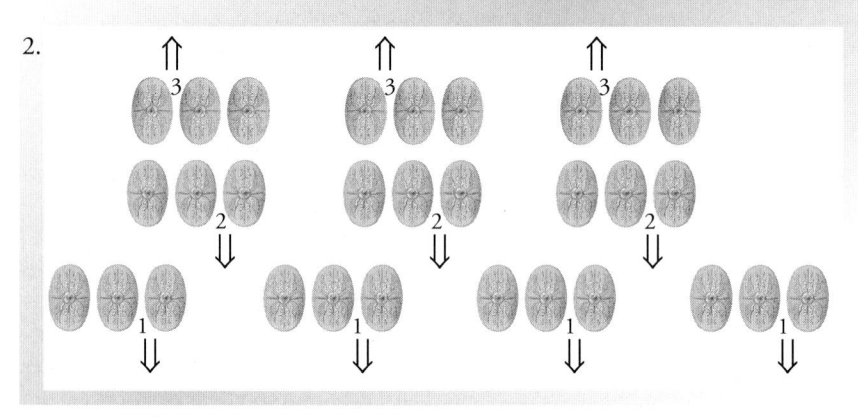

2.

m) Die Kapitulation

Von den Kap. 27-29 sind 27 paraphrasiert, 28 als statarische Lektüre vorgestellt, 29 in synoptischer Gegenüberstellung. Als Abschluss des Projekts sollen die Ergebnisse in folgender Weise gesichert werden.

Caesar reagierte auf die Kapitulation der Helvetier auf unübliche Weise; er gebot die Stellung von Geiseln, die Ablieferung der Waffen und die Herausgabe der zu ihnen übergelaufenen Sklaven. Doch seine Entscheidung war außergewöhnlich. Er nahm die Kapitulation von allen – mit Ausnahme der Flüchtigen – an, ließ sie von den Allobrogern mit Nahrung versorgen und in ihre ursprünglichen Gebiete zurückkehren. Diese Rücksiedelung war eine überlegte taktische Maßnahme (*id ea ratione fecit, quod...*). Er wollte nicht, dass der Raum, aus dem die Helvetier abgezogen waren, frei, unbesetzt bleibe, damit nicht die Germanen von jenseits des Rheins in

---

25) Vgl. dazu V. ALBRECHT: Meister römischer Prosa, Heidelberg 1971, 86: „Wir können hier buchstäblich ablesen, was HERDER einmal theoretisch folgendermaßen formuliert hat: 'Caesars Leichtigkeit zu siegen ist auch an seiner Schreibart kenntlich ...' Ähnlich schon QUINTILIAN (10, 1, 114): *Tanta in eo vis est, id acumen, ea concitatio* („Feuer"), *ut illum eodem animo dixisse, quo bellavit, appareat.*"

diesen freien Raum eindringen und unmittelbare Nachbarn der römischen Provinz und der Allobroger würden. Die Helvetier sollten also eine Art Bollwerk, Pufferzone gegen die gefährlichen Germanen bilden. Damit bestätigt sich die Erkenntnis des Prooems, dass Caesar in den Germanen die eigentliche Gefahr im Norden und seinen Hauptgegner sah, der ihm die Gesetze des Handelns vorgab, letztlich aber auch die Rechtfertigung für seinen gallischen Eroberungskrieg.[26] Denn schon kurze Zeit später (Kapitel 32-35) tritt dieser Germanengrund mit aller Brisanz ins Zentrum. Der durch die Schonung des Dumnorix als einflussreicher Romfreund erhalten gebliebene Diviciacus wendet sich mit anderen an Caesar mit der dringenden Bitte, gegen den in Gallien wütenden Germanenkönig Ariovist einzuschreiten und dabei seiner völkerrechtlichen Pflicht nachzukommen, „die Haeduer und die übrigen Bundesgenossen des römischen Volkes zu verteidigen" (*Haeduos ceterosque socios populi Romani defendere*). In diesem weiteren Verteidigungsauftrag liegt für Caesar der Grund, nach dem Sieg bei Bibracte sich nicht weiter hinter die Grenzen der Provinz zurückzuziehen, sondern als Verteidiger Gallien in immer größerem Umfang unter seine Herrschaft zu bringen. Der Gallische Krieg hat eine Eigendynamik bekommen, und zwar nach römischem Völkerrecht als *bellum iustum*.

Die Situation nach der Schlacht von Bibracte:

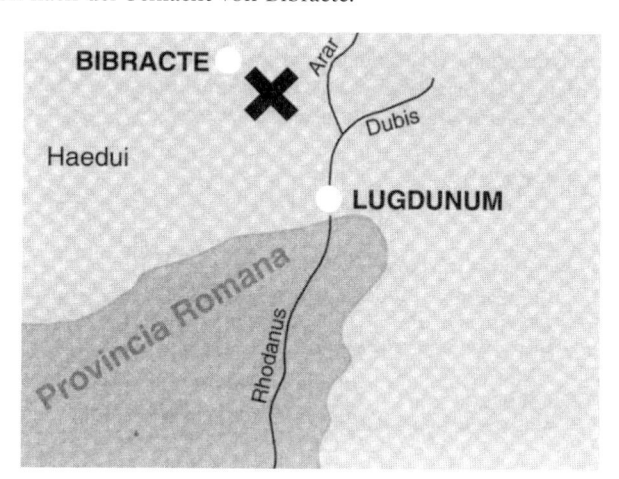

---

26) OFFERMANN, a.O., Teil 2, 380: „Die Germanengefahr war in 1,3f. nur angedeutet worden; jetzt ist sie als Argument sinnvoll im Zusammenhang mit der Rücksiedelung der Helvetier". GLÜCKLICH: Sprache und Leserlenkung, 93: „Überdeutlich wird immer wieder das Gebiet der Helvetier genannt und so in seiner Wichtigkeit als Schutz- und Pufferzone für das römische Einflussgebiet gekennzeichnet." Allerdings kommt hier Caesars gesamtgallische Strategie nicht in den Blick. Vgl. auch HAFFTER, a.O., 28, dazu: „Musste die Provinz zunächst bewahrt werden vor einer Helvetiergefahr (10,2), so darf sie jetzt nicht von einer Germanengefahr bedroht sein."

CICERO hat diese Ideologie des *bellum iustum* einige Zeit vorher deutlich formuliert, in *De re publica* (3, 23-24). LAELIUS sagt, das Vorgehen gegen Romgegner diene dem Schutz des Imperiums, dessen Beistand von den Göttern her Legitimation hat und dessen Erhaltung den Krieg als „gerecht" erscheinen lässt. Diese Erhaltung bringt zwangsweise eine Stück für Stück sich vollziehende Vergrößerung des Reichs mit sich. Solche Leistung wird monumental auf den Grabsteinen der Eroberer gewürdigt: FINES IMPERII PROPAGAVIT. Der klassische Satz für eine Politik, wie sie sich in Caesars Denken entfaltet und wie sie in der Auseinandersetzung mit den Helvetiern Wirklichkeit wird, stammt ebenfalls von CICERO:
Noster populus sociis defendendis terrarum iam omnium potitus est (De rep. III 23, 25).[27] Imperialismus und Defensiv-Ideologie stehen bei den Römern in engstem Zusammenhang.[28]

Antworten auf die Fragen (Kap. 28):

1. Caesar stellt sich als Sieger dar, der die Kapitulation der Unterlegenen entgegennimmt (*in deditionem accepit*); er steuert als der alles im Griff habende Feldherr durch seine Befehle (*imperavit, iussit, imperavit, iussit*) und seine überragende Taktik (*id ea ratione fecit, quod...*) die Entwicklung.
2. Die rückgesiedelten Helvetier sollten in ihren angestammten Raum zurückkehren, um kein völkisches Vakuum entstehen zu lassen, durch das die gefährlichen Germanen angezogen würden. Sie sollten als Volk eine Art Pufferzone nach Westen bilden.

Antworten auf die Fragen (Kap. 29):

1. Die Zahlenangaben sollen ausdrücken, mit welch gewaltiger Volksmasse es Caesar zu tun hatte; der Eindruck seines Erfolgs soll gesteigert werden.
2. Der Vergleich mit PLUTARCH bestätigt die Höhe der Verluste nicht, da über die Gesamtzahl keine Angabe gemacht ist. Die Zahl der Zurückgesiedelten fällt in etwa mit der von Caesar angegebenen zusammen.

---

27) Vgl. dazu VERF., Lateinunterricht, Bd. 3, Bamberg 1979, 89 ff. (hier weitere Literatur dazu).
28) Vgl. dazu bes. MUNDING, H.: Politische Bildung und Cäsar-Lektüre, AU 15,5 (1972), 42.

Römisches Siegesdenkmal, Detail vom so genannten Alpentropäum von La Turbie

4.3 Unterrichtsprojekt

DIE AUSEINANDERSETZUNG MIT ARIOVIST

(günstig zu verbinden mit Unterrichtsprojekt *Caesar am Rhein* und/oder *Vercingetorix – Galliens Freiheitsheld*)

Umschlagbild des Romans „Heerkönig Ariovist" von Karl Hans Strobl, 1927

Die Auseinandersetzung mit Ariovist

Völker, Personen und Orte, die in diesem Unterrichtsprojekt begegnen

Völker

Haedui: Haeduer, einer der gallischen Hauptstämme, in Zentralgallien siedelnd, mit Rom befreundet, also *socii Romanorum*.

Sequani: Sequaner, großer gallischer Stamm, mit den Haeduern um die Vorherrschaft in Gallien rivalisierend; sie haben Ariovist, den Germanenkönig, zu Hilfe gerufen.

Helvetii: Helvetier, keltischer Stamm, zwischen Jura und Rhône siedelnd; sie haben durch Auszug aus ihrem Gebiet den Gallischen Krieg entfacht.

Leuci: Leuker, keltischer Stamm im heutigen Lothringen.

Lingones: Lingonen, gallischer Stamm an den Quellen von Marne und Maas.

Suebi: Sueben, germanischer Stamm, mit weit ausgedehntem Siedlungsgebiet.

Harudes: Haruder, germanischer Stamm im heutigen Baden-Württemberg, Gefolgsleute des Ariovist.

Cimbri et Teutoni: Kimbern und Teutonen, germanische Stämme, die am Ende des 2. Jh. v. Chr. bis nach Italien vorgedrungen sind; seitdem herrscht dort „Germanenangst" vor dem *furor Teutonicus*.

Personen

Ariovist: aus dem Stamm der Sueben, „Germanenkönig", machtgieriger, selbstbewusster, auf die Kampfstärke seiner Germanen stolzer Volksführer, nahezu ebenbürtiger Gegner Caesars.

Diviciacus: führender Haeduer, mit Caesar in einem „Freundschaftsverhältnis", Vertreter der gallischen Interessen gegen die Germanen vor dem Senat in Rom.

Orte

Vesontio: größte Stadt (*oppidum*) im Gebiet der Sequaner, heute Besançon.

Magetobriga: kleinere Stadt im Zentrum Galliens, genauere Lage nicht bekannt, hier fand ca. 61 v. Chr. eine Schlacht zwischen Germanen und Haeduern statt.

a) Angst vor den Germanen – Hilferuf an Caesar[1]

Kap. 30-31 sind teils paraphrasiert, teils als statarische Lektüre angegeben. Ihr Inhalt ist für Caesars Gallien-Politik aussagekräftig.

Wie von Caesar im Proöm angekündigt, ist der Helvetierkrieg gewissermaßen der Einstieg in die Eroberung Galliens. Diese präsentiert sich zunächst als Auseinandersetzung mit den Germanen und deren Anführer Ariovist – wobei eben wieder der vorplanende Wille des Autors fassbar wird. Die Germanen-Konfrontation ist Teil und Stoßrichtung seines strategischen Konzepts, auf der Ebene der militärischen Aktion ebenso wie auf der der Berichterstattung. Die alles entscheidende Frage lautet ja, warum Caesar nach Abwehr der Helvetiergefahr in Gallien geblieben und nicht in die römische Provinz zurückgekehrt ist. Die Begründung, die er in den Vordergrund schiebt, spielt sich allmählich als Mechanismus ein.

Das Hilfegesuch der Gallier unter Diviciacus gegen die in Gallien wildernden Germanen bringt Caesar wieder in die gleiche Zwangslage wie der Helvetierauszug. Durch das Eingreifen der Germanen würde, so die Argumentation, der Einfluss der Romfreunde aufgrund erlittener Niederlagen so gemindert, dass sie den Sequanern, die die Germanen ins Land gerufen hätten, Geiseln stellen müssten und sich nicht dagegen wehren könnten, ihnen für immer untertan zu sein. Und Ariovist erscheint als Ausgeburt der seit je Rom beunruhigenden Germanengefahr. Der Furor Teutonicus wird hier wieder aktualisiert.[2] Das hat auf den römischen Leser im Sinne Caesars umso mehr Wirkung, als Diviciacus seine Klage als Galliervertreter in Rom direkt vor dem Senat vorträgt, mit dem Ziel Hilfe einzufordern (*auxilium postulatum* 31,18).

Der Senat (und der römische Leser) kann gar nicht anders, als für seinen Imperator im Norden Partei zu ergreifen. Die rationale Argumentation wird durch emotionale Elemente noch suggestiver gestaltet: Die Germanen würden in Gallien so schrecklich ihre Herrschaft ausüben, und zwar bereits über ein Drittel des Landes, dass die Sequaner selber, deren Verbündete, davon am schlimmsten betroffen sind. Selbst gegen „Freunde" würden sie sich so unfreundlich verhalten.

Dem Ariovist als tyrannischen, unberechenbaren und jähzornigen Barbaren, dieser „menschlichen Bestie",[3] sei nur einer gewachsen: Caesar.

---

1) Vgl. dazu VERFASSER: Caesar und Ariovist oder Politik – eine Absolutum? In: Lateinunterricht, Bamberg 1979, Bd. 3, 48 ff. Allgemein dazu auch SCHÜMANN, B. F.: Caesar und die Gallier. Begleitbuch zur Lektüre des Bellum Gallicum, Stuttgart 1998, 14 f.; allerdings werden hier nur die faktischen Bedingungen und Ergebnisse, nicht aber die Hintergründe dazu angegeben.

2) Vgl. dazu VRETSKA, H.: Beobachtungen zu Caesars Bellum Gallicum I. In: Festschrift für Karl Vretska zum 70. Geburtstag, Heidelberg 1970, 296: „Von Ariovist droht also die gleiche Gefahr wie einst von den Kimbern und Teutonen." Caesar wolle sich, „wie einst Marius, als Retter vor einer drohenden Katastrophe betrachtet wissen." Allgemein dazu GELZER, M.: Caesar, Der Politiker und Staatsmann, Wiesbaden ⁶1960, 97 ff.

3) So DEMETRIOS KONTROUBAS: Die Darstellung der Gegner in Caesars Bellum Gallicum, Diss., Heidelberg 1972, 22.

Er allein könne aufgrund seines eigenen und seines Heeres Ansehen, aufgrund seines noch frischen Sieges und des Namens des römischen Volkes ein Überschreiten des Rheins durch weitere germanische Truppenmassen verhindern und ganz Gallien vor dem Unrecht des Ariovist verteidigen.

In der Kombination der Begriffe: *omnem Galliam – ab Ariovisti iniuria defendere* ist die ganze Ideologie der weiteren Gallieneroberung erfasst; der Krieg ist programmiert. Es geht wieder um Verteidigung (*defendere*), wieder gegen Unrecht (*iniuria*), vor dem diesmal ganz Gallien, alle Gallier geschützt werden sollten. Der Feldzug gegen Ariovist ist ein „gerechter Krieg" (*bellum iustum*), zugunsten von all dem Land, das nach Angabe des Prooems als „Gallien" bezeichnet wird (dort: *Gallia omnis* – hier: *Galliam omnem*). Mit dem Kampf gegen Ariovist hat die pangallische Offensive zur Verteidigung des Landes und zur Sicherung der römischen Interessen begonnen; sie ist von Caesar, um sein Verhalten in Gallien zu rechtfertigen, als Defensiv-Taktik maskiert.[4]

Im Schema:

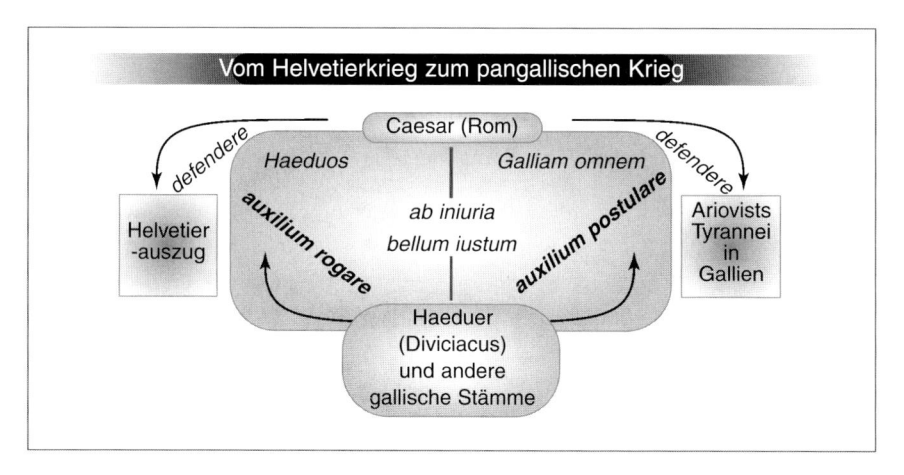

Vom Helvetierkrieg zum pangallischen Krieg

Caesar (Rom)
Haeduos — Galliam omnem
defendere — *defendere*
Helvetier-auszug — Ariovists Tyrannei in Gallien
auxilium rogare — *auxilium postulare*
ab iniuria
bellum iustum
Haeduer (Diviciacus) und andere gallische Stämme

---

4) Die begriffliche Parallelisierung in der Begründung des Helvetierkriegs und der Ariovist-Auseinandersetzung muss unbedingt herausgestellt werden (sie ist übrigens in der wissenschaftlichen Forschung so markant noch nirgends sichtbar gemacht worden): Nur dann wird die Erzählstrategie hinreichend den Schülern bewusst. Die gleiche Schicksalslage der Helvetier und ganz Galliens hat bereits FRIEDRICH KLINGNER (Römische Geisteswelt, Hamburg/ München 1961, 98) sichtbar gemacht: „Wenn keine Hilfe von Caesar und Rom komme, dann müssten alle Gallier das Gleiche tun, was die Helvetier getan haben, auswandern, eine andere Heimat weit weg von den Germanen suchen..." Wichtig auch MEIER, CHR.: Caesar, Berlin 1982, 297: „Die Lokalaffäre einiger gallischer Stämme und eines Germanenfürsten wird damit in den Zusammenhang einer großen Gefährdung Roms gerückt." Zur analogen Argumentationsstrategie Caesars vgl. auch WILL, W.: Julius Caesar. Eine Bilanz, Stuttgart/ Berlin/Köln 1992, 77 f. und 87: „Caesar musste seine Angriffshandlungen, beispielsweise gegen die Helvetier und Ariovist, als Defensivmaßnahmen deklarieren."

Antworten auf die Fragen (Kap. 30/31):

1. Die Germanen sind auf Ersuchen der Arverner und Sequaner nach Gallien gekommen, weil sich diese dadurch Vorteile gegenüber den in Gallien führenden Haeduern verschaffen wollen. Die Germanen führen sich aber so Schrecken erregend auf, dass selbst die Völker, die sie zu Hilfe gerufen haben, in schlimmste Nöte kommen. Vor allem ihr Anführer Ariovist zeigt sich als tyrannisch und barbarisch.
2. Die Haeduer (aber nicht nur sie) wenden sich Hilfe suchend an Caesar, da sie um ihre Führungsrolle fürchten, die ihnen die „Freundschaft" mit Rom gebracht hat.
3. Das besonders schlimme Schicksal der Sequaner soll die Leser emotional gegen Ariovist einnehmen; selbst seine engsten Verbündeten leiden unter ihm. Was muss das für ein unerträglicher Barbar sein! Das absichtlich verwendete Wort ist *auxilium*. Im *amicitia*-Verhältnis verpflichtet die *fides* zur Unterstützung der *socii*.

b) Botschaften zwischen Caesar und Ariovist

Die Kap. 32-35 sind kurz paraphrasiert; 36 wird in synoptischer Fassung angegeben; ihre Behandlung ist wichtig, da hier die grundsätzliche Konzeption dieser Auseinandersetzung angesprochen wird.

Caesar sucht die Konfrontation mit Ariovist, den er „notgedrungen", wiewohl er erst kurz vorher zum *amicus populi Romani* erklärt worden ist, bekämpfen muss aus Gründen der Sicherheit des *Imperium Romanum* und des Schutzes römischer Bundesgenossen – wobei ihm auch hier wieder „die Beschwörung des Kimbern- und Teutonensturms"[5] als entscheidende Rechtfertigungshilfe dienen soll.
Zunächst vollzieht sich diese Auseinandersetzung auf diplomatischer Ebene, ehe am Ende kurz von Kampf und Sieg berichtet wird. Die Diplomatie steht im Vordergrund; sie wird in einer langen Kapitelfolge entwickelt, wie der Vollzug eines Schachspiels, bei dem sich nahezu zwei gleich starke Partner belauernd gegenüber stehen und sich gegenseitig Zug um Zug schachmatt setzen wollen.[6]
Aus dieser Schachspiel-Konfrontation sind nur einige wenige Kapitel zur Lektüre ausgewählt; trotzdem lässt sich der angedeutete Befund Schülern zur Kenntnis geben; an ihm wird eine der Haupteigenheiten des caesarischen Kriegsberichts manifestiert, die psychagogische Taktik, den Gegner aufgrund seines eigenen Verhaltens in den Augen der Leser argumentativ zu „erledigen". Man hält deshalb diese Partie im Bellum Gallicum für „ein Musterstück der Propaganda" (MAX KRÜGER)[7] und HANS OPPERMANN zählt sie zu „den Meisterstücken diplomatischen Spiels".[8]

---

5) So HAFFTER: Der Politiker und Feldherr Caesar, Heidelberg 1971, 31.
6) FRIEDRICH KLINGER, a.O., 103, spricht von „einem großen kriegerisch-staatsmännischen Schachspiel".
7) Caesars Bellum Gallicum, ein Meisterstück der Propaganda. In: Beiträge zur Altertumskunde 1949, 95.
8) Caesar im Unterricht. In: Die Höhere Schule 3, 1950, Bd.5, Sp.1.

Das Hin und Her der Argumente, von Aktion und Gegenaktion, lässt sich auch schon in den Paraphrasen oder synoptischen Textstellen nachvollziehen.

Ein gravierender Zug ist die Mitteilung Caesars, er werde das Unrecht an den Haeduern vonseiten der Germanen nicht unbestraft lassen, da er nach dem Senatsbeschluss vom Jahre 61 als Statthalter der Provinz legitimiert sei, Roms Bundesgenossen zu schützen, wenn dies im Interesse Roms liege. Der Gegenzug Ariovists steht in Kap. 36, synoptisch paraphrasiert. Hier zeigt sich der Germanenkönig als selbstherrlicher Machtmensch.

Er pocht auf das Kriegsrecht (*ius belli*), das sich als Recht des Stärkeren darstellt, insofern die Sieger über die Besiegten herrschen könnten, wie sie wollten. Anders würden auch die Römer nicht verfahren. Er verbietet sich Vorschriften vonseiten Caesars. Mit den Haeduern habe er eben nach Kriegsrecht Geiselstellung und Tributzahlung vertraglich vereinbart. Die Römer sollen ihm diesen Lohn des Krieges nicht nehmen. Täten sie es, käme es zwischen ihm und Caesar zum Krieg.

Wichtig an diesem Widerspruch des Germanen ist die Spiegelung römischen Eroberungsverhaltens im Konzept der Germanen; im Grunde unterscheidet sich das römische Eroberungsrecht nur in der vertraglich festgelegten Befriedung (*pax*), die den Schutz der Unterworfenen gewährleistet.[9] Weil die römische Rechtfertigungsbasis hier offensichtlich auch in Caesars Augen sehr dünn ist, hat er vorher mit solcher Eindringlichkeit das Schicksal der „Freunde" der Germanen, der Sequaner, unter Ariovist vor Augen führen lassen. Deshalb auch die wiederholte Betonung seiner Defensiv-Strategie, die hier umso berechtigter erscheint, als der Germanenkönig mit Krieg droht und auf die Unbesiegbarkeit seiner Leute verweist. Ariovist zeigt sich aggressiv; er geht in die Offensive. Ariovist setzt sich selbst ins Unrecht.

Caesars *ratio* zielt gerade hier darauf ab, sein politisch-strategisches Handeln zweckmäßig erscheinen zu lassen, also das Vorgehen gegen Ariovist politisch zu rechtfertigen. Diese Tendenz wird gerade in dem hier von Ariovist gesetzten Schachzug evident. CHRISTIAN MEIER nennt sie die „propagandistische Absicht".[10] Außerdem: Ariovists stolzer Verweis auf die Gefährlichkeit seiner waffengerüsteten Germanen bereitet den Höhepunkt der folgenden sich mehr im psychischen Raum abspielenden Ereignisse vor.

Antworten auf die Fragen (Kap. 32-35):

1. Ariovist pocht auf das „Kriegsrecht" (*ius belli*), das sich als Recht des Siegers, also des Stärkeren herausstellt, demzufolge er den Besiegten seine Bedingungen diktieren kann.

---

9) MUNDING (Politische Bildung und Caesarlektüre. In: AU 15.5, 1972, 26-43, hier: 34 f.) sieht das „hauptsächliche Mittel, wodurch Caesar den für die „Kriegsschuldfrage" entscheidenden Effekt erreicht, in der Gegenüberstellung der Argumentation mit „Kriegsrecht" auf der einen (Ariovist), „Recht", bzw. „Schutz der Bundesgenossen" auf der anderen Seite (Caesar)". MUNDING weist auch darauf hin, dass kritisch herauszuarbeiten sei, dass hier „Machtsprache nicht nur auf der germanischen, sondern auch auf der römischen Seite gesprochen wird." Die Rechtspositionen von Ariovist und Caesar seien nur graduell unterschieden.

10) Caesar, a.O., 310.

2. Der Germanenkönig soll als machtbewusster, autoritärer, kompromissloser Potentat hingestellt werden, der sich einzig am Prinzip der militärischen Überlegenheit orientiert, also auch das Recht missachtet.
3. Lateinische Begriffe, die zur Charakterisierung beitragen, sind:
quemadmodum vellent, imperarent – Haeduis longe fraternum nomen populi Romani adfuturum – neminem secum sine sua pernicie contendisse – cum vellet, congrederetur, invicti Germani, exercitatissimi in armis

c) Zug nach Vesontio

Die Kap. 37-38 sind teils paraphrasiert, teils zur statarischen Lektüre angeboten; an dem kurzen Text Kap. 38 lässt sich sehr viel über das Verhältnis von Sprache und Politik studieren.

Während des Austauschs diplomatischer Botschaften erfährt Caesar von zwei gefährlichen Ereignissen:
1. Die Haruder, ein Ariovist höriger germanischer Volksstamm, verwüsten das Gebiet der Haeduer.
2. 100 *pagi* der Sueben bereiten den Rheinübergang vor.

Daraus ergibt sich der zwingende Entschluss, gegen Ariovist vorzugehen, ehe es zur Vereinigung der beiden germanischen Heere kommt. Da Ariovist auf die Stadt Vesontio zumarschiert, um sie zu erobern, zieht Caesar gleichfalls dorthin.[11] Die größte Stadt der Sequaner sollte nicht in die Hände der Germanen fallen. Sie hat für die Römer eine strategisch wichtige Funktion. Deshalb gibt er davon eine knappe Beschreibung, die für Caesars Berichtstil im Sinne der Rationalisierung der Sprache (s.o. S. 21ff.) sehr aufschlussreich ist.[12]

Es zeigt sich: Der stofflichen Kargheit in Caesars Bericht entspricht die der Sprache. Alles nur schmückende Beiwerk ist weggelassen. „Denn von all den Dingen, die für den Krieg nützlich waren, lagerte in dieser Stadt eine ungemein große Fülle; außerdem war sie durch die natürliche Lage so befestigt, dass sie zur Führung eines längeren Krieges eine gute Gelegenheit geben konnte, und zwar deshalb, weil der Fluss Doubs wie vom Zirkel gezogen beinahe die ganze Stadt umgibt. Den restlichen Raum, der nicht breiter als 1600 Fuß war, dort wo der Fluss aussetzt, versperrt ein Berg von großer Höhe, und zwar so, dass der Fuß des Berges auf beiden Seiten unmittelbar bis an das Ufer des Flusses heranreicht. Eine Ringmauer macht diesen Berg zur Burg und verbindet ihn zugleich mit der Stadt."

---

11) Vgl. dazu SCHEDA, G.: Caesars Marsch nach Vesontio (B.G. I 38). In: AU I (1971), 70-74.
12) WALDEMAR GÖRLER (Caesar als Erzähler. In: AU 23,3, 1980, 18-31, bes. 21) schreibt zwar zu Recht, dass „Ortsschilderungen ... außerhalb des Zeitflusses stehen", das bedeutet aber nicht, dass sie nicht den Geschehenshintergrund für die im Zeitfluss ablaufenden Ereignisse mit gestalten. Gerade an der Beschreibung von Vesontio wird dies deutlich.

Diese Beschreibung ist auf ganz wenige Fakten beschränkt, sie ist nicht anschaulich, insofern wir uns keine Vorstellung vom landschaftlichen Panorama (Fluss, Stadt, Berg), vom Klima und den Menschen machen können. Kein Epitheton ornans, kein affektives Eigenschaftswort vermittelt etwas vom Reiz eines schönen Ortes. Eine nach den Textvorgaben gestaltete Schülerzeichnung vermag diesen nüchternen, kargen Eindruck zu bestärken. „Caesar verzichtet ... auf Anschaulichkeit und Plastik."[13]

Schülerzeichnung:[14]

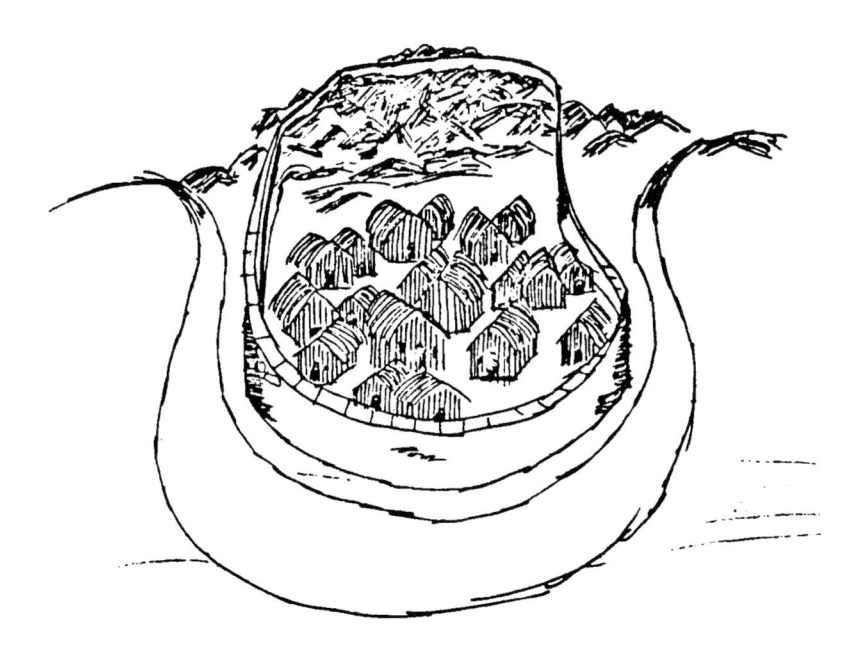

Angesichts der geographischen Bezugspunkte Stadt, Fluss, Berg – was hat Caesar dargestellt? Was hätte er auch in der Antike schon darstellen können? Folgende Auflistung haben Schüler geschaffen:[15]

---

13) So FRAENKEL, H.: Neue Jahrbücher, 1933, 37. Ähnlich KLINGNER, a.O., 95.
14) Man sollte die Schüler unbedingt dazu anregen, die Caesar-Beschreibung ins Bild umzusetzen; hier erst wird ihnen quasi durch Erfahrung die Kargheit der Sprache bewusst.
15) Diese Zusammenstellung wurde mit Schülern einer 10. Klasse geschaffen. Es empfiehlt sich, sie auf einer Overheadfolie anzubringen. Aus Zeitgründen ist es nötig, was Caesar dargestellt hat, schon zu Hause notieren zu lassen; im Unterricht braucht dann nur noch von den Schülern ergänzt zu werden, was Caesar nicht darstellte.

Vesontio: oppidum maximum Sequanorum		
Stadt	**Fluss**	**Berg**
omnium rerum, quae ad bellum usui erant, summa facultas; natura loci sic muniebatur, ut magnam ad ducendum bellum daret facultatem	*ut circino circumductum paene totum oppidum cingit*	*reliquuum spatium, ... qua flumen intermittit, mons continet magna altitudine, ... radices eius montis ex utraque parte ripa fluminis contingant; murus circumdatus arcem efficit et cum oppido coniungit*
Fülle an Kriegsmaterial; natürliche Befestigung; große Möglichkeit zur erfolgreichen Kriegsführung	fast völlige Umschließung der Stadt wie von einem Zirkel gezogen	Berg mit Mauer von bedeutender Höhe, Befestigungsring
(Gebäude, Wasserleitung, Straßen, Tore, Menschen, Zahl der Einwohner, Theateranlage)	(Einbettung in die Landschaft, Pflanzen, Fischbestand, Pegelstand, Brücke, Schiffbarkeit, Uferbeschaffenheit, Tierwelt, Klima)	(Baumbestand, Aussicht, Höhe, Gesteinsformationen, Begehbarkeit, Gipfelansicht)

Die Zusammenstellung dieser Sachfelder zeigt, wie defizitär Caesars Sprache und Aussage gegenüber einer möglichen Wirklichkeit sind. Dieses Defizit wird gerade zu ad oculos gebracht, wenn man dagegen die Beschreibung von Besançon, des einstigen Vesontio, hält (im Textband abgedruckt), also einen Textvergleich versucht:[16]
„Man wird überrascht und entzückt sein von dem ersten Blick auf Besançon. Der Fluss Doubs macht hier einen großen Bogen, etwa in der Form einer Birne, rings um die alte Stadt herum, während das enge Ende der Schlinge von einem riesigen Felsblock ausgefüllt wird. Die alte Zitadelle thront in einer Höhe von 120 m. Von dem Gipfel dieses Felsens sieht man auf die Stadt und den Fluss hinab, wie vor Jahrhunderten die Wächter dies taten, während sie die Höhe unaufhörlich aufmerksam abschritten.
Die alte römische Heerstraße führt mitten durch die Stadt, von der Kathedrale Saint-Jean am Fuß des Felsens, bis zum Pont Battant, am anderen Ende. Fast alles Sehenswerte in Besançon liegt an oder in der Nähe dieser Straße ...
Doch Besançon ist nicht nur eine Kollektion von Antiquitäten. Es ist eine geschäftige Stadt, reich auch an landschaftlichen Schönheiten. Wasserfälle, Keller mit phantastischen Grotten, Seen und bewaldete Hügel befinden sich in der näheren Umgebung, und mehrere erstklassige Straßen machen solche kleinen Ausflüge zum Vergnügen."

---

16) Entnommen aus: Fodors moderne Reiseführer: Frankreich. Illustrierte Ausgabe mit Karte und Stadtplänen. Hrg. von EUGEN FODOR, aus dem Englischen übertragen von WALTER EBERHARD. Köln, 1954, 220 f.

Es liegen hier zwar zwei verschiedene literarische Genera vor: ein militärischer Bericht – eine Ortsbeschreibung im Reiseführer, doch wird auf Caesars Eigenart der Darstellung eindrucksvoll aufmerksam gemacht. Der Eindruck kann noch bestärkt werden durch die Luftaufnahme vom heutigen Besançon, die zwar die gleichen Lineamente der Anlage, aber auch die Fülle der lebendigen Landschaft erahnen lässt.

Text und Bild (etwa gegen die Schülerzeichnung gehalten) machen auf das Wesentliche in Caesars Art zu schreiben aufmerksam. Der Autor vermeidet alles, was nicht von militärisch-strategischem Belang ist, letztlich politische Bedeutung hat. Das Gesamtspektrum möglicher Feststellungen, die der moderne Text enthält und die sich im Bild andeuten, ist reduziert auf das nur Faktische, was einen Aussagewert für die Konfrontation der beiden Gegner hat. Die Darstellung des Römers ist dürr und kahl. Ciceros Urteil über die Schriften seines literarischen Kontrahenten wird den Schülern zur Anschauung: *Nudi ... sunt, recti et venusti, omni ornatu orationis tamquam veste detracta*.[17] Caesars Stilhaltung verrät Absicht, ist gesucht, sie ist Kunst, die in der „Kunstlosigkeit" besteht.[18] Der radikale Verzicht auf allen rhetorischen Ornat – Fraenkel spricht von „hohen Opfern"[19] – bringt den Gewinn einer klaren Durchschaubarkeit des Sachverhalts. Die Beschreibung der geographischen Lage dieses Orts hat also eine rein funktionale Bedeutung, da sie ja nur eine Stelle im Geschehensablauf ist, der in seinen Zügen und Gegenzügen dem Leser, vor allem den politisch Verantwortlichen in Rom, eindringlich bewusst gemacht werden soll. Die Sprache ist einer politischen *ratio* dienstbar gemacht. „So wie die Dinge, von denen Caesar spricht, nach einem strengen, einfachen System politischen Denkens genormt sind, so ist auch seine Sprache aufs Äußerste rationalisiert." Dies stellt HERMANN FRAENKEL fest.[20] Caesar ist ein Paradigma dafür, wie Sprache, auf eine bestimmte Zielsetzung hin beschränkt, sich funktionalisieren lässt, letztlich auch dafür, dass Politik – von Anfang an, seit den Griechen – auf die Sprache und deren Möglichkeiten angewiesen ist.[21]

---

17) BRUT. 75, 262. Vgl. dazu V. ALBRECHT, M.: Meister römischer Prosa, Heidelberg 1971, 87.

18) „Wie die Schlichtheit dieser Berichte in Wirklichkeit ihre Vollkommenheit ist, in der Kunstlosigkeit ihre Kunst besteht, so verbinden sich in ihnen ... Einfalt und Raffinesse der Diktion." So MEIER: Caesar 310 f. EGON RÖMISCH (Caesars commentarii de bello Gallico, Heidelberg 1971, 56 f.) spricht bei solcher „Begrenzung der Aussage" von „Ausklammerung" und „Simplifikation"; man muss allerdings wissen, dass dahinter ein bewusster Stilwille steckt, eine darstellungsbedingte Erzählhaltung.

19) Über philologische Interpretation. In: Wege und Formen frühgriechischen Denkens, München 1950, 307.

20) a.O., 308.

21) MICHAEL V. ALBRECHT (a.O., 89) spricht geradezu von einer „mathematischen Klarheit und funktionalen Präzision", die in Caesars Sprache und Stil erkennbar seien.

Antworten auf die Fragen (Kap. 37/38):

1. Caesar ist auf alle Fakten und Erscheinungen nicht eingegangen, die nicht von militärischer Bedeutung sind: also nicht auf die Schönheit der Lage, auf das Zusammenwirken von Stadt, Land, Fluss, auf Menschen, Sitten, Lebensformen, Gebäude usw.
2. Er geht nur auf das ein, was ihm in Bezug auf die Kriegsführung bedeutsam erscheint (Befestigungsqualität, Kriegsmaterialien).
3. Der Sprachstil ist also sehr karg, nackt, kahl, nüchtern, restringiert, rationalisiert, jedoch klar, und das Wesentliche herausstellend. Die Sprache ist gebändigt, dem Ziel der Rechtfertigung auch bei einer Stadtbeschreibung untergeordnet. Das macht besonders der Vergleich mit der Beschreibung der Stadt Besançon in einem modernen Reiseführer deutlich.

Im Luftbild von Besançon heute wird die birnenähnliche Lage der zwischen Flussrundung und Berg liegenden Stadt bestätigt; hier hat sich zwischen Antike und Gegenwart nichts geändert.

d) Panik im Heer

Kap. 39 ist in synoptischer Lektüre präsentiert; es sollen vor allem die lateinischen Negativ-Begriffe bezüglich des Verhaltens der einzelnen Gruppen im Heer festgehalten werden.

Im Zusammenhang mit der Besetzung von Vesontio fügt Caesar ein Berichtelement ein, das auf den ersten Blick ungewöhnlich, ja kaum verständlich erscheint, in seiner Rechtfertigungsstrategie einen ausgesprochenen Höhepunkt darstellt: Caesar berichtet von einer Panik im Heer, die bis zur Meuterei eskaliert.
Im Zentrum steht die Germanenangst und die von Erscheinungsbild und Kriegsruhm der Germanen ausgehende Wirkung.[22] Das Geschehnis liegt kurz vor der Schlacht bei Vesontio.
Was war geschehen? Aufgrund eigener Erkundigungen und von Berichten von Galliern und Kaufleuten hatten die römischen Soldaten eine Vorstellung von ihren

---

22) Vgl dazu TRZASKA-RICHTER, CHR.: Furor Teutonicus. Das römische Germanenbild in Politik und Propaganda von den Anfängen bis zum 2. Jahrhundert n. Chr. Bochumer Altertumswissenschaftliches Colloquium, Bd. 8, Trier 1991. Allerdings bewertet TRZASKA-RICHTER dieses Phänomen unter allgemein historisch-politischem Gesichtspunkt; welche Rolle der *furor Teutonicus* eben in der politischen und erzähltechnischen Strategie Caesars spielt, wird kaum angemessen erfasst; darauf kommt es hier aber ausschließlich an. Vgl. DIESELBE: Das römische Germanenbild und wie man es benutzte. In: AU 6 (1993), 37-51, bes. 43-47. S. auch VERFASSER: Caesar im Visier, AUXILIA 37 (1995), 10ff. Wichtig dazu und zur folgenden „Feldherrnrede" auch GLÜCKLICH, H.-J.: Rhetorik und Führungsqualität – Feldherrnreden Caesars und Curios. In: AU 18,3 (1975), 33-64.

Gegnern bekommen: Die Germanen seien von gewaltiger Körpergröße, besäßen eine unglaubliche Tapferkeit und Übung in den Waffen; die Berichterstatter meinten sogar bei ihrem häufigen Zusammenkommen mit diesen hätten sie weder deren Gesicht noch den stechenden Blick der Augen ertragen können.

Dieses Wissen um die Feinde hatte kurz vor dem Kampf eine solche Furcht im ganzen Heer aufkommen lassen, dass sie in ihrem Denken und Fühlen völlig außer Fassung gerieten. Auf das, was Caesar beschreibt, passt der Begriff Panik. Sie fing an bei den Militärtribunen, den Präfekten und denen, die aus Rom der Freundschaft wegen Caesar an die Front gefolgt waren und keine große Kriegserfahrung hatten. All diese versuchten, mit jeweils anderem Vorwand, von dem sie meinten, er sei für eine Rückreise zwingend, die Beurlaubung vom Heer zu bekommen. Viele blieben nur aus Scham, um den Verdacht der Furcht zu meiden; diese konnten aber ihr Gesicht nicht verstellen und die Tränen nicht zurückhalten. Versteckt in ihren Zelten beklagten sie entweder ihr Schicksal oder bejammerten mit ihren Freunden die germanische Gefahr. Allgemein machte man im ganzen Heer schon das Testament. Von deren Gejammer und Furcht ließen sich allmählich auch die kriegserfahrenen Soldaten, die Centurionen und Reiterführer, anstecken, auch sie gerieten in Aufregung und Verwirrung. Von ihnen erklärten die, die als weniger furchtsam gelten wollten, sie hätten zwar vor dem Feind keine Angst, scheuten aber Engpässe, die großen zwischen ihnen und Ariovist liegenden Wälder oder die nicht ausreichende Möglichkeit, den Proviant herbeizuschaffen. Einige gaben Caesar auch zu verstehen, dass die Truppe, wenn er den Befehl zum Aufbruch und Angriff gebe, keine Folge leisten und aus Furcht nicht marschieren werde.

Der Leser, der diese Stelle auf sich wirken lässt, wird eindeutig in eine Richtung festgelegt; allein schon durch die vorherrschenden Begriffe. Das durchlaufende Motiv dieser Stimmungsbeschreibung ist das Wortfeld von Furcht und Panik; das sind die dominanten Merkmale des Textes:

Tafelskizze:

Dominante Merkmale des Textes		
tantus ... timor occupavit, ut ... **perturbaret**	(1)	
timoris suspicionem vitarent	(3)	
timore paulatim **perturbabantur**	(5)	
minus *timidos* existimare volebant	(6)	Wortfeld von
non se hostem **vereri**	(6)	**Furcht** und **Panik**
se *timere* dicebant	(6)	
neque propter *timorem* signa laturos	(7)	

Der Schreiber gestaltet ein Szenario von Angst und Verschrecktheit des Heeres. Siebenmal verwendet er dabei einen Ausdruck des Fürchtens (*timor, timidus, timere, vereri*) und zweimal einen Ausdruck von dessen Wirkung (*perturbari*). Die Äußerungen und Reaktionen der von Furcht erfassten Leute intensivieren sich in einer

79

Klimax, angefangen von den einfachen Chargen über das Gros der Soldaten bis hin zu den kriegstüchtigen Militärs. Die zunächst generelle Feststellung, dass das Gesamtheer aus Furcht vor den Germanen in Aufregung und Panik geraten ist, wird über diese drei Stufen hin veranschaulichend begründet:

Tafelskizze:

Stufen der Angstreaktion	
Erste Gruppe:	Vorschützen von Gründen, die eine Beurlaubung gestatten
Zweite Gruppe:	Bleiben nur aus Scham, um den Verdacht der Ängstlichkeit zu vermeiden, aber Weinen, Sich-Verbergen in den Zelten, Beklagen des Schicksals, ja sogar Verfassen von Testamenten
Dritte Gruppe:	Verheimlichen der Angst durch Vorgabe anderer Gründe

Am Ende dann – in einer Art von *conclusio* – die Festellung des Ergebnisses: Gehorsamsverweigerung, Meuterei der Truppe: ... *non fore dicto audientes milites* ... (7). Was Caesar hier so ausführlich und durchaus nicht ohne Plastizität zeichnet, ist das Psychogramm einer von Panik ergriffenen Masse, eben des meuternden Heeres, das sich allein schon vom Hörensagen ein derartiges Horrorbild von den Germanen macht und sich davon völlig demotivieren lässt. Die Frage drängt sich jedem auf, warum der Autor in solch brüskierender Weise die mentale Verfassung seines Heeres in seinem Werk der lesenden Öffentlichkeit preisgibt. Will Caesar hier, also kurz vor der ersten Auseinandersetzung mit den Germanen, etwas für das Ganze des Gallischen Krieges und für die Darstellung desselben Bezeichnendes, womöglich Entscheidendes zum Ausdruck bringen?[23]

Antworten auf die Fragen (Kap. 39):

1. Die römischen Soldaten stellen sich die Germanen als Kämpfer mit gewaltigem Körperbau vor. Ihr Aussehen sei so Furcht erregend, dass man nicht einmal ihr

---

23) Zur Bewertung dieser Stelle vgl. bes. TRZASKA-RICHTER, a.O., 90ff., bes. 105ff.; allerdings geht sie auf die sprachlich dichte Darstellung der Germanenangst hier kaum ein, so dass die von dieser Stelle ausgehende Wirkung auf das Gesamtwerk nicht erfasst wird. Richtig stellt sie fest (107): Caesar konnte „durch die Darstellung der von den Germanen ausgehenden Gefahr sein eigenes Vorgehen rechtfertigen, denn es war seine Aufgabe als Statthalter, derartige Bedrohungen zu beseitigen und nicht die Flucht vor dem Feind zu ergreifen." OTTO SCHÖNBERGER (Darstellungselemente in Caesars Bellum Gallicum 7, 25, 26. In: Gymnasium 95, 1988, 141-153, h. 142) sieht in dieser Panik-Atmosphäre bei den Soldaten ein „Element der tragischen Historie."

Gesicht und ihre scharfen Augen ertragen könne. Allein dieses Wissen zerstört ihre Kampfmoral, sie geraten in Panik.
2. Der plötzliche Panikausbruch erklärt sich aus der Erkenntnis, dass der Kampf mit diesen Germanen unmittelbar bevorsteht: *subito timor occupavit, ut non mediocriter ... perturbaret*.
3. Es lassen sich drei Gruppen unterscheiden:
   a) *tribuni militum praefecti*, die wegen ihr geringen Kampferfahrung (*in re militari usum*) sich entfernen wollen
   b) solche, die aus Scham zwar bleiben, aber ihre Angst und Betroffenheit mehr oder weniger offen zeigen
   c) solche, die ihre Angst hinter vorgeschobenen Gründen verbergen
   Die Heftigkeit der Panik-Reaktion nimmt proportional zur Leistungsstärke der Soldaten ab.
   Allerdings steht am Ende die Feststellung der Meuterei der *milites*, womit wohl die unteren Ränge gemeint sind.
4. Das Verhalten der Soldaten erscheint allein schon durch die von Caesar dafür verwendeten Begriffe und Wendungen als unmännlich, unsoldatisch: *causas ad proficiscendum inferre, timoris suspicio, vultum fingere, lacrimas non tenere, testamenta obsignare, non fore dicto audientes*.
5. Caesar wollte seine rhetorische Leistung und seine imperatorische Führungskraft herausstellen vor dem Hintergrund des Versagens seines Heeres. Zugleich ging es ihm aber auch hier wieder darum, auf die Gefährlichkeit der Germanen (*furor Teutonicus*) aufmerksam zu machen und so seine Eroberungspolitik als im Interesse Roms zu rechtfertigen, da er trotz der kritischen Situation im Heer sich erfolgreich weiterhin als Verteidiger Galliens bewähren kann.

e) Eine „Feldherrnrede" gegen die Meuterei

Kap. 40 ist stark verkürzt als Kernstelle zur Übersetzung aufbereitet. Die Oratio obliqua muss dazu intensiv vorgeübt werden.

Die Aussagen seiner in Oratio obliqua wiedergegebenen Zurückweisung der Bedenken und Ängste des Heeres kreisen um drei Schwerpunkte. Da ist zunächst die prekäre Lage, in der sich die Römer befinden; denn Ariovist sei zwar in Freundschaft mit Rom verbunden, doch könne er es „in Verblendung und Wahnsinn" (*furore atque amentia impulsus*, 4) zum gefährlichen Krieg kommen lassen, dann aber obliege ihm, Caesar, die Planung und die Kriegstaktik (*consilium*, 1), nicht aber den Soldaten. In der Betonung dieses imperatorischen *consilium* tritt uns der zweite Schwerpunkt entgegen. Die Truppe sollte nicht an seiner Umsicht und seiner militärischen Organisationskraft zweifeln, und auch nicht an ihrer eigenen Tapferkeit (*virtus*): Durch beides, das strategische Genie des Generals und die Tapferkeit der Truppe, hätten die Römer unter Marius die germanischen Kimbern und Teutonen (*Cimbris et Teutonis a C. Mario pulsis*, 5) besiegt, sie hätten auch in den Sklavenkriegen die germanischen Kämpfer unter den Aufständischen, die ja schon etwas an römischer Kampfeserfahrung und Zucht besaßen, niedergekämpft und wenn sie die Helvetier besiegt hätten, die ja ihrerseits öfter sich im Kampf gegen die Germanen durchsetzten, dann habe sich römische Tapferkeit letztlich als unschlagbar erwiesen; die römische *virtus* sei eben, infolge der Disziplin und des Durchhaltevermögens, der germanischnen *virtus* überlegen. Bei Befehlsverweigerung des Heeres werde er allein mit seiner Elitelegion, der 10., von deren Tapferkeit (*virtus*) er besonders viel halte, gegen den Feind losziehen. Ganz augenscheinlich ist der dritte Schwerpunkt auf die *virtus* der Soldaten gesetzt. Es kristallisiert sich deutlich ein Bezugsfeld von drei miteinander in Verbindung gebrachten Größen heraus: die schwierige Situation (*difficultas*), die planende Kraft des Generals (*consilium*) und die Tapferkeit der Soldaten (*virtus*).

Die Schwierigkeit der Situation will Caesar ganz gewiss dadurch drastisch herausstellen, dass er sie in der mentalen Verfassung seines Heeres, in dessen Panik spiegelt und dadurch, dass er in Anbetracht von *furor et amentia* des Germanenführers Ariovist den Krieg mit ihm durchaus für möglich hält. Die hier auftretende Schwierigkeit blockiert die weitere Arbeit Caesars, die Erfüllung der dem Prokonsul auferlegten Pflicht zum Schutz der von Rom abhängigen Freunde. Dagegen setzt Caesar sein militärisches Genie, seine planende Taktik, seine „strategische Energie",[24] die sich hier schon in der Kunst der Redeführung manifestiert, weil er nur durch die Beseitigung der Angst einen Umschwung der Stimmung herbeiführen und die Voraussetzung zu einem erfolgreichen Kampf schaffen kann. In der Rede beschwört er deshalb geradezu die Tapferkeit seiner Soldaten, auf die er letztlich angewiesen ist; er lobt sie in den höchsten Tönen, bei den früheren wie auch bei den jetzt im Feld stehenden Römern; er stellt sie sogar über die der Germanen.

Diese Schwerpunkte von *difficultas, consilium, virtus* im angedeuteten Argumentationsmuster oder Darstellungsschema, das, wie wir wissen, auch sonst die Erzählstrategie des Autors entscheidend bestimmt,[25] zeigen sich hier in einer besonderen Weise akzentuiert; das Begriffsdreieck wird in der Konfrontation von meuterndem Heer und tadelndem General eher unterschwellig zur Wirkung gebracht; es wirkt aber auf den Hörer wie Leser mit zwingender Überzeugungskraft. Da wir zudem wissen, dass sich bei Caesar die Dynamik des Handlungsfortschritts, also der fortschreitenden Eroberung, immer jeweils aus neu auftretenden Schwierigkeiten und deren Bewältigung ergibt, erhält hier das Motiv der Germanenangst eine klare politische und erzählstrategische Funktion; sie ist Folge und zugleich Intensivierung der auch von Caesar nicht geleugneten Schwierigkeit des Kriegs gegen die Germanen, die ihn zu weiterem Handeln zwingt.

---

24) So STORCH, H.: Caesar als Stratege, Politiker, Erzähler – Interpretierende Lektüre von Bellum Gallicum IV 1-15. In: Mitteilungen für Lehrerinnen und Lehrer der Alten Sprachen. Landesverband Baden-Württemberg, 20. Jg. 1/1992, 4-16.

25) Vgl. dazu VERFASSER: Herrschaft durch Sprache. Erzähltechnik und politische Rechtfertigung bei Caesar. Beispiel BG IV 21-31. In: AUXILIA 18, Bamberg 1988, 39-52, bes. 40ff. Ebenso: Römer und Britannen oder: Caesar, ein Meister der Erzähltechnik. In: Lateinunterricht, Bd. 3, 38-48. In diesem Band S. 4, 102-129.

Im Schema:

> **Schwerpunkte in Caesars „Gegen"-Rede:**
> 1. Prekäre Lage der Römer wegen der Unberechenbarkeit des Ariovist (*difficultas*)
> 2. Betonung der dem General obliegenden Kriegsplanung (*consilium*)
> 3. Würdigung der Tapferkeit römischer Soldaten (*virtus*)

Dem liegt folgendes Erzählmuster zugrunde:

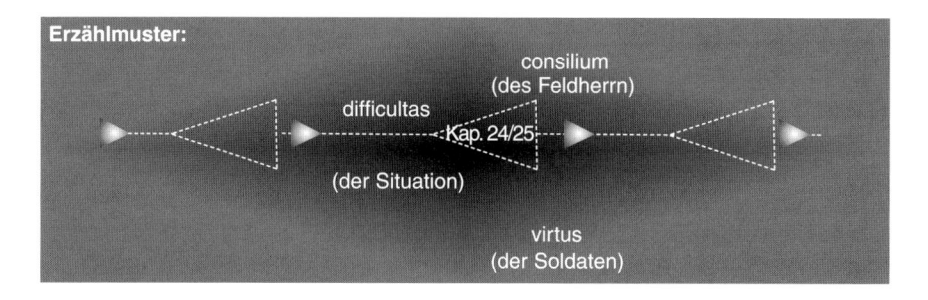

Erzählmuster:

consilium (des Feldherrn)
difficultas — Kap. 24/25
(der Situation)
virtus (der Soldaten)

Hauptgrund für die Angst vor den Germanen ist, wie wir bereits andeuteten, in den Augen Caesars „der rasende Wahnsinn", oder „die wahnsinnige Raserei" (*furor et amentia*) des Königs Ariovist, also eines Exponenten germanischen Wesens; davon geht eine ähnliche Bedrohung aus, wie sie einst die Vorfahren beim Einfall der Kimbern und Teutonen erfahren haben.[26] Ganz bewusst stellt der politisch denkende

---

26) Um sich die Wirkung eines solch bedrohlichen Wesens auf die römischen Leser bewusst zu machen, muss man sich die Etymologie des Begriffes vergegenwärtigen: *furor* ist ein durch und durch das Emotionale bezeichnendes Wort. Die Wurzel *fur–* (idg. *dhus) ist mit dem griechischen Wort θυίω „ich rase, bin außer mir" verwandt, meint also ein Wesen, das aller Rationalität, allem von Vernunft geleiteten Maß entgegensteht. θυῖα ist die „Bacchantin". Bezeichnenderweise zerfetzen in den euripideischen „Bacchen" diese Bacchantinnen den σοφὸς Πενθεύς, den klugen Herrscher von Theben, also den Repräsentanten der aufgeklärten, verstandesgeleiteten Menschheit. *furor* ist demnach der Klugheit, der Verstandeskraft, der Beherrschtheit entgegengerichtet; der Begriff ist die Opposition zu *ratio, sapientia, temperantia*. Sein Bedeutungsspektrum umfasst deshalb: Wahnsinn, Raserei, Tollheit, Verrücktheit, Wut, Leidenschaft des Zornigen, des Religiös-Eifernden, des Liebestollen und die ungbändigte Raserei des Krieges, besonders des Bürgerkrieges, den Horaz etwa einen *furor caecus* nennt. *furor* erfasst eine elementare Kraft im Menschen, in den individuellen wie in den sozialen Bezügen; das Phänomen wird an Einzelmenschen ebenso zur Anschauung gebracht wie an ganzen Völkern. *furor* ist für den Römer ein Negativbegriff, wohl einer der stärksten.

und in politischer Absicht darstellende Autor hier die Assoziation zu diesem psychischen Trauma in Roms Geschichte her, um im Leser das Gefühl der Sympathie zu erregen und letztlich die Zustimmung zu seinen Entscheidungen zu gewinnen. Es liegt auf der Hand, dass der Hinweis auf die frühere Gefährdung Roms durch die Kimbern und Teutonen (*Cimbri et Teutoni*) unter MARIUS[27] und die jetzige Kennzeichnung germanischen Verhaltens am gefährlichen König Ariovist (*furor et amentia*) durch Caesar unwillkürlich, eben durch die Nähe der verwendeten Begriffe (sie liegen nur 30 Wörter auseinander), das Bild vom *furor Teutonicus* evozieren sollen.[28]

Im Schema:

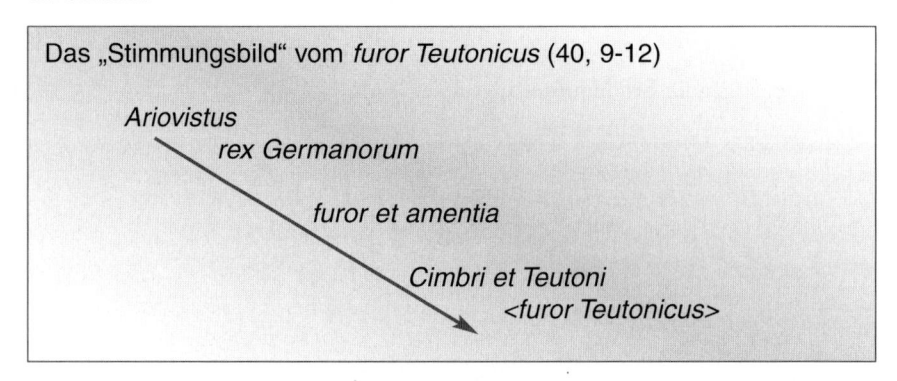

> Das „Stimmungsbild" vom *furor Teutonicus* (40, 9-12)
>
> Ariovistus
>   rex Germanorum
>   furor et amentia
>   Cimbri et Teutoni
>   <furor Teutonicus>

Caesar hat mit seiner Rede vor der Versammlung durchschlagenden Erfolg, die Einstellung hat sich auf wunderbare Weise gewandelt: Nun herrschte höchste Kriegsbegeisterung und gerade Kampfbereitschaft. Auf die hier relevante Situation übertragen, stellt sich das Erzählmuster demnach konkret so dar:

---

27) HELMUT VRETSKA, a.O., 296: „Von Ariovist droht also die gleiche Gefahr wie von den Kimbern und Teutonen. Caesar wollte sich wie einst Marius als Retter vor einer drohenden Katastrophe betrachtet wissen." Ähnlich HAFFTER, a.O., 31: „Die Beschwörung des Kimbern- und Teutonensturmes, jenes schrecklichen Ereignisses, wie man es jetzt ähnlich von den Germanen unter Ariovist erwarten müsse, ..." diene Caesar als Argument in seiner Rede vor den Soldaten.

28) Diese Begriffskonstellation hat TRZASKA-RICHTER, a.O., 10 ff., leider nicht berücksichtigt. Die Erwähnung der Kimbern und Teutonen ist bewusst gesetztes Mittel der Leserlenkung; es soll in der Erinnerung festsitzende Assoziationen wecken. Caesar will erreichen, dass diese von den Germanen ausgehenden Angstimpulse gespürt werden und dadurch Sympathien für seine Lage und Leistung wach werden. „Es ist ... nicht auszuschließen, dass germanische Völker in späterer Zeit zusammen mit der Assoziation an das Furchtbare in das Bewusstsein der Römer treten konnten, das mit den Cimbern und Teutonen gegeben war." So CALLIES, H.: Zur Vorstellung der Römer von den Cimbern und Teutonen seit dem Ausgang der Republik. In: Chiron I (1975), 345.

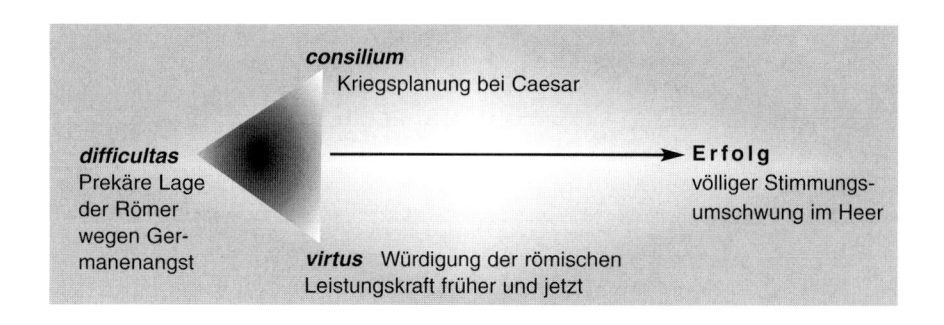

```
        consilium
        Kriegsplanung bei Caesar

difficultas                                    Erfolg
Prekäre Lage                                   völliger Stimmungs-
der Römer                                      umschwung im Heer
wegen Ger-
manenangst     virtus  Würdigung der römischen
                       Leistungskraft früher und jetzt
```

Das Ziel, das Caesar mit der Kapitelfolge 39-41 (Beginn) erreichen will, ist klar: Hätte er von dieser Meuterei im Heer (die eigentlich gegen ihn spricht) nicht geschrieben, hätte er den Eindruck von der extremen Gefährlichkeit dieses Volkes nicht so drastisch vermitteln können; er hätte auch nicht durch seine Gegenrede, die zu den bedeutenden „Feldherrnreden" zählt – MATHIAS GELZER (Caesar, 99) nennt sie „eine energische Rede" –, in die Seelen der lesenden Römer jenes Trauma der Germanenangst, das sich danach allmählich als *Furor Teutonicus* sprachlich verfestigt (erstmals ist die Verbindung bei LUKAN, *De bello civili*, I 255f., belegt; auch bei IUVENAL, 15, 124 taucht sie auf) anrühren können; und er hätte nicht den Beweis für sein meisterhaftes Geschick der Psychagogie im Umgang mit seinen Truppen unmittelbar vorführen können. Letztlich hätte er nicht zeigen können, wie auch schon sein rhetorischer Erfolg die gewaltige Bedrohung der Nordgrenze des Imperiums durch die Germanen beseitigt hat (der militärische Sieg ist nur die natürliche Folge davon). Und last but not least hätte er nicht die Chance gehabt, seinen gallischen Eroberungskrieg als einen am Ende auch für Rom entscheidenden Verteidigungskrieg hinzustellen.[29]

---

29) Die Funktionsanalyse, die FRITZ-HEINER MUTSCHLER (Erzählstil und Propaganda in Caesars Kommentaren, Heidelberg 1975) zu dieser Stelle gibt, lautet: „Die Funktion dieses Stimmungsberichts von Kap. 39 ist ... eine zweifache. Zum einen ist die detaillierte Ausmalung der panischen Furcht Selbstzweck, Selbstzweck insofern, als dem Leser auf diese Weise deutlich gemacht wird, dass eben diese Furcht und nichts anderes es ist, die eine Art Meuterstimmung unter den Soldaten entstehen lässt. Zum anderen lässt die ausführliche Schilderung der Germanenangst das psychologische Geschick, mit dem Caesar es durch seine Rede vor den Soldaten dahin bringt, dass, auf wunderbare Weise die Gesinnung aller verwandelt und höchste Begeisterung und Begierde, Krieg zu führen (allen) eingeflößt ist, in umso hellerem Licht erscheinen." Diese Erklärung greift zu kurz, sie lässt die Einbindung dieser Stelle in die Gesamtfunktion der Germanenangst im BG völlig außer Ansatz. GEORG DORMINGER (Der Gallische Krieg, lateinisch – deutsch, München 1977, 469, Anm. 55) lässt es bei der lapidaren Feststellung bewenden: „Mit dem Cimbern- und Teutonenschrecken der Jahre 113 bis 101 – Caesars Onkel Marius hatte sie geschlagen – operiert Caesar öfter." Die leitmotivische Funktion des Schreckbildes scheint auch hier nicht erkannt zu sein.

Gesamtanalyse der Psychagogie in Kap. 39/40

Caesars Feldherrnrede

EXERCITUS	IMPERATOR
Bekanntwerden der **Panik** wegen **Angst** vor der unglaublichen Kriegstüchtigkeit (*incredibilis virtus*) der **Germanen**	Vorwurf der **Anmaßung** feldherrlicher Enscheidungskompetenz (*consilium*)
Auswirkungen	**Einwirkungen**
1. Bei den weniger Kriegserfahrenen – Heimreise (*discedere*) – Bleiben unter Tränen (*lacrimas*) – Verbergen in den Zelten (*in tabernaculis*) – Beklagen des Schicksals (*fatum queri*) – Bedauern der Gefahr (*periculum miserari*) – Erstellen von Testamenten (*testamenta obsignare*)	1. Mögliches Einlenken **Ariovists** wegen **Freundschaft mit Rom** (*amicitia*) 2. Aus geschichtlicher Erfahrung: Überzeugung von der **Überlegenheit der Römer** (*Cimbri et Teutones, servilis tumultus, bellum Helveticum*)
2. Bei den Kriegserfahrenen Vorschützen falscher Gründe – Enge der Wege (*angustiae itineris*) – Größe der Wälder (*magnitudo silvarum*) – Schwierigkeit des Getreidenachschubs (*frumentum supportare*)	3. Bisherige **Erfolge Ariovists** eher durch kluge Taktik (*ratio et consilium*) als durch Kriegstüchtigkeit (*virtus*) der Germanen 4. Hoffen auf die **10. Legion** und deren absolute Treue (*fides*)
Meldung der Befehlsverweigerung (*non dicto audientes*)	**Appell an das Ehr- und Pflichtgefühl** (*pudor atque officium*)
Emotionale Ebene	*Rationale und emotionale Ebene*

Fragen auf die Antworten (Kap. 40):

1. Ariovist sei ein Freund des römischen Volkes, er werde seine Verpflichtung Rom gegenüber (*officium*) nicht grundlos verletzen, so dass es noch zu einer diplomatischen Lösung des Konflikts kommen könne. Der Germanenkönig werde sich seine und des römischen Volkes Gunst nicht verscherzen. Caesar will zeigen, dass es letztlich allein bei Ariovist liegt, ob es zu einer kampflosen Regelung kommt oder nicht.
2. Die Entscheidung für den Kampf wäre nur durch *furor et amentia* des Ariovist zu erklären, und damit würde er sich wie die germanischen Vorfahren der Kimbern und Teutonen verhalten. Damit trete an ihm der *furor Teutonicus* zutage; er will dagegen seine eigene „strategische Energie" (*consilium*) und die Tapferkeit (*virtus*) seiner Soldaten setzen.

3. Marius wird genannt, weil sich Caesar in der Tradition dieses erfolgreichen Germanenbekämpfers sehen will. Wie jener die Kimbern- und Teutonen-Gefahr beseitigt hat, wird er die Ariovist-Bedrohung beseitigen. Caesar verspricht sich davon die Anerkennung seiner antigermanischen Eroberungspolitik.
4. Die Rede ist in 6 Abschnitte einteilbar:
   a) Verweis auf seine Verantwortung als Feldherr
   b) Hoffnung auf Ariovists Vernunft
   c) Hinweis auf frühere Erfolge
   d) Entwertung der bisherigen Erfolge Ariovists
   e) Seine eigene planende Strategie
   f) Appell an die soldatische Pflicht und Ehre

5. a) Angst der Soldaten   ----   bisherige Erfolge gegen Germanen
                                    Entwertung der germanischen Leistungen

   b) Vorgestellte Gründe   ----   Bereits vollzogene Vorsorge für Proviant und Auskundschaftung des Weges

   c) Meuterei   ----   Appell an Pflicht und Ehre
                                    Berufung auf die Elite-Legion

   Stärkstes Argument wohl in c)

6. Psychagogie: Entwertung der Gegner, Betonung der eigenen Leistungskraft, Widerlegung sachlicher Gegengründe, Appell an Pflicht und Ehre der Soldaten, Aktivierung des soldatischen Stolzes durch Berufung auf die Elite-Legion: Rationale Argumentation gipfelt in einem emotionalen Anspruch. So werden die Soldaten innerlich von der Angst zur Begeisterung geführt.

e) **Verhandlung zu Pferd – Ariovists Drohung**

Die Kap. 41-44 sind größtenteils in kurzer Paraphrase wiedergegeben; nur Ariovists Drohung am Ende sollte statarisch gelesen werden.

Die plötzliche Verhandlungsbereitschaft des Ariovist bringt die beiden Kontrahenten in unmittelbare Konfrontation; sie sehen sich – zu Pferde – direkt ins Gesicht. Ariovist widerspricht heftigst dem römischen Rechtsanspruch und stellt nochmals sein Anrecht auf Gallien infolge seiner Siege fest. Caesars Anwesenheit in Gallien sei allein gegen ihn gerichtet. Der Römer solle aus Gallien verschwinden; andernfalls werde er auf die römische Freundschaft verzichten und ihn als Feind bekämpfen. Caesar stellt die Verhandlung als einseitigen Machtanspruch des Germanen hin. Seine eigene Bereitschaft zum Kompromiss wird, das möchte er die Leser wissen lassen, vom Gegner kalt abgeschmettert und mit dieser Drohung ad absurdum geführt, er werde durch Caesars Tötung führenden Adeligen in Rom einen Gefallen erweisen und sich durch seinen Tod die Freundschaft aller zurückkaufen.[30]

---

[30] Dieser aus Caesars Erzählperspektive ironische Aspekt zeigt, dass der Autor sich auch gegen innenpolitische Gegner durch sein Ariovist-Unternehmen durchsetzen muss. Vgl. dazu MAIER, U.: Caesars Feldzüge in Gallien (58-51 v.Chr.) in ihrem Zusammenhang mit der stadtrömischen Politik, Bonn 1978, 46.

Ariovists Rede endet mit dem von Ironie, ja Zynismus bestimmten Angebot, er werde, wenn Caesar abziehe, „im freien Gallien" alle Kriege für ihn ohne seine Anstrengung und Gefahr führen. FRIEDRICH KLINGNER sieht darin eine „Unverschämtheit" des Germanenkönigs.[31] Der Machtmensch Caesar hat sich in Ariovist einem ebenbürtigen Widerpart gegenübergestellt, in dem sich allerdings für den kritischen Leser dessen eigene Mentalität spiegelt.

Caesar kann nicht anders, so der beabsichtigte Eindruck, als durch Kampf eine Entscheidung herbeizuführen. Das Gesetz des Handelns ist ihm von einem solchen Ariovist aufgezwungen worden. Ariovist hat sich also am Ende als ein von *furor et amentia* geleiteter Germanenfürst gezeigt, dem die römische Freundschaft nichts wert ist. Hier erscheint der Germane dem Leser in der Tat als „eine menschähnliche Bestie" – ein Bild, das zu zeichnen Ziel der caesarischen Erzählstrategie ist. „Für den Leser muss es ausgemacht sein: das ist ein richtiger Barbar, unberechenbar und unzuverlässig; paktieren kann man mit einem solchen nicht."[32]

Antworten auf die Fragen (Kap. 41-44):

1. Ariovist weiß von der innenpolitischen Opposition gegen Caesar im Senat; diese Kenntnis setzt er ein, um Caesar „klein" zu machen und ihn zum Nachgeben zu zwingen. Caesar selbst will dadurch, dass er diese Kenntnis dem Ariovist in den Mund legt, dem Leser seine eigene schwierige Position zwischen den Fronten andeuten.
2. Der Begriff *libertas* erhält in Ariovists Worten eine eigenartige Färbung, sie kann nur als „Willkür" unter seiner Machtausübung verstanden werden: Auch darin will Caesar eine ironische Note in Ariovists Aussage bringen.

f) Caesars Rechtsanspruch auf Gallien

Kap. 45 erscheint in kurzer Paraphrase und mit einem kurzen Textzitat, das wegen der in ihm benützten Begrifflichkeit für das weitere Verständnis der Auseinandersetzung aussagekräftig ist.

Caesars Reaktion auf Ariovists furiose Anmaßung ist sachlich und kühl. Er betont die Rechtmäßigkeit der Römer in Gallien; ebenso, dass es nach dem Willen des römischen Senats frei bleiben und sich nach seiner Besiegung nach eigenen Gesetzen verwalten solle.

Dass Caesar dem Freiheitsbegriff, den Ariovist in die Diskussion brachte, das römische Pendant entgegensetzt, verdient schon hier Beachtung. Seine Eroberung Galliens ist auf Abhängigkeit und Unterworfensein der Besiegten aus, so dass es ein „freies" Gallien am Ende nicht mehr geben kann.[33] Die Verwendung des *libertas*-Begrif-

---

31) a.O., 102.
32) KLINGNER, a.O., 103.
33) Selbst die haeduische Opposition hat ja den Römern vorgeworfen, sie würden ihnen *una cum reliqua Gallia* die Freiheit entreißen (I 17,5).

fes hat hier entweder nur rhetorischen Wert, damit die Gegner in Rom beruhigt werden, oder „Freiheit" wird in einem stark eingeschränkten Sinne als verwaltungsmäßige unabhängige Existenz unter römischer Herrschaft verstanden (wie auch in I 28,5, wo den Boiern zugestanden wird, sie könnten die gleiche *pacis libertatisque condicio* wie die Haeduer bekommen), also eine Freiheit, soweit sie unter der Bedingung römischer *pax* möglich ist. Auf jeden Fall will sich Caesar hier im Vergleich zu Ariovist als der mildere, gallierfreundlichere, sich mehr an Recht und gesetzliche Ordnung haltende Herrscher in Gallien zu erkennen geben. Auch dies dient der Leserlenkung. Caesar gelingt es, überzeugend vorzuführen, dass das Verhalten der Römer zu den Galliern gänzlich anders ist als das der Germanen zu den Galliern, dass demnach sein Eingreifen gegen die Germanen rechtmäßig war.[34]

Antworten auf die Fragen (Kap. 45):

1. Die Römer waren schon unter Q. Fabius Maximus berechtigt gewesen, Gallien zu unterwerfen und ihrem Imperium einzuverleiben. Der Senat wollte es also „frei" sein lassen (was Caesar aber jetzt de facto beenden will). Möglicherweise versteht Caesar hier *liber* in einem eingeschränkten Sinn als „verwaltungsmäßig unabhängig".
2. Man hätte in Rom von Caesar erwarten dürfen, dass er Gallien die „Freiheit" belässt, er sich also wieder hinter die Grenzen der *Provincia Romana* zurückzieht. Er muss demnach mit aller Deutlichkeit zu erkennen geben, dass er von der Situation gezwungen ist, Gallien zum Schutz der Gallier besetzt zu halten. Dazu ist ihm Ariovist nützlich, dessen Mentalität er sich überscharf in ihren brutalen Zügen ausprägen lässt.

g) Kampf und Sieg

Die Kap. 46-53 sind nur kurz paraphrasiert; die Vorkommnisse, die zur Entscheidungsschlacht führen, werden kurz angegeben und im Vergleich zu Paralleltexten gesetzt.

Ariovists barbarische Art kulminiert in zwei die Verhandlung boykottierenden Maßnahmen; er lässt Caesars Legion noch während des Gesprächs angreifen und legt die von Caesar geschickten Gesandten, die die unterbrochene Verhandlung durch die Seinen neu in Gang bringen sollten, in Ketten – Ariovist demaskiert sich völlig als Unmensch, als Ausgeburt eines sich an kein Recht haltenden und unzuverlässigen Potentaten. Ariovist verletzt hier ganz offen das Gesandtenrecht.[35] Der Eindruck von der Germanenangst verwandelt sich im Denken der Leser zur Erkenntnis der

---

34) Vgl. dazu GELZER, M., a.O., 98.
35) Caesar erfährt, dass seinen Gesandten im germanischen Lager ein Verstoß gegen das Völkerrecht widerfahren sei. HAFFTER, a.O., 35, sieht gerade darin die Barbarei des Germanenkönigs. „Der Verstoß gegen den sakrosankten Status von Gesandten" wiege schwer.

Germanenschuld. Die Schlacht ist die absolut notwendige Folge dieser im Debakel endenden diplomatischen Auseinandersetzung. Sie endet für die Römer siegreich. Ariovist verschwindet im Dunkel der Geschichte.

Wie Plutarchs Paralleltext (Caesar 19) zeigt, hat sich die Gefährlichkeit der Germanen als weit geringer erwiesen, als befürchtet. CHRISTIAN MEIER vermutet, dass Caesar hier „absichtlich stark übertrieben" habe. „Die Weise, in der er die Meldungen darüber in seinen Bericht einflicht," deute nach MEIER „auf ein höchst geschicktes Arrangement"[36] hin. Genau dies trifft zu: Caesar hat in der ganzen Kapitelfolge 30-53 die Germanen überdimensional gefährlich und ihren Führer über die Maßen machtbesessen und rücksichtslos hingestellt. Dadurch, dass er sich selbst als stets kompromissbereit zeigte, der Gegner aber seine Verhandlungsbereitschaft Stück für Stück konterkariert, hat sich folgender Überzeugungsmechanismus ergeben: Die anfangs von Diviciacus gegebene Charakterisierung des Ariovist hat dieser schrittweise ad oculos et aures bestätigt; er selbst hat sich ins Unrecht gesetzt, oder, um im Bild des Schachpiels zu bleiben, in eine Position manövriert, wo er schachmatt ging. In diesem klug angelegten Arrangement zeigt sich eben Caesars Meisterschaft des diplomatischen Spiels, das weit über dem Niveau eines bloßen Kriegsberichts liegt. Die „geistige Energie" (*consilium*), die Caesar in den Militäraktionen zeigt, offenbart sich hier auch in der Sprache und Struktur des „Erzählten".[37]

Caesars Krieg gegen die Germanen erweist sich hier am Ende der Auseinandersetzung mit Ariovist – im Sinne der römischen Herrschaftsideologie – als berechtigter Akt sowohl der Verteidigung von *socii* wie auch der Entbarbarisierung von Grenzvölkern im Norden des Reiches.[38]

Antworten auf die Fragen (Kap. 46-53):

1. Hinweise auf die Germanengefahr:
   a) im Bericht des Diviciacus vor dem römischen Senat
   b) im Bericht über die Meuterei der Soldaten
   c) in Caesars Feldherrnrede
   d) in den Redeteilen des Ariovist über sich und seine Germanen
2. Caesar musste beweisen, dass ein Kampf gegen Ariovist unausweichlich war, und zwar im Interesse der befreundeten Gallier, letztlich im Interesse Roms. Er muss sein Verbleiben in Gallien rechtfertigen, um Vorwürfe aus Rom zu entkräften.

---

36) a.O., 237 ff.
37) Vgl. dazu V. ALBRECHT, a.O., 86: „Wir können hier buchstäblich ablesen, was Herder einmal theoretisch folgendermaßen formuliert hat: 'Caesars Leichtigkeit zu siegen ist auch an seiner Schreibart kenntlich ...' Ähnlich schon QUINTILIAN (10, 1, 114): *Tanta in eo vis est, id acumen, ea concitatio* („Feuer"), *ut illum eodem animo dixisse, quo bellavit, appareat.*"
38) Ausführlicher dazu HAFFTER, a.O., 30 f.

Caesar und Ariovist

Psychagogische Dramaturgie

30-31	32-36	37-38	39-40	41-44	46-53
Diviacus' Bitte um Hilfe	**Austausch von Botschaften**	**Zug nach Vesontio**	**Panik im römischen Heer**	**Verhandlungen zu Pferd**	**Perfidie Ariovists**
vor dem Senat in Rom *ab Ariovisti iniuria defendere*	Caesars Pflicht zum *defendere* Ariovists Pochen auf Kriegsrecht Drohung mit der Unbesiegbarkeit der Germanen	der strategisch wichtigsten Stadt der Region	wegen Germanenangst *timor, perturbari* Caesars Kunst der Umstimmung des Heeres	Streit um völkerrechtlichen Anspruch auf Gallien Drohung Ariovists mit der Tötung Caesars	Angriff bei Verhandlung Gefangennahme der Gesandten

Germanenangst → Germanenschuld

4.4 Unterrichtsprojekt

CAESAR AM RHEIN

VÖLKERMORD AN DEN USIPETERN UND TENKTERERN

RHEINÜBERGANG

(günstig zu verbinden mit dem Unterrichtsprojekt *Der Griff nach Britannien* und/oder *Germanen – ein ganz anderes Volk*)

Eine Brücke über den Rhein, Stich von Lodovico Pogliaghi, 19. Jh.

Caesar am Rhein

Völker und Flüsse, die in diesem Unterrichtsprojekt begegnen

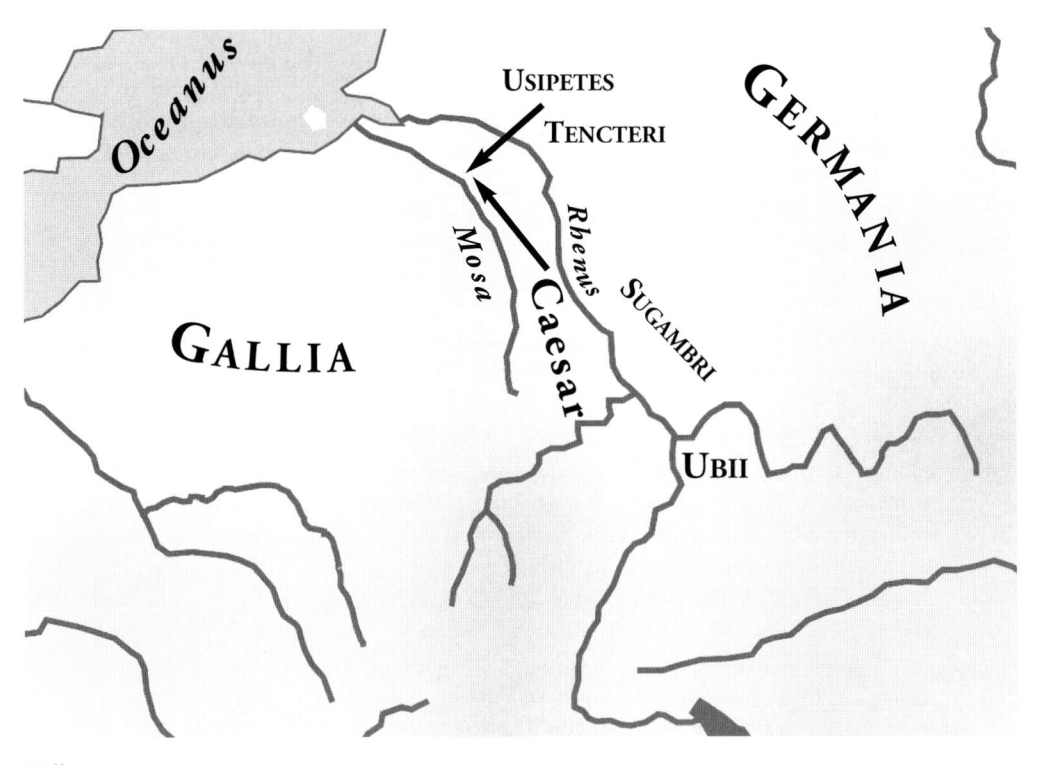

Völker

Suebi: Sueben, germanischer Stamm mit großem Siedlungsgebiet an Main und Lahn, auch nach dem Tod ihres Stammesführers Ariovist noch größtes und kriegerischstes Volk der Germanen.

Tencteri: Tenkterer, germanischer Stamm, zwischen Lahn und Wupper siedelnd, von den Sueben von dort vertrieben, zum Niederrhein abgedrängt, von dort nach Gallien.

Usipites: Usipeter, germanischer Stamm, im Gebiet zwischen Rhein und Weser siedelnd, von den Sueben unter Druck gesetzt, deshalb nach Gallien übersetzend.

Sugambri: Sugambrer, germanischer Stamm zwischen Ruhr und Sieg.

Ubii: Ubier, germanischer Stamm, von der Lahn bis in die Gegend von Köln siedelnd, von den Sueben hart bedrängt.

Flüsse

Mosa: Maas, Fluss in Gallien, der in die Nordsee mündet.
Rhenus: Rhein, Strom, der Gallien und Germanien voneinander trennt, in die Nordsee mündend.

Nachdem Caesar – was er im zweiten und dritten Buch beschrieben hat – sich bis zum Ozean im Westen, bis zum Norden und Osten erfolgreich durchgekämpft und so ganz Gallien unter seine Herrschaft gebracht hatte, ging es ihm um die Sicherung des eroberten Gebietes. Nach Osten hin sollte der Rhein die sichernde Grenze sein, nach Norden hin lag ihm daran, die von Britannien kommende Unterstützung des gallischen Widerstands im Untergrund, der „Résistance", zu beenden.

Völkermord an den Usipetern und Tenkterern

a) Erste Konfrontation mit diesen Volksstämmen

Die Kap. 1-12 sind kurz paraphrasiert; es werden die Hintergründe zum Konflikt angedeutet.

Die Gegend am Rhein war ein völkischer Unruheherd. Die Germanen waren in ständiger Bewegung; vor allem die Sueben, der „bei weitem größte und kriegerischste Stamm", spielten ihre beherrschende Rolle mit immer größerem Druck aus. Sie wollten um sich herum einen leeren Raum schaffen, der ihnen Sicherheit garantierte. Deshalb setzten sie den am Rhein lebenden Usipetern und Tenkterern so sehr zu, dass diese 55 v. Chr. über den Strom nach Gallien zu ziehen gezwungen waren. Man wollte sich gewissermaßen auf der anderen Seite des Rheins in Schutz bringen – was aber Caesar auf den Plan rief. Der Römer sah seine Eroberung gefährdet; seinem politischen Konzept zufolge waren alle Germanen verdächtig und gefährlich; sie verkörperten für ihn extreme Kriegsgefahr. Deshalb verhielt er sich einer Gesandtschaft der Usipeter und Tenkterer gegenüber schroff ablehnend. Freundschaft zwischen ihm und den Germanen könne es nicht geben, wenn sie in Gallien blieben. Während die Gesandtschaft diese negative Nachricht ihrem Volk überbrachten – sie wollten dann in drei Tagen mit der Gegenantwort wieder zu Caesar kommen –, ereignete sich ein Überfall von 800 germanischen Reitern auf die 5 000 römischen Reiter. Das erregte offensichtlich den Zorn des römischen Imperators so sehr, dass er es zum wohl härtesten Vorfall während des ganzen Gallischen Krieges kommen ließ.

b) Gefangennahme der Gesandten

Kap. 13 ist zur synoptischen Lektüre aufbereitet; die Schüler sollen vor allem die Negativ-Begriffe politischen Verhaltens aus dem lateinischen Text sammeln und anhand dieser die Entwicklung des Geschehens verfolgen und beurteilen.

Caesar war nicht mehr bereit, mit diesen hinterhältigen Völkern zu verhandeln; ihr Friedensgesuch war nach seiner Meinung von List und Tücke (*per dolum atque insidias*) bestimmt, da sie durch diesen Überfall den Krieg eröffnet hatten. Er hielt es für Dummheit (*dementia*), nicht sofort hart darauf zu reagieren, weil dies ihm nur als Schwäche ausgelegt würde und er so in seiner Autorität bei den Galliern erheblich beeinträchtigt würde. Als deshalb tags darauf die Germanen in großer Zahl mit allen Fürsten und Ältesten, also allen Repräsentanten ihrer Völker, bei ihm eintrafen, sah er in diesem Umstand eine günstige Gelegenheit zur Rache; er unterstellte auch hier wieder Hinterhältigkeit und Verstellung (*perfidia et simulatio*). Trotz ihrer Entschuldigung (*sui purgandi causa*) wegen des Überfalls und trotz ihrer Absicht zur Verhandlung über einen Waffenstillstand – also im Status von Gesandten – ließ er die Germanen festhalten gleichsam wie Kriegsgefangene, um seinen Rachefeldzug gegen die führerlosen Völker mit seiner ganzen Armee (*omnes copiae*) durchzuführen.

c) Überfall auf das germanische Lager

Kap. 14 ist paraphrasiert: Es berichtet vom Überfall auf das germanische Lager. Kap. 15 soll statarisch gelesen werden; darin ist die Vernichtung der beiden Völker kurz „erzählt".

Der Überfall traf die Germanen wider Erwarten; während einer Verhandlung hielten sie nämlich einen kriegerischen Angriff für nicht möglich. Aber offensichtlich wollte sich Caesar für ein ähnliches Vorgehen der Usipeter und Tenkterer nun revanchieren, allerdings in einer extrem harten Form. Seine Rache galt dem ganzen Volk, von dem er, was nicht sofort getötet wurde, brutal in den Rhein trieb, wo alle, auch Frauen und Kinder, elend umkamen. Von den beiden Stämmen blieben nur die übrig, die, um Proviant zu organisieren, sich in Richtung auf die Maas hin entfernt hatten.

Das überfallartige Unternehmen, das sich in kürzester Zeit vollzog, spiegelt sich in der Struktur des Satzes, in dem es berichtet wird; der Text ist eine einzige Periode, in der die Aussageschwerpunkte die „Linie" des Vernichtungsvorganges signalisieren:

Tafelskizze:

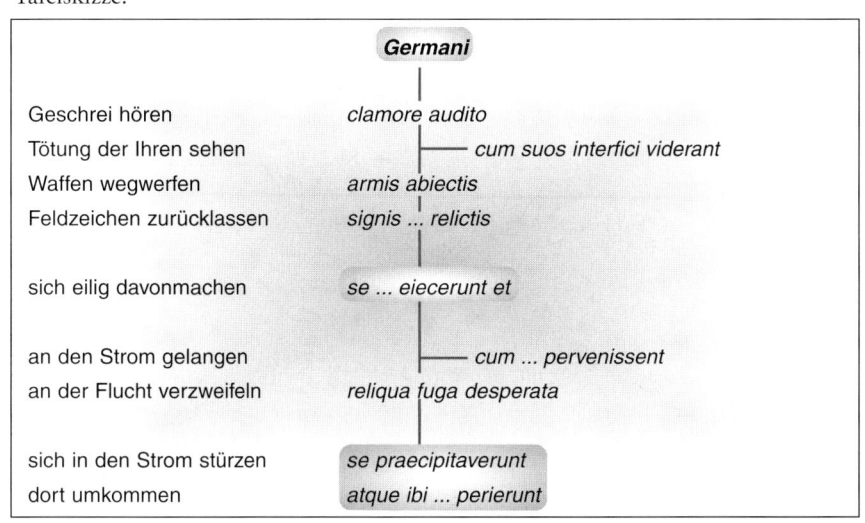

	Germani
Geschrei hören	*clamore audito*
Tötung der Ihren sehen	*cum suos interfici viderant*
Waffen wegwerfen	*armis abiectis*
Feldzeichen zurücklassen	*signis ... relictis*
sich eilig davonmachen	*se ... eiecerunt et*
an den Strom gelangen	*cum ... pervenissent*
an der Flucht verzweifeln	*reliqua fuga desperata*
sich in den Strom stürzen	*se praecipitaverunt*
dort umkommen	*atque ibi ... perierunt*

Das ist das Stenogramm eines Völkermordes, das von Caesar sachlich kühl geschrieben ist; er notiert den erfolgreichen Vollzug einer Rachemaßnahme, dem er dann seine geringen Verluste dabei gegenüberstellt. Den während dieser Aktion im Lager festgehaltenen Anführern, ohne deren Gegenwart die Völker selbst aktionsunfähig waren, gab Caesar die Gelegenheit zum Reden und, da sie aus Angst vor gallischer Strafe wegen der Verwüstung von deren Äckern bei ihm bleiben wollten, gewährte ihnen die „Freiheit". Das mag vielleicht für den Leser als großzügige Geste wirken, vor dem Hintergrund der brutalen Kriegsoperation tritt hier jedoch die zynische Mentalität des Imperators zutage.[1]

Worüber hätten sie denn verhandeln sollen nach der Vernichtung ihrer Völker, wozu oder wofür hätten sie ihre „Freiheit" in Caesars Nähe nutzen können?

Hatte Caesar einen berechtigten Grund für dieses harte Vorgehen? Der Überfall der germanischen Reiter auf seine Reiterei während der Verhandlung war gewiss perfide. Rache (*ulcisci*) als Kriegsgrund war nach römischer Militärdoktrin möglich. Caesars Maßnahme zeigt eine gewisse Analogie zu der der Feinde; er greift die Germanen während einer von diesen vermuteten Verhandlungsphase an. Allerdings hatte es der Römer zu dieser Verhandlung durch die Gefangennahme ihrer Führer gar nicht kommen lassen, ihre Verhandlungsbereitschaft wurde von ihm missbraucht unter Wortbruch und Verletzung des Gesandtenrechts,[2] „unter offensichtlichem Bruch des Gesandtenrechts",[3] um sein brutales Ziel der Vernichtung der beiden Völker leichter durchführen zu können. Zudem stand dieser Racheakt in keinem Verhältnis zur Niederlage seiner Reiterei. Auch lag keine Gefährdung irgendeines gallischen Stammes vor, so dass er zu dessen Schutz und auf dessen Bitte oder Aufforderung hin hätte handeln müssen. Das Verteidigungsmotiv fehlt. Allenfalls musste er sich selbst vor dem Verlust seiner Autorität bei den Galliern schützen. Hier gelingt es Caesar nicht, seine Kriegsoperation als *bellum iustum* zu kaschieren.[4] Was er tat, war auch aus römischer Sicht „Völkermord", weshalb man ihn in Rom anzuklagen versuchte. CATO beantragte sogar die Auslieferung Caesars an die Germanen.[5]

---

1) Dass man in Caesars Verhalten hier eine „verständnisvolle Geste" sehen kann, die den Abschluss des Berichtes über diese Aktion „verschönt" (so HAFFTER: Der Politiker und Feldherr Caesar, Heidelberg 1971, 43), ist nicht nachzuvollziehen. Richtig MEIER: Caesar, 339: „Caesar ließ die Gesandten frei wie zum Hohn und um sich nicht an ihnen zu vergreifen."

2) „Eine Verletzung des Gesandtenrechts bedeutet es, wenn Caesar die Gesandten der germanischen Usipeter und Tenkterer im Lager zurückhält, um gleichzeitig die Feinde überraschend anzugreifen." So HAFFTER, a.O., 43.

3) So CHRISTIAN MEIER: Caesar, Berlin 1982, 338.

4) Dieser Krieg gehört zu jenen, für die „fraglos galt, dass sie nach herkömmlichen Begriffen ungerecht, gegen die Regeln des Völkerrechts eröffnet worden waren". So CHRISTIAN MEIER, a.O., 291.

5) „Cato beantragte, Caesar den von ihm so schmählich behandelten Germanen auszuliefern, damit Rom nicht für Vertragsbruch die Strafe der Götter auf sich zöge." (MEIER, a.O., 343).

Es war „Gewissenlosigkeit" ..., „die Caesar instande gesetzt hat, gegen die Usipeter und Tenkterer das Völkerrecht zu brechen und diese Germanenstämme treulos zu vernichten."[6]

Bei diesem Ereignis, das FRANZ FERDINAND SCHWARZ „als ein schier unglaubliches Massaker" bezeichnet,[7] demaskiert sich Caesar selbst; hier tritt uns die nackte Wahrheit vor Augen, dass Caesar, wie DIO CASSIUS feststellte, „vor nichts zurückschreckte, ... vor keiner Handlung um die Dinge zu bekommen, für die er kämpfte."

Antworten auf die Fragen (Kap. 14/15):

1. Den Führern eines Volkes die Gelegenheit zur Verhandlung über das Schicksal dieses Volkes zu geben, wenn es bereits vernichtet ist, und diesen dann die „Freiheit" zu gewähren, in der von seiner Macht beherrschten Umgebung zu bleiben, letztlich unter den Mördern ihrer Frauen und Kinder, zeugt vom extremen Zynismus Caesars.
2. Dass Caesar trotz der Verhandlungsbereitschaft aller Volksführer der Usipeter und Tenkterer nach deren Gefangennahme die Völker vernichten ließ, war der Grund, ihn wegen Bruch des Völkerrechts anzuklagen. Caesar hatte keinen Verteidigungsgrund (etwa aus Gründen der *fides* gegenüber einem gallischen Stamm), so dass die Bedingung für ein *bellum iustum* fehlte.
3. Der Vorwurf des Völkermords ist berechtigt, weil es Caesar offensichtlich darum ging, diese Usipeter und Tenkterer trotz ihrer Bereitschaft zur friedlichen Lösung als Störfaktor am Rhein zu beseitigen; es war für sie kein Wohnraum vorhanden, also mussten sie vernichtet werden.
4. Darüber, warum Caesar diesen Fall so ausführlich berichtet, kann man nur mutmaßen. Womöglich wollte er juristische Angriffe gegen sich durch den Hinweis auf die provozierende Perfidie der germanischen Stämme entkräften. Eher wahrscheinlich ist es jedoch, dass er meinte, der Bericht über die Eroberungserfolge in Gallien könne sein Unrechtsverhalten verdecken oder zumindest als weniger bedenklich erscheinen lassen. Kriegerischer Erfolg sei notgedrungen mit Härte und zuweilen auch mit Brutalität verbunden. Aus dem Bericht spricht auf jeden Fall die Selbstsicherheit des Machtmenschen.

---

6) So FRIEDRICH KLINGNER: Römische Geisteswelt, Hamburg/München 1961, 94. Nach MATHIAS GELZER (Caesar, Politiker und Staatsmann, Wiesbaden 1982, 117) seien es „dabei 430.000 Köpfe gewesen, die großenteils durch seine Verfolgung umgekommen sind ohne eines einzigen Mannes Verlust römischerseits". Erstaunlicherweise nimmt GELZER keine Bewertung dieser Völkervernichtung vor.

7) Caesar oder der Triumph der Verwirklichung. In: IANUS 11(1990), 11.

Rheinübergang

a) Gründe für diese Operation

Das Kap. 16 ist statarisch zu lesen; Caesar zählt in klar, aber komplex strukturierten Sätzen seine Gründe für den Rheinübergang auf.[8]

Wie konnte der Rhein als Grenze gesichert werden? In der Weise, dass nicht immer wieder neue Germanenmassen den Strom nach Gallien hin überschritten? Die Gründe für das militärtechnisch höchst anspruchsvolle Unternehmen zählt Caesar deutlich auf:

1. Die Germanen jenseits des Rheins sollten auch ihrerseits um ihren Besitzstand fürchten, wenn sie sehen, dass auch die Römer den Strom überschreiten könnten: EINSCHÜCHTERUNG
2. In der Verbindung des Rests der Usipeter und Tenkterer mit den Sugambrern sollte keine Wiederholung der eben beseitigten Germanengefahr möglich sein: VORBEUGUNG
3. Die freche Antwort der Germanen auf seine Forderung nach Geiselstellung, nämlich dass Caesar jenseits des Rheins weder Herrschaft noch Macht besitze, sollte widerlegt werden: MACHTDEMONSTRATION

Antworten auf die Fragen (Kap. 16):

1. Caesar will den Germanen jenseits des Rheins zeigen, dass auch das römische Heer den Strom zu überschreiten in der Lage ist und dies auch wagt. Zudem will er einer neuen Gefahr eines Germaneneinfalles vorbeugen und zeigen, dass er durchaus auch jenseits des Rheins Ansprüche stellen kann.
2. Ein Recht im Sinne des *bellum iustum*, falls es zur kriegerischen Auseinandersetzungen kommt, hat er nicht. Der Verteidigungsfall zu einer Invasion war zunächst nicht gegeben. Die Germanen weisen alle Forderungen Caesars zurück. Wie er ihnen das Recht (*aequum*) abspreche, nach Gallien zu kommen, so habe auch er, so stellten sie fest, jenseits des Stroms nichts verloren.

Da Caesar die Schwierigkeit erkannte, den Rheinübergang den Lesern völkerrechtlich plausibel zu erklären, musste er eine Situation konstellieren, die ihm die Berechtigung zur Invasion in Gebiete jenseits des Rheins gab. Der Stamm der Ubier gab ihm dazu die Möglichkeit. Das Schema der „Angriffs-Begründung" ist das übliche:
  1. Begründung eines *amicitia*-Verhältnis mit den Ubiern (*amicitiam fecerat*)
  2. Bittgesuch der Ubier um Unterstützung durch Caesar (*orabant, ut sibi auxilium ferrent*)
  3. Bedrängnis der *amici populi Romani* durch einen anderen Stamm (*quod graviter a Suebis premerentur*)

---

[8] Ausführlich dazu MEIER, a.O., 340.

Damit waren die Bedingungen für ein *bellum iustum* gegen die Sueben erfüllt: Der Rheinübergang musste dem Leser als berechtigt erscheinen. Die kluge Einschränkung, die Caesar hier schon hinzufügt, dass die Ubier im Falle einer anderweitigen Beanspruchung schon darin genügend Unterstützung sähen, wenn er nur den Rhein überschritte (ohne sich auf den Kampf mit den Sueben einzulassen), zeigt die zurück- und vorausschauende Planung des Imperators. Indem er Ansehen und Bedeutung Roms nach der Besiegung Ariovists als so gewaltig hinstellte, dass allein dadurch schon die Germanen vom Übergriff gegen Romfreunde abgehalten würden, stellte er nochmals die Richtigkeit seines Vorgehens gegen Ariovist (Buch 1, 58 v. Chr.) vor Augen, ließ aber zugleich seine spätere Rückkehr über den Strom ohne erfolgreichen Abschluss als möglich und zuträglich erscheinen. Caesar hat Roms Ruhm durch seine Eroberungen im Norden bis zu den am entferntesten wohnenden Germanen so sehr gesteigert, dass man sich allein schon durch die Bekanntheit des Freundschaftsverhältnisses mit Rom sich vor Angriffen und Übergriffen sicher fühlen konnte. Hier stellte Caesar seine Leistung für das Imperium Romanum in der bislang stärksten Weise heraus. Der Einsatz für seine persönliche Macht, auch dieser Eindruck sollte entstehen, diente in gleicher Weise den Interessen des römischen Volkes. Die Identifikation von Volk und Führer ist der Kern jeder Machtideologie.

Antworten auf die Fragen (Kap. 16):

1. Die Ubier beklagten sich über den Druck, den die Sueben auf sie ausübten. Sie hatten mit den Römern ein *amicitia*-Verhältnis geschlossen, sie durften deshalb aufgrund der darin wirksamen *fides* von den Römern Hilfe erwarten.
2. Er lässt die Ubier seinen Sieg über Ariovist anführen, um nachträglich seinen Krieg gegen ihn nochmals zu rechtfertigen und um das dadurch gestiegene Ansehen der Römer bei den Germanen zu unterstreichen. Roms Name allein hat angeblich schon eine einschüchternde Wirkung.
3. Durch das Verlangen nach Hilfe hat Caesar eine Handhabe, rechtmäßig über den Rhein ins germanische Gebiet einzudringen. Die römischen Leser sollen den Rheinübergang als völkerrechtlich notwendig akzeptieren.

b) Bau der Rheinbrücke

Kap. 17 wird nur, da der Text sehr schwer ist, in Übersetzung geboten.

Caesar wagt den in der Geschichte erstmaligen Bau einer Rheinbrücke; noch nie war ein ganzes Heer über diesen Strom geschritten. Hier liegt also im wahrsten Sinne des Wortes eine Pionierleistung vor. Caesar hat in seinem Heer eine für solche Aufgaben spezialisierte Gruppe von Ingenieuren und Handwerkern mit sich geführt. Sie müssen Erfahrung in Statik und in der Berechnung der Wasserdruckverhältnisse sowie in der Herstellung der einzelnen Bauelemente gehabt haben, wie man aus der Konstruktionszeichnung ersehen kann.

Antworten auf die Fragen (Kap. 17):

Pogliaghi hat sich in keiner Weise an die Einzelheiten der Baubeschreibung bei Caesar gehalten, weder in der Gesamtanlage noch in den Teilelementen. Er wollte nur den Eindruck eines monströsen Brückenbaus vermitteln, um damit die Leistung der Römer im Bild zu verdeutlichen. Die bewundernswerte Pionierleistung steht hier im Vordergrund.

c) Der Rückzug

Von den Kap. 18/19 ist nur der Schlussteil zur statarischen Übersetzung aufbereitet; der Rest ist kurz paraphrasiert.

Allein die Tatsache, dass Caesar in der äußerst kurzen Zeit von zehn Tagen die gewaltige Breite des Flusses überbrückt hatte, veranlasste viele Völker, sich den Römern zu ergeben, indem sie deren „Freundschaft" erbaten. Die Hauptstoßrichtung ging jedoch gegen die Sueben, den größten und kriegerischsten Stamm der Germanen. Diese hatten sich zur Entscheidungsschlacht formiert, nachdem sie ihre festen Orte verlassen und Frauen und Kinder in den Wäldern versteckt hatten. Caesar hatte davon erfahren. Er vermied den Kampf. Warum? Die Meinungen darüber gehen weit auseinander. Hatte er Angst vor einer Niederlage? Hat er den Kampf gewagt und verloren und berichtet er davon nur nicht? Hat er erkannt, dass es unmöglich war, das gewaltige Gebiet jenseits des Rheins auf Dauer besetzt zu halten? Konnte er keinen weiteren Grund für einen „gerechten Krieg" (d.h. Angriff wegen Verteidigung) nach einem eventuellen Sieg über die Sueben erkennen, so dass ein Daueraufenthalt jenseits des Rheins (so wie in Gallien) unmöglich gewesen wäre? Hielt er die Germanen für eine so ganz andere Volksgruppe als die Gallier, dass er eine Eroberung von deren Land gar nicht beabsichtigte, er also den Rhein gewissermaßen für eine Zivilisationsscheide hielt?
Caesar kehrte auf jeden Fall nach 18 Tagen wieder nach Gallien zurück. Seine offizielle Begründung war, dass er seine Ziele erreicht hatte:
1. Einschüchterung der Germanen
2. Rache an den Sugambrern wegen der Verbindung mit dem Rest der Usipeter und Tenkterer
3. Befreiung der Ubier vom Druck der Sueben

Eine Eroberungsabsicht lag offensichtlich dieser technisch und materiell aufwendigen Operation nicht zugrunde. Das Ziel war eher von ideeller Art: Ruhmsteigerung und Befriedigung bundesgenössischer Interessen. Es ging ihm offensichtlich vor allem darum, den Rhein als neue Reichsgrenze (Gallien hielt er für dem römischen Reich einverleibt) nach Osten hin zu sichern.

In der Pose des sich total für das *Imperium Romanum* engagierten Machtmenschen zeigte sich Caesar als Imperialist in der für Rom üblichen Weise. Die Grenzsicherung sollte am Rhein zuallererst durch eine Demonstration der Stärke und der davon ausgehenden propagandistischen Wirkung auf die Germanen gelingen.[9]

Antworten auf die Fragen (Kap. 18/19):

1. Die Germanen sollten durch die enorme Leistung der römischen Ingenieure und Handwerker, die in 10 Tagen den Strom überbrückten, so beeindruckt und eingeschüchtert werden, dass sie kampflos die Übermacht der Römer anerkannten – eine erwartete Reaktion, die auch bei vielen Stämmen so eintrat.
2. Caesar selbst begründet seinen schnellen Rückzug mit der Erledigung seiner beabsichtigten Aufgaben; er wollte in Germanien nichts hinzuerobern, er sah in den Germanen eine ganz andere Volksgruppe als in den Galliern (siehe Z-Text).

Caesar propagierte Macht, Kampfkraft und Ruhm des Imperium Romanum; die Germanen sahen sich einem zu allem fähigen Volk gegenüber. Die Gallier durften spüren, dass sie unter dem Schutz Caesars gesichert seien. Durch das Erreichen dieser Ziele seien, so urteilte Caesar, Ruhm und Nutzen des römischen Volkes genug gefördert worden, so dass er sich ohne weiteres wieder zurückziehen konnte.

---

9) Caesar hat sich nach HAFFTER (a.O., 47f) am Rhein als römischer Imperialist bewährt, da er Gallien in den römischen Zivilisationsraum aufnahm und diesen Raum nach Osten hin durch die Rheingrenze absicherte – „eine Grenze, die gesichert ist nicht bloß deshalb, weil sie eine natürliche Grenze darstellt, sondern vielmehr weil sie gesichert wird durch die politische und militärische Macht des römischen Volkes." Auch nach MATHIAS GELZER (a.O., 117) handelt es sich um „Machtdemonstration" und „um die militärische Sicherung der Rheingrenze."

4.5 Unterrichtsprojekt

DER GRIFF NACH BRITANNIEN

(günstig zu verbinden mit dem Unterrichtsprojekt *Helvetierkrieg*
und/oder dem Unterrichtsprojekt *Caesar am Rhein*)

Porträt des Julius Caesar am königlichen Schloss Hampton Court bei London
Terracotta-Rosette von Giuliano da Maiano, 1432-1490

Der Griff nach Britannien

Völker, Personen und Orte, die in diesem Unterrichtsprojekt begegnen

Völker

Britanni: Britannen, Einwohner von Britannia (England und Schottland), meist Kelten.
Morini: Moriner, ein gallischer Stamm an der Nordküste Galliens.

Personen

Commius: Anführer der belgischen Atrebaten, eines Stammes, der zwischen Schelde und Saône siedelte.
Volusenus: römischer Offizier, den Caesar mit einer Vorhut nach Britannien schickte.
P. Sulpicius Rufus: römischer Kommandant, der den Hafen an der Nordküste Galliens schützen sollte, von dem Caesars Flotte nach Britannien aufbrach.

Orte:

Portus Itius: gallischer Hafen an der Nordküste, an der Stelle Britannien gegenüberliegend, die am schmalsten war: sog. „Gallischer Meerenge" (*Fretum Gallicum*); von hier ist Caesar wohl zu seiner Expedition auf die Insel aufgebrochen.

Dass der erste Britannienzug (BG IV 20-36) sich als Anfangslektüre vorzüglich eignet, hat ADOLF CLASEN in seinem Beitrag „Der Griff nach Britannien" überzeugend nachgewiesen.[1] WILL RICHTER zählt diese Partie wegen der „meisterhaften literarischen Regie" zu den herausragenden Teilen des Bellum Gallicum.[2] STEPHAN BRENNER hat die Erzählstrategie dieser Kapitelfolge vorzüglich und für die unterrichtliche Behandlung hilfreich interpretiert.[3] Von dieser literarischen Qualität sollten die Schüler etwas spüren, zumal sie sich an einem Gegenstand manifestiert, der beim Schüler durchaus Neugierde und Interesse wecken kann, an einem für die Antike „sensationellen Ereignis".[4] Es geht um den ersten Versuch der Kontinentbeherrscher, die Britannen-Insel zu erobern – ein Versuch, der sich im Laufe der Geschichte wiederholen sollte: etwa unter Wilhelm dem Eroberer 1066 oder unter Hitler 1940.

Die hier vorgelegte Auswahl aus IV 20-36 berücksichtigt die Kapitel, die den dramatischen Höhepunkt dieses Unternehmens erzählen.

a) Unterstützung der gallischen „Résistance" von der Insel aus

Die Kapitel 20-23 sind nur in Paraphrase geboten; sie zeigen die Gründe und Vorbereitung der kühnen Expedition zur Insel.

Trotz der Erfolge Caesars in Gallien, trotz seiner propagandistischen Strategie am Rhein war nicht zu verhindern, dass es im gallischen Untergrund weiter brodelte. Verschwörerische Oppositionsgruppen bildeten sich allenthalben, von denen Caesar durch Mittelsmänner wusste. Ihm war auch bekannt, dass diese Opposition, eine antike Form der „Résistance", von England aus (wie übrigens auch zur Zeit der NS-Besatzung während des 2. Weltkrieges) massiv unterstützt wurde; das wollte er unterbinden durch ein weiteres waghalsiges Unternehmen. Es sollte eine „der römischen Vergeltungs- und Strafaktionen sein" (A. CLASEN).[5] Caesar plante noch im Jahr 55 v. Chr. seine Legionen per Schiff über den Kanal nach Britannien zu bringen, um auch den Bewohnern dieses Landes die Macht des Imperium Romanum zu demonstrieren. Dass man auch in Rom sich des Risikos dieser Operation am Rande der Welt (Man betrachte die Erdkarte des PTOLEMAIOS auf Seite 26 im Textband!) bewusst war, mögen CATULLS Worte *horribile aequor ultimosque Britannos* (11, 11)

---

1) Caesar im Unterricht, AUXILIA 7, Bamberg 1992, 3. Aufl., 27-55.
2) Caesar als Darsteller seiner Taten. Eine Einführung, Heidelberg 1977, 116ff.
3) Die Landung in Britannien – ein Beispiel für Caesars Erzählstrategie. In: Anregung 2 (1997), 75-88.
4) So GRANT, M.: Caesar – Genie – Eroberer – Diktator, München 1982, 88.
5) Der Rheinübergang war so etwas wie eine strategische Vorstufe zur Britannienfahrt. Vgl. dazu GESCHE, H. (Hrsg.): Caesar (Erträge der Forschung, Bd. 51), Darmstadt 1976, 100. Ausführlicher dazu BRENNER, a.O., 76, der nicht nur die Unterstützung des Widerstands als Grund für Caesars Straffeldzug anführt, sondern auch die Tatsache, dass gallische Oppositionelle in Britannien Zuflucht fanden. Vgl. auch SEITZ, W.: Caesars Britannienexkurs. In: PIETSCH/R.A. PROHASKA: Lateinische Texte verstehen und lesen, Graz 1994, 117-122.

bezeugen.⁶ Diese Expedition wurde wohl auch in der Hauptstadt mit gespanntem Interesse verfolgt⁷ (Am Ende hat man Caesar dafür ein dreiwöchiges Dankfest bewilligt, IV 38,5).⁸

Über andere Gründe als militärisch-politische berichtet Caesar nicht (z.B. wegen des Reichtums der Insel, vgl. CICERO ad fam. VII 7,1, oder um Perlen in seinen Besitz zu bringen, wie SUETON, 25, zu erzählen weiß).

Trotz des bevorstehenden Winters wagte Caesar eine erste Konfrontation mit dem Inselvolk: Er wollte die Örtlichkeiten kennen lernen. Die Caesarforschung sieht in diesem Unternehmen am Ende des Jahres 54 v. Chr. eine Vorstufe für das groß angelegte Unternehmen des Jahres 54 v. Chr. (MATHIAS GELZER spricht von „gewaltsamer Rekognoszierung", CHRISTIAN MEIER von einer „Ouvertüre", JOSEPH VOGT von einem „Erkundungsvorstoß").⁹ Die Maßnahmen der Vorbereitung (Truppenkonzentration, Erkundungstrupp unter C. Volusenus) bewirkten, dass den Britannen Caesars Plan nicht verborgen blieb. Wie üblich sollten Gesandte sofort durch die Bereitschaft zur Unterwerfung einen „Freundschaftspakt" mit dem Vertreter der römischen Herrschaft in die Wege leiten, was Caesar durch seinen Abgesandten, den Atrebaten Commius, auf der Insel prüfen ließ.

Nach Sicherung des Rückzugsgebiets (und -hafens) setzte er seine Legionen auf Last- und Kriegsschiffen über, völlig ungewiss, ob er überhaupt auf der anderen Seite des Kanals eine Anlandemöglichkeit finden würde; denn dass die Insel fast überall nur über eine Steilküste zu erreichen war, war allgemein bekannt.

b) Die Landung auf der Insel

Das Kap. 23 ist zur synoptischen Lektüre angeboten; die Schüler sollen schnell die Annäherung an die Insel und die damit verbundenen Probleme kennen lernen. Daher ist besonders auf die lateinischen Wörter und Wendungen zu achten, die die natürliche Befestigungslage der Inselküste kennzeichnen.

Reiterei und Bodentruppen sollten auf verschiedenen Routen die Insel angehen; Caesar kam mit der Infanterie zuerst hinüber, war auf einem der ersten Schiffe, die zur Landung ansetzten, musste aber erkennen, dass auf allen Anhöhen, also oben auf der Steilküste die Britannen kampfbereit zur Abwehr in Stellung gegangen waren.

---

6) Über die Gefährlichkeit antiker Militärunternehmen zur See vgl. VIERECK, H. D. L.: Die römische Flotte, Herford 1975, bes. 157 ff.

7) „Britannien war für die Römer eine weitgehend unbekannte, beinahe schon außerhalb des Erdkreises liegende Insel. Eine Expedition dorthin musste für die römische Bevölkerung den Reiz des Außergewöhnlichen haben und daher ihre Aufmerksamkeit ganz besonders erregen." So MAIER, U.: Caesars Feldzüge in Gallien (58-51 v. Chr.), Bonn 1978, in ihrem Zusammenhang mit der stadtrömischen Politik, 64. Als Beleg für diese Einschätzung lassen sich heranziehen: Cic. Prov. cons. 29; Vell. Pat. II 46,1; Suet. 25,4. Vgl. auch BRENNER, a.O., 78.

8) Siehe dazu auch CLASEN, a.O., 37.

9) Siehe dazu auch CLASEN, a.O., 38.

Die Kelten im Süden Britanniens wurden erstmals 55 v. Chr. von Caesars Truppen angegriffen, doch es verging ein ganzes Jahrhundert, ehe sie sich den Römern unterwarfen. Ihre Herrscher liebten Schmuckgegenstände mit reicher Ornamentik – darunter diesen Zeremonienschild aus Bronze mit Einlegearbeiten aus rotem Glas und die Kette aus geflochtenen und gedrehten Goldschnüren. Dieser herrliche Halsreif, der im heutigen Norfolk gefunden wurde, könnte der berühmten Königin Bodicea vom Stamm der Icea gehört haben, die im Jahr 60 n. Chr. eine vergebliche Rebellion gegen die römischen Besatzungstruppen anstachelte. Sie ritt der Legende nach mit einem großen verschlungenen Halsband aus Gold in die Schlacht.

Den Platz fand Caesar, da dies Bergmassiv nahe bis ans Meer reichte (*ita montibus angustis mare continebatur*) zum Anlanden als ungeeignet, so dass er sich nach Beratung mit seinen Legaten und Tribunen dafür entschied, die Schiffe an eine günstigere Stelle fahren zu lassen. Ca. 7 Meilen weiter fand er einen flachen und offenen Strand, nämlich am Gestade zwischen Walmer und Deal, da ließ er die Schiffe vor Anker gehen, allerdings war auch hier die Küste – wohl etwas mehr landeinwärts – ansteigend, so dass es schwer war, von den Schiffen aus ans Land zu kommen.

Antworten auf die Fragen (Kap. 20-23):

1. Caesar möchte sich die Voraussetzung für eine längere und am Ende erfolgreiche Expedition schaffen, nämlich Ortskenntnis und womöglich Kenntnis von der Widerstandskraft der Britannen. Er schreibt also nur von dem, was von strategischem Belang ist. Sueton weiß, dass römische Provinzverwalter, zumal wenn sie auf Eroberung aus sind, sich auch bereichern wollen, um ihre Machtinteressen in Rom (etwa bei Wahlen) durch materielle Leistungen an das Volk u.Ä. besser durchsetzen zu können.
2. Das Bild zeigt die Enge zwischen Meer und Steilküste, also das, was Caesar beschreibt mit: *cuius loci haec erat natura atque ita montibus angustis mare continebatur* ...

c) Ein höchst schwieriges Unternehmen

Von den Kap. 24-27 sind nur 24/25 zur statarischen Lektüre aufbereitet, der Rest ist kurz paraphrasiert. In 24/25 ist ein erster dramatischer Höhepunkt dargestellt.

Da die „Barbaren" vom Plan der Römer erfahren hatten, waren sie sofort an der neuen Anlandestelle präsent – sie hatten ihre Reiterei und Fußtruppen dorthin beordert – und versuchten, die Römer am Verlassen der Schiffe zu hindern: *navibus egredi prohibebant*. Das Imperfekt *prohibebant* hat sowohl konative Bedeutung (sie versuchten ...) als auch die Funktion der Hintergrundsschilderung. Die Abwehrhaltung der Britannen bildet für das ganze folgende Szenario den Background.[10] Etwa 80 Transporter mit jeweils 120-130 Mann an Bord lagen vor der Küste. Von der Küste aus erwarteten die feindlichen Britannen die Römer.[11] Diese Konfronta-

---

10) Vgl. dazu CLASEN, a.O., 50. Diese Stelle ist auch bei BRENNER (a.O., 80 ff.) ausführlich und sprachlich intensiv behandelt.
11) Man mag an den Film „Der längste Tag" von C. RYAN über die Landung der Alliierten im 2. Weltkrieg erinnern, den gewiss viele Schüler kennen. Dadurch entsteht Anschaulichkeit. Die existentielle Dramatik kann so eindrucksvoll nachvollzogen werden. Vgl. dazu CLASEN, a.O., 50; ebenso HORNIG: C., Iulius Caesar, Commentarii Belli Gallici, Lehrerkommentar zur Stelle, und RÖMISCH, E.: Didaktische Überlegungen zur Caesarlektüre. In: Caesars Commentarii de bello Gallico, Heidelberg 1971, 60 ff.

tion sollte sich für die römische Expedition als außerordentlich schwierig gestalten. Caesar selbst nennt die Situation eine *summa difficultas*: *Erat ob has causas summa difficultas* (24,5). Da sich aus der Art, wie Caesar diese Höchstschwierigkeit meistert und wie er diese Leistung darstellt, sehr viel über Caesars Kunst der Strategie und des Erzählens erarbeiten lässt, sei die methodische Analyse der Kap. 24/25 quasi als Unterrichtsprojekt der Anfangslektüre im Detail hier vorgeführt.[12]

Die Analyse des Textes IV 24/25

Wir erarbeiten zunächst eine wörtliche Übersetzung von 24, 2-3 (was schon den Großteil an Energie auf Seiten der Schüler beansprucht).
„Aus folgenden Gründen war die Situation höchst schwierig, weil die Schiffe wegen ihrer Größe nur im offenen Gewässer vor Anker gehen konnten und die Soldaten in Unkenntnis des Ortes, an den Händen behindert und unter der großen und schweren Last ihrer Rüstung von den Schiffen springen, in den Fluten Fuß fassen und zugleich mit dem Feinde kämpfen mussten, während diese vom trockenen Lande aus oder ein wenig ins Wasser vorgerückt, ohne die Behinderung ihrer Arme, in völliger Ortskenntnis mit Mut ihre Geschosse abschleudern und die daran gewöhnten Pferde ins Wasser hineinreiten konnten."

Analysieren wir den Satzbau zunächst mit der Kästchen-Methode, wobei die Abl. abs. und PC-Konstruktionen mit den Symbolen ▼ oder ▲ angegeben werden:

Erat ...		
	quod naves ... poterant, militibus autem ▼ ▼▲ et Pr. et Pr. et Pr.	
		cum illi ▲ ▼ ▼ Pr. et Pr.

Man erkennt allein schon an diesem optischen Schema, wie sich im zweiten Teil des *quod*-Satzes die Umstände bei Römern und Britannen, dargestellt in Abl. abs. und PC, in einer chiastischen Stellung entsprechen und die Prädikate parallel aneinander gereiht sind. Dieser kompakte Satz enthält eine Fülle von Informationen. Welche? Die Schiffe können nur auf offener See ankern. Situation der Römer: Die Gegend ist ihnen unbekannt, sie sind an den Händen behindert, sie sind durch die Last der Waffen gehandikapt, sie müssen zugleich vom Schiff springen, in den Fluten Fuß fassen und mit dem Gegner kämpfen. Die Situation der Britannen: Sie können auf trockenem Land oder nur ein wenig im Wasser stehend kämpfen; sie sind völlig unbehindert und ortskundig; so schießen sie mutig ihre Geschosse ab und treiben die dafür trainierten Pferde ins Wasser.
Der Satz erfasst eine jedermann vorstellbare Szenerie; man kann diese Vorstellung vom Schüler in ein Bild umsetzen lassen, nicht nur weil hier die unmittelbarste Form einer Rezeption des Textes beim Schüler angebahnt wird (eine eigene schöp-

---

12) Siehe dazu auch VERFASSER, Lateinunterricht, Bamberg 1979, Bd. 3, 38 ff.

ferische Leistung: eine „produktive Konkretisation"[13]), sondern gerade deshalb, weil die Schüler über das Sehen, den optischen Eindruck zu einer Erkenntnis geführt werden über die sprachliche Gestaltung, über den Zusammenhang von Inhalt und Sprache. Die Schülerzeichnung könnte etwa so aussehen:

Es ist zu erkennen: Caesar vermag eine komplexe, durch eine Vielzahl von Informationen gekennzeichnete Szenerie in einem einzigen Satz darzustellen. Ist dieser Satz überhaupt noch übersichtlich, durchschaubar? Den Bau dieses Satzes mag eine Grafik (an der Tafel oder als Overhead-Folie) verdeutlichen: Die Grafik zeigt die klare, streng ordnende Strukturierung.

Tafelskizze:

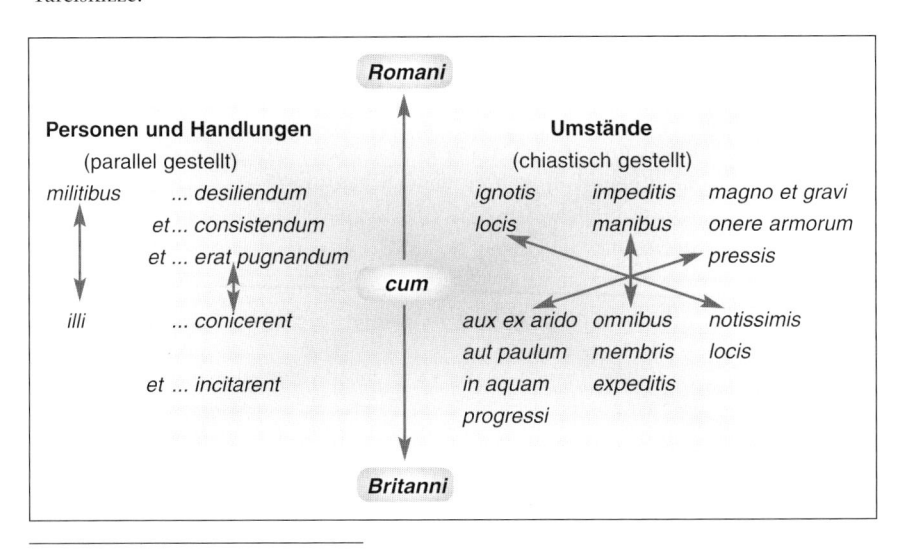

	Romani		
Personen und Handlungen (parallel gestellt)		**Umstände** (chiastisch gestellt)	
militibus ... desiliendum	ignotis	impeditis	magno et gravi
et ... consistendum	locis	manibus	onere armorum
et ... erat pugnandum			pressis
	cum		
illi ... conicerent	aux ex arido	omnibus	notissimis
	aut paulum	membris	locis
et ... incitarent	in aquam progressi	expeditis	
	Britanni		

---

13) Zu Wert und Funktion von „produktiver Konkretisation" vgl. VERFASSER, Lateinunterricht, Bamberg 1979, Bd. 2, 25.

Die Struktur lässt die Gegensätzlichkeit der Situation scharf hervortreten. Die Elemente dieses Kontrastes stehen blockartig gegenüber: Die Personen und ihre Handlung sind parallel gestellt, die Umstände, unter denen sie handeln, in einer chiastischen Antithese. Das bedeutet: die äußere militärische Lage ist in den Bau des Satzes hineingenommen, sie spiegelt sich darin. Der Konfrontation der Gegner entspricht die Gegenüberstellung der mit einem adversativen *cum* verbundenen Sätze, die ihre jeweilige Situation beschreiben. Der Satz ist also doch übersichtlich, die Situation wird erst durch diese kompakte, aber präzise sprachliche Gestaltung voll durchschaubar, dadurch einprägsam, sie wirkt auf den Leser geradezu suggestiv. Die Schwierigkeit der Lage spiegelt sich in der Satzstruktur. Hier ist ein Meister der Sprache am Werk,[14] das können die Schüler spüren. Die deutsche Übersetzung muss die Parataxe in Einzelsätzen wählen und zerstört diesen Eindruck fast ganz.

Der Vergleich mit der wohl modernsten (und so vom lateinischen Original am weitesten entfernten) Caesar-Übersetzung von MARIELUISE DEISSMANN (Stuttgart 1980, 204 ff.) liefert den Beweis:

„... so dass die Lage für uns sehr schwierig wurde, denn die Schiffe konnten wegen ihres Ausmaßes nur in größerer Tiefe vor Anker gehen, während unsere Soldaten das Gelände nicht kannten und ihre Hände nicht gebrauchen konnten, weil sie mit dem Gewicht der vielen Waffen belastet waren. Trotzdem sollten sie zugleich von den Schiffen springen, im Wasser Halt finden und mit den Feinden kämpfen. Diese waren mit der Gegend wohl vertraut, befanden sich im Trockenen oder waren nur wenig ins Wasser vorgerückt, so dass sie alle ihre Glieder frei gebrauchen konnten. Sie schleuderten kühn ihre Wurfgeschosse und trieben ihre Pferde an, die an diese Kampfweise gewöhnt waren."

Nun fragen wir: Ist dieses sprachliche Raffinement im lateinischen Original um seiner selbst willen gesucht? Schüler können diese Frage auch schon in der Anfangslektüre beantworten. Etwa so: Alle Vorteile liegen offensichtlich auf Seiten der Barbaren, der Britannen, alle Nachteile auf Seiten der Römer. Die Wirkung auf die römischen Soldaten ist entsprechend: Sie sind eingeschüchtert (*perterriti*), wenig kampfbereit und einsatzwillig (*non eadem alacritate ac studio ... utebantur* 24,4). Die Landung droht zu misslingen. Caesar merkt es; er setzt eine neue Taktik dagegen ein. Caesar lässt die für die Britannen ungewohnten und besser manövrierfähigen Kriegsschiffe in Aktion treten, worin „das überlegene Feldherrngeschick"[15] Caesars erkennbar wird, und bringt die Gegner so aus der Fassung, dass sie sich ein Stück zurückziehen. Dieser neue Plan zeigt Wirkung, bringt aber offensichtlich noch keinen durchschlagenden Erfolg. Die Soldaten zögern, wegen der Tiefe des Meeres ins

---

14) EGON RÖMISCH, a.O., 61 ff., der diesen Satz einer intensiven Analyse unter methodischem Aspekt unterzieht, schreibt dazu: „Prüft man noch, mit welchen Mitteln dies (i. e. die kompakte Schilderung; d. VERF.) erreicht wird, so ist hier in Caesars einfacher Sprache außer dem Superlativ und *simul et – et – et* nichts Ungewöhnliches zu entdecken." Dass hier alle Elemente in einer kunstvoll gebauten chiastischen Antithese ihre Funktion haben, hat RÖMISCH nicht gesehen. Doch erst dadurch intensiviert sich die Dramatisierung des Geschehens. Richtig bei RÖMISCH: „Dieser Schwierigkeit der Situation entspricht das Satzbild." (61).

15) So BRENNER, a.O., 81.

Reliefblock mit Kriegsschiff, um 37- 34 v. Chr., wahrscheinlich von einem Denkmal für Marcus Antonius, Rom, Vatikanische Museen

Wasser zu springen (*at nostris militibus cunctantibus*). Das Unternehmen fährt sich fest. Der Erfolg steht auf der Kippe. In diesem Augenblick springt der Adlerträger der Elitelegion (der 10. Legion) als Erster vom Schiff; er beschwört die Götter, dass das Unternehmen für die Legion einen glücklichen Verlauf nehmen solle, und treibt durch seinen Anfeuerungsruf die anderen dazu, seinem Vorbild der Pflichttreue gegenüber Rom und dem Feldherrn zu folgen: „Springt hinunter, Kameraden, wenn ihr nicht den Adler den Feinden ausliefern wollt! Ich wenigstens will gegenüber dem Staat und Feldherrn meine Pflicht erfüllt haben." (Kap. 25, 3-6):

Landung Caesars in Britannien, Holzstich von 1863

„Desilite ... commilitones, nisi vultis aquilam hostibus prodere; ego cere meum rei publicae atque imperatori officium praestitero."

Römischer Soldat mit Feldzeichen, 1. Jh. n.Chr., Wien, Kunsthistorisches Museum

Die anderen wollen die Schande, dass der römische Adler in die feindliche Hand fällt, nicht dulden und stürzen dem Adlerträger nach. Die festgefahrene Situation löst sich zugunsten der Römer. Schon an diesen zwei Kapiteln lässt sich einiges für Caesar Charakteristisches erarbeiten, etwas, was ihn als Schriftsteller, Politiker und Menschen ins Licht rückt. Das Beispiel zeigt einen wesentlichen Aspekt der caesarischen Erzähltechnik (Erzählstrategie). Wir fragen zunächst, welches Erzählmuster hier erkennbar wird. Eine schwierige Situation (*difficultas*) tritt auf; Caesar setzt sein planendes, strategisches Geschick (*consilium*) dagegen ein. Der Erfolg wird gesichert durch den tapferen Einsatz (*virtus*) der Soldaten. Dieses Erzählmuster, in dem Situation, Entscheidung und Handlungsmotivation in ein überschaubares Verhältnis zueinander gebracht werden, kehrt mehr oder weniger ausgeprägt – fast stereotyp – wieder (es ist vorausgehend, wie bereits mehrfach (s.o. S. 63 u. S. 83ff.) gezeigt, und nachfolgend feststellbar). Dieses Zusammenwirken der drei „Erfolgsbedingungen oder Faktoren des strategischen Fortschritts" ist für die Erzählstrategie prägend.[16] Man könnte dies als eine bloße Er-

---

16) Dieser Aspekt der Erzähltechnik ist offensichtlich in der wissenschaftlichen Literatur noch nicht angemessen gewürdigt worden. Weder RICHTER: Caesar als Schriftsteller seiner Taten, 316ff., noch andere Autoren, die die Erzähltechnik Caesars untersucht haben, gehen darauf ein. Allgemein zum kunstvollen Aufbau des Textes, der gedanklich durchdrungen ist, vgl. V. ALBRECHT, M.: Meister römischer Prosa, Heidelberg 1971, 84: „Caesars Logik bedient sich in höchst nuancierter Weise der sprachlichen Mittel." EGON RÖMISCH, a. O., 61f., hat das zugrunde liegende Erzählmuster nicht erkannt, so dass er auch die Erzählstrategie an dieser Stelle nicht aufdecken kann. BRENNER, a.O., 86, hält dieses Begriffsdreieck für „etwas fragwürdig und zu schematisch", vor allem aufgrund „der engen Beziehung zwischen Caesar und seinen Soldaten und der Verflechtung ihrer Interessen." Hier scheint die erzähltechnische Funktion dieses Darstellungsschemas missverstanden; es liegt nicht auf der psychologischen Ebene, sondern erfasst lediglich jene Faktoren, die im Erfolgsbericht vom römischen Leser als entscheidend angesehen werden sollen. Ohne *difficultas* hätte der Feldherr keine Gelegenheit sein *consilium* zu zeigen, ohne dieses könnten die Soldaten nicht ihre *virtus* verwirklichen; für beide, Feldherrn und Soldaten, wäre es nicht möglich, das angestrebte Ziel erfolgreich zu verwirklichen. Nur durch das funktionierende Zusammenwirken der drei Faktoren kommt Erfolg zustande. Dieses Funktionieren setzt das enge Verhältnis von Feldherr und Soldaten voraus, worauf Caesar eben allseits hinweist.

scheinungsform des Formelhaften deuten, das allgemein den Berichtstil Caesars in den *Commentarii* bestimmt, wenn nicht innerhalb der Erzählung durch gewisse Modifikationen der Erzählung Aussageakzente gesetzt würden.

Halten wir zunächst einmal das Erzählmuster im formalisierten „Begriffsdreieck" fest.

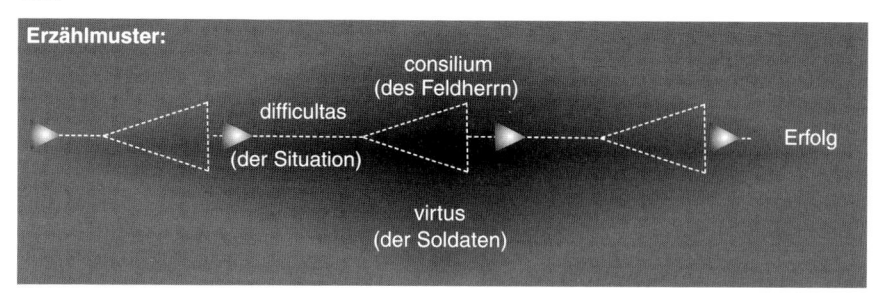

Erzählmuster:

consilium
(des Feldherrn)

difficultas
(der Situation)

virtus
(der Soldaten)

Erfolg

Die Situation wird hier nicht nur als eine *difficultas* angesehen, sondern als eine *summa difficultas*. Da wird uns (und dem Schüler) klar: Die im höchsten Maße schwierige Lage wird mit einem in höchstem Maße brillanten (und deshalb gleichfalls schwierigen) Satz ausgedrückt. Die Einheit von Form und Inhalt wird hier schon augenfällig. Und dieser Eindruck steigert sich: Gegen die auftretende Schwierigkeit führt Caesars taktische Gegenmaßnahme nicht sofort zum Erfolg. Die Soldaten setzen die neue Strategie nicht sofort in eine tapfere Tat um. Caesars planende Kraft bringt zwar auch hier großen Vorteil, aber doch nicht die sofortige positive Lösung. Die rein rationale Bewältigung der Lage durch das *consilium* ist unzureichend. Caesar allein bringt hier nicht, wie sonst oft erkennbar (so von WALDEMAR GÖRLER herausgearbeitet[17]), die Peripetie. Andere Kräfte sind im Spiel; es sind Kräfte der menschlichen Seele (Angst, Eingeschüchtertsein, Unentschlossenheit, Mangel an Mut), die sich hier offensichtlich dem rationalen Zugriff entziehen. Diese psychische Blockade beseitigt nur die gleichfalls aus dem Gefühlsmäßigen kommende und an die politischen Gefühle (soldatisches Pflichtethos, nationale Ehre) appellierende Tat eines einzelnen Virtus-Trägers, nämlich des aus der Masse der Soldaten durch seine Sonderstellung herausgehobenen, geradezu von einem religiösen Nimbus umgebenen Aquilifer, noch dazu der 10. Legion, die Caesars stärkstes Vertrauen genießt.[18] Ein stark emotionales, pathetisches Moment schlägt durch. STEPHAN BREN-

---

17) Caesar als Erzähler. In: AU 23.3 (1980), 18-31 und Ein Darstellungsprinzip Caesars – Zur Technik der Peripetie und ihrer Vorbereitung im Bellum Gallicum. In: Hermes 105,3 (1977), 307-331.

18) Der Aquilifer ist der ranghöchste Feldzeichenträger; er ist für die Sicherheit des Feldzeichens verantwortlich, dem im Heer hohe Symbolkraft zukommt; vom „Adler" geht eine politisch-religiöse Bindung aus, an Staat und Tradition. Ihn zu verlieren ist für die Soldaten höchste Schande; für sein „Wohl" zu kämpfen ist Ehre und Pflicht, weil die Garantie für den Einsatz des Staates zu erkennen ist. Ausführlicher dazu BRENNER, a.O., 82f. (dazu weitere Literatur).

NER spricht zu Recht von einer starken Emotionalisierung.[19] Die Einmaligkeit dieser Leistung wird vom Autor in einer auffallenden, sofort ins Auge springenden Weise herausgestellt: in der Wahl des sprachlich-stilistischen Mittels. Hier ist – erstmals im Bellum Gallicum (auch später ist das nur mehr selten und in ähnlichen Situationen der Fall) – die Rede einer handelnden Figur, hier des Fahnenträgers, in der Oratio recta wiedergegeben.[20] Sie ist aus der Distanz der sonst üblichen indirekten Rede in die Unmittelbarkeit des Miterlebens und Mitempfindens genommen. Dadurch werden Tat und Haltung des von *officium* erfüllten Helden in einer nicht mehr überbietbaren Weise akzentuiert. Der dramatisierende Bericht bedient sich an Höhepunkten auch der Emotionalisierung des Lesers.[21]

Auch hier trägt also – noch auffallender als im oben analysierten Satz – das sprachlich-stilistische Mittel die inhaltliche Aussage. Handlungsstrategie und Erzählstrategie fallen zusammen. Hier tritt auch die Ideologie des römischen Machtmenschen zutage: Er setzt Worte wie *honos* und *officium* nur in Szene, wenn dadurch der Weg zum politisch-militärischen Erfolg freigemacht wird.[22]

In Kap. 26/27 wird der Kampfverlauf kurz berichtet. Dem *pugnatum est ab utrisque acriter* folgte nicht sofort der römische Sieg. Erst mit Mühe und zusätzlichen taktischen Maßnahmen konnten die Feinde in die Flucht geschlagen werden. Caesar konnte sie allerdings, da die Reiterei noch nicht angekommen war, nicht verfolgen lassen. Caesar bedauerte dies als einen Mangel an Glück. Die frühere *Fortuna* fehlte ihm hier. Dies zeigt, wie sehr er sich bei allem Vertrauen auf seine rationalen Fähigkeiten doch auch vom Schicksal abhängig weiß. Damit ist auch für den Machtpolitiker Caesar „eine Grenze markiert" (EGON RÖMISCH, 64). Es deutet sich hier

---

19) a.O., 84. RASMUSSEN (Caesars Commentarii. Stil und Stilwandel am Beispiel der direkten Rede, Göttingen 1963, 29) sieht darin einen „momentanen (fast irrationalen) Handlungsimpuls".

20) Direkte Rede begegnet im BG noch in V 30; 44; VI 8; 35; VII 20; 38; 77. Bezeichnenderweise hat RÖMISCH, a.O., 61 f., dieses an der Peripetie eingesetzte Stilmittel der Oratio recta nicht angemessen gewürdigt.

21) In seiner eingehenden Untersuchung zu „Erzählstil und Propaganda in Caesars Kommentarien", Heidelberg 1975, beurteilt FRITZ-HEINER MUTSCHLER auch die Verwendung der direkten Rede sowie der Ausgestaltung der „Einzelszene". Beides wird zu den „nicht-kommentarienhaften Erzählelementen" gerechnet (118), in denen es dem Autor auf unmittelbare Vergegenwärtigung des Geschehens, dadurch auf emotionale Wirkung (*movere*) ankommt (124 f.). Solche Mittel dienten „unmittelbar den Propagandaabsichten Caesars" (163). CLASEN, a.O., 52, spricht mit Recht von einer „pathetischen Stilisierung", die der Bericht an dieser Stelle erhält. Zweifellos wird hier auch eine „Dramatisierung des Berichts" erreicht. Solch „nahe Erzählperspektive" ist nach MUTSCHLER, a.O., 127, ein „Mittel dramatischer Verlebendigung". „Es sind dies Peripetien, die einer dramatischen Ausgestaltung bedürfen." So RASMUSSEN, a.O., 134.

22) Ob dies für Caesar objektiv gültige „feste Wertvorstellungen" sind, wie RÖMISCH, a. O., 63, annimmt, mag nicht zu entscheiden sein. Eher ist wohl anzunehmen, dass er sie im Sinne seiner Ziele instrumentalisiert und sie zur Beeinflussung der Leser erzählstrategisch geschickt einsetzt.

das gerade sein späteres Leben bestimmende Thema „Caesar und sein Glück" an. Der Erfolg stellt sich jedoch nach weiteren taktischen Manövern bald ein: Die Britannen unterwarfen sich mit der Bitte um einen Freundschaftspakt, der gewährt wurde.

Die Auswertung der Ergebnisse bei der Lektüre von IV 24-27

Was erfahren die Schüler hier am Beispiel dieser Kapitelfolge über die Persönlichkeit Caesars?

1. Sie spüren etwas von der Erzählweise (Erzählkunst) des Autors: Er reiht das komplexe Geschehen auf eine einfache Darstellungslinie, er erzeugt dabei Klarheit, Durchschaubarkeit, aber auch Eindringlichkeit und eine gewisse Dramatik. Aussageabsicht und sprachlicher Ausdruck, Inhalt und Form werden als feste Einheit begreifbar. Der Bericht greift auch zum Mittel der Emotionalisierung, um den Eindruck der strategischen Leistung beim Leser zu verstärken.

2. Sie erkennen in Caesar einen Strategen, der der schwierigen Situation mit der Kraft seines planenden Geistes begegnet und den taktischen Weg findet, auf dem seine Soldaten zum Erfolg kommen. Seine militärische Zielsetzung lässt ihn dabei als Exponenten des römischen Imperium erkennen, da er sein Vorgehen und den Einsatz seiner Soldaten als Dienstleistung an der *res publica Romana* demonstriert. Die Leistung seiner Untergebenen erkennt der Imperator an. OTTO SEEL z.B. spricht bei der Darstellung des vorbildhaften Einsatzes des Fahnenträgers von einer „solidarischen Sympathie, die vom Herzen" komme.[23]

3. Sie bemerken zudem, dass auch ein Mann wie Caesar trotz aller geistigen Überlegenheit, trotz allen Planens sich von a-rationalen, wohl sogar irrationalen Kräften nicht unabhängig sieht.

   Manche Vorgänge sind, wie er zeigt, seinem rationalen Zugriff entzogen: ein Eindruck, der durch unser Wissen, dass Caesar stark von einem Vertrauen auf Glück, auf seinen guten Stern bestimmt war, nur noch bestärkt wird.[24]

---

23) Römertum und Latinität, Stuttgart 1964, 328. Allgemein zum Verhältnis Caesars zu seinen Soldaten vgl. GESCHE, H.: Caesar, Darmstadt 1966, 187f. (hier weitere Literatur).

24) Am Ende vom Kap. 26 schlägt dieser Zug Caesars unmittelbar im Text durch, wenn er bei einem nicht vollen Gelingen seiner strategischen Absicht schreibt: *Hoc unum ad pristinam fortunam Caesari defuit*. Zu Caesars Verhältnis zum „Glück" wichtig GESCHE, H., Caesar, Darmstadt 1976, 188ff. Vgl. auch BÖMER, F.: Caesar und sein Glück. In: RASMUSSEN, D. (Hrsg.): Caesar, Darmstadt 1967, 89ff.

Im Ganzen: Das kluge Planen, die „praktische Geisteskraft", wie FRIEDRICH KLINGNER den Begriff *consilium* bei Caesar deutet,[25] ist uns als ein hervorstechendes Merkmal seines Handelns und Verhaltens in seinem Bericht (man muss hier die vorher gelesenen Partien mit berücksichtigen) entgegengetreten. Dieses Planen, dieses geistige Durchdringen der Sache (eben das *consilium*), wird gleichfalls fassbar in der klaren, eindringlichen und zielgerichteten Art seiner Berichterstattung. Der beherrschende Zug seiner Persönlichkeit herrscht auch in seiner Sprache vor. Das Wesen prägt den Stil. „*Le style c'est l'homme.*" Dieses Wort geht auf BUFFON zurück. Er trifft auf kaum ein Werk der Weltliteratur mehr zu als auf Caesars Bellum Gallicum. Die Einheit dieser Aspekte, von Person und Stil, macht die geschichtliche Größe des Römers aus, wie die Rezeptionsgeschichte zeigt.[26] Als Politiker und Stilist hat Caesar seine Bewunderer und Nachahmer gefunden: FRIEDRICH II., NAPOLEON, CHURCHILL. Der Staatsmann des 20. Jahrhunderts, selbst Politiker und Stilist ersten Ranges, war ein Verehrer Napoleons; er urteilt über diesen: „Ein großartiger Mensch, für mich kommt er gleich hinter Julius Caesar." „Zwei Jahrtausende lang hat Caesar das Herz Europas bestrickt."[27]

Soll man dieses positive Bild, das die „Sache" Caesar zeigt, so im Anfangsunterricht stehen lassen? Auf jeden Fall muss dieses Bild erst einmal so geschaffen sein, der Schüler muss wissen, mit wem er es zu tun hat. Erst dann kann je nach Reife und Interessenlage eine Problematisierung dieser historischen Figur versucht werden. Man kann und muss wohl zur Kenntnis geben, dass Caesars Bericht an den Senat von Rom in einer bestimmten Absicht gerichtet, also eine Tendenz verfolgt wurde, demnach eine gezielte Erzählstrategie vorliegt. In diesem Lichte erhält sowohl die sprachliche Darstellung wie auch ihre inhaltliche Aussage eine politische Funktion. Gerade der pathosbestimmte Höhepunkt dieser Kapitel lässt, so betrachtet, nicht nur Caesars Sympathie für den Soldaten, sein Bekenntnis zu einer nationalen Bindung der Römer erkennen; er ist zugleich ein Zeugnis dafür, dass solches Pathos der Darstellung, das Eindruck auf die stadtrömischen Leser machen soll, auch das Ergebnis eines nüchternen politischen Kalküls, einer auf den „Propagandaerfolg in Rom"[28] angelegten Berechnung, letztlich eine „Selbststilisierung"[29] sein kann, und solche Erkenntnis muss jeden nachdenklich stimmen.

---

25) C. Iulius Caesar, Römische Geisteswelt, 99.
26) Siehe dazu bes. TSCHIEDEL, H. J.: Zu Caesars literarischer Aktualität. In: NEUKAM, P. (Hrsg.): Widerspiegelung der Antike. Klassische Sprachen und Literaturen, Bd. XIV, München 1981, 78 ff. Vgl. dazu auch GESCHE, a.O., 198 f.
27) So YAVETZ, ZVI: Caesar in der öffentlichen Meinung, Düsseldorf 1979, 16.
28) Vgl. dazu MAIER, U., a.O., 64 f.: Für Caesar bedeutet der Britannenfeldzug „die konsequente Ausnutzung einer außenpolitischen Möglichkeit, um seinen innenpolitischen Rang zu behaupten." Er habe ihm „einen ungeheuren Propagandaerfolg in Rom" gebracht. Ähnlich STEVENS, C. E.: 55 B. C. In: Antiquity 21 (1947), 5; er spricht von einem „*incredible propaganda success*". HELGA GESCHE, a. O., 99, meint dazu, dass „gerade die Fahrten nach Britannien Caesars Ansehen und Prestige in Rom nicht unerheblich" steigerten.
29) Vgl. dazu V. ALBRECHT, a.O., 89.

Wie sich die in Kap. 24-25 erarbeiteten Ergebnisse innerhalb der Gesamtinterpretation der Kapitelfolge niederschlagen, sei aus dem nachfolgend abgedruckten Interpretationsprotokoll zu entnehmen.

Interpretationsprotokoll zu Caesar, Bellum Gallicum IV 20-36

A) Einleitung:

Caesar hat die von ihm selbst gestaltete Geschichte dargestellt, er war Augenzeuge (*videre*) und Akteur der Geschichte; er ist ein Historiker im eigentlichen, ursprünglichen Sinne; denn „*historia*" bedeutet „Augenzeugenbericht". Daraus ergibt sich für den Leser der *commentarii*, dass er Caesars Absichten nachspüren kann. In seinem Werk, das wir zur Memoirenliteratur rechnen können, lernen wir Caesar in dreifacher Weise kennen:

B) I. Caesar als Schriftsteller

1. Schachzugartige Darstellung ⟶ Klarheit
   Caesar stellt das Geschehen in abwechselnder Folge gleichsam wie die Züge eines Schachspiels dar, äußerlich erkennbar zumeist in den Kapitelanfängen: *at, sed*; das bedeutet für den Leser Klarheit.
2. Wiederholende Darstellung (Begriffsdreieck) ⟶ Eindringlichkeit
   Caesar reiht das Geschehen auf eine einfache Darstellungslinie, auf der sich das Begriffsdreieck

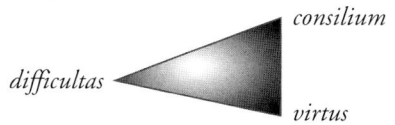

   difficultas ◀ *consilium* / *virtus*

   immer wiederholt. Das wirkt zwar eintönig, ist aber von gewaltiger Eindringlichkeit.
3. Durchdachter Bau der Sätze ⟶ Spannung, Dramatik
   Caesar schildert die Nebenumstände in untergeordneten, breiten Sätzen (zumeist Imperfekt oder in Konjunktivsätzen), dagegen das Hauptgeschehen in kurzen, oft asyndetischen Hauptsätzen (in der Regel im Perfekt). Dadurch wird Spannung und Dramatik bewirkt.

II. Caesar als Politiker

1. Ein kluger Stratege
   Caesar ist kein Draufgänger, er lässt sich in allem von seinem *consilium* leiten, er schätzt also die Situationen genau ein und plant alles Vorgehen.
2. Ein verantwortungsbewusster „Beamter"
   Caesar fungierte als „Beamter" in Gallien, sein Zug nach Britannien diente besonders der Sicherung des Römischen Imperium.

3. Ein sendungsbewusster, aber auch persönlich ehrgeiziger Imperator
   Caesar wollte die römische Zivilisation (*cultus atque humanitas*) auch den wilden Völkern des Nordens bringen. Freilich verfolgte er dabei auch – wohl sogar vorrangig – seine ehrgeizigen Pläne als Imperator.

III. Caesar als Mensch

1. Caesar erkennt die *virtus* seiner Soldaten an, was in der Darstellung der heldischen Einzelleistung des Fahnenträgers der 10. Legion deutlich wird.
2. Caesar sieht sich auch unter der irrationalen Macht der *Fortuna* stehen; er vertraut auf seinen „guten Stern" (vgl. *Hoc unum ad pristinam fortunam Caesari defuit*, Kap. 26,5).

C) Zusammenfassung:

Schon der kurze Abschnitt des Britannienunternehmens lässt wichtige Wesenszüge Caesars erkennen: er ist ein großer Römer, er hat viele Bewunderer (FRIEDRICH II., NAPOLEON, CHURCHILL) gefunden, als Imperator und Schriftsteller. In ihm bestätigt sich einzigartig das Wort: *le style c'est l'homme*. Caesar hat die Geschichte Europas wesentlich beeinflusst (Kaisertum!); er ist aber auch der ehrgeizige und ruhmsüchtige Imperator. An ihm werden Vorzüge und Schattenseiten eines Machtmenschen erkennbar.

Schriftführer: Hudelzeck / Mack, 9a (1968)

d) Behutsame Hinführung zur problemorientierten Interpretation

Wenn es nicht genügen sollte – etwa bei einer besonders aufgeschlossenen und kritischen Klasse –, den Caesartext durch den Hinweis auf die tendenzhafte Berichterstattung zu problematisieren, so bietet sich ein Textvergleich an.[30] Eine charakteristische „Kriegs"-Kapitelfolge lässt sich mit einer Stelle aus einem modernen Antikriegsroman vergleichen. Das aus der kühlen Distanz des leitenden Generals gegebene Kampfprotokoll *pugnatum est ab utrisque acriter* wird konfrontiert mit einer Schilderung über das, was die unmittelbar Betroffenen beim „hitzigen Kampf" erleiden. Dadurch wird erreicht, dass vom Schüler das von Caesar sachlich-nüchtern und ohne innere Anteilnahme dargestellte Phänomen Krieg von einer anderen Seite erfasst und in seiner Bedenklichkeit gesehen wird.[31] Zugleich kann so der Weg für eine problemorientierte Lektüre eines anderen Abschnittes aus dem Bellum Gallicum vorbereitet werden.

---

30) Zum Vergleich VERFASSER, Lateinunterricht, Bd. 3, 132 ff., bes. 147 ff.
31) Man sollte wohl in einem solchen Zusammenhange darauf hinweisen, dass schon in antiken Berichten Caesars Kriegsführung als bedenklich angesehen wurde. Seine Kriege hätten 1 192 000 Menschenleben gekostet. Genaueres zur Einschätzung Caesars in der Antike und in der wissenschaftlichen Literatur bei YAVETZ, ZVI, a.O., 15.

Vergleichstext zur Caesarlektüre

Kriegsunternehmen gegen die Britannier BG IV 20-36

Aus Edlef Köppen, Heeresbericht, Kronberg 1976 (ursprünglicher Erscheinungsort: Berlin-Grunewald 1930; ein seinerzeit von der Literaturkritik sehr positiv beurteilter Antikriegsroman):
„... In der Luft ist unerwartet ein neues Sausen, scharf, laut, lauter, lauter – ein Einschlag! Reisiger wird unter den Munitionswagen geschleudert. Er stemmt sich, sieht auf. Dicht hinter ihm liegt Conrad, wälzt sich, röchelt, stöhnt wie ein krankes Tier. Hebt den Arm, lässt ihn fallen. Reisiger sieht: Conrads linke Hand ist an der Wurzel glatt abrasiert. Eine dicke Fontäne sprudelt aus dem Stumpf. Man schreit von allen Seiten nach Sanitätern ..."

Auswertung des Vergleichs (Schülerprotokoll einer Stunde)

Caesar BG IV 35-37	Edlef Köppens „Heeresbericht" (S. 48/49)
Commentarii: ca. 50/60 v. Chr.	„Antikriegsroman" von 1930
Verben kriegerischen Handelns: *pellere, fugere/fugare, terga vertere, interficere, defendere, circumstare, pugnare, vastare, occupare, incendere, frumentum succidere, delere, occidere, interficere*	Ausdrücke kriegerischer Erfahrung: ein Sausen, ein Einschlag, Schleudern unter den Munitionswagen, Wälzen im Blut, Röcheln, Blutfontäne, Abrasieren des linken Armes, Stöhnen wie ein wildes Tier, Rufen nach Sanitätern
Verben, die uns heute grausam und wenig gebräuchlich erscheinen	Ausdrücke, die Schreckliches und Mitleid Erregendes schildern
Sprache: sachlich, distanziert, nüchtern	Sprache: anschaulich, bildhaft, makaber

Beides Kriegsdarstellungen

Caesars Text	Köppens Text
Rechtfertigungsbericht über seine Erfolge, ohne Rücksicht auf Einzelschicksale (von einem verantwortlichen Feldherrn verfasst)	Schilderung eines Einzelschicksals, wodurch versucht wird, vom Krieg abzuschrecken; vom Einzelschicksal wird man mehr ergriffen. Auf die Gesamtlage des Krieges wird nicht eingegangen (von einem unpolitischen Romancier verfasst).
Pro-Kriegs-Bericht: Aktives Handeln des Führers	Antikriegsroman: Passives Erleiden der „Geführten"

Fazit: Als Leser des 20. Jahrhunderts ist man etwas enttäuscht und vielleicht auch überrascht, dass Caesar so grausame Szenen und Verluste so kalt und sachlich aufführt; andererseits ist er durch die Gattung des Berichts festgelegt und muss seinen Rechtfertigungsbericht vor Volk und Senat von Rom auf diese Weise bringen.

Schriftführer: Florian Schipka, 9d (1982)

Antworten auf die Fragen (Kap. 24/25):

1. Die höchste Schwierigkeit liegt für Caesar darin, dass alle Nachteile bei seinen Leuten (ohne Ortskenntnis, an den Händen behindert, von der Waffenlast niedergedrückt), alle Vorteile dagegen bei den Britannen (fast alle am trockenen Land kämpfend, durch nichts behindert, in voller Ortskenntnis) liegen.
Die Kampfbedingungen sind für die Römer extrem schlecht.
2. Caesar setzt dagegen seine strategische Klugheit (*consilium*) ein, indem er eine besondere Taktik der Schiffsbewegung einsetzt. Er ist aber zur Durchsetzung dieser Taktik auf die Soldaten angewiesen. Die *virtus* des Fahnenträgers hilft ihm dabei.
3. Die Oratio recta dient der unmittelbaren Vergegenwärtigung der Situation; sie markiert die Peripetie des Ereignisses, zieht den Leser unmittelbar in das Geschehen hinein. Caesar dramatisiert diese Szene, macht sie für den Leser lebendig und erlebnishaltig. Indem er den Fahnenträger an die römischen Grundwerte von *honos* und *officium* appellieren lässt, regt er auch Identifikationsgefühle an. Caesar gibt durch Emotionalisierung dem Bericht eine suggestive Wirkung.
4. Wendungen im Text:
nostris militibus cunctantibus propter altitudinem maris – qui decimae legionis aquilam ferebat – „Desilite", inquit, „commilitones, nisi vultis aquilam hostibus prodere!"

e) Eine Naturkatastrophe und ihre Folgen

Von den Kap. 28-31 sind 29 (teilweise) und 31 zur statarischen Lektüre aufbereitet; 30 soll synoptisch gelesen werden; der Rest ist paraphrasiert.

Kap. 28/29: Die Unberechenbarkeit des Schicksals, die dem menschlichen Planen entgegensteht, musste Caesar sofort nach seinem Erfolg des Friedensschlusses erfahren. Ein gewaltiger Sturm zerschlug die anlandende römische Flotte mit der Reiterei an Bord. In derselben Nacht kamen Springfluten auf, ein Naturphänomen, das die Römer so nicht kannten (s. Zeichnung zum Text). Folge: Fast alle Last- und Kriegsschiffe wurden durch die Flut vernichtet oder beschädigt. Da dadurch eine Rückfahrt auf das Festland unmöglich geworden war, brach im ganzen Heer Panik aus: *totius exercitus perturbatio facta est.*
Die Gründe dafür nennt Caesar ohne Umschweife:
1. Andere Schiffe standen nicht zur Verfügung.
2. Es gab kein Material, um die defekten Schiffe zu reparieren.
3. Für alle stand fest, dass man in Britannien überwintern musste, dafür aber nicht genügend Proviant zur Verfügung stehen würde.
Die Römer sahen sich in einer ausweglosen Situation.

Antworten auf die Fragen (Kap. 28/29):

1. Durch die unberechenbaren Naturkatastrophen des Sturms und der Springfluten verloren die Römer ihre Schiffe und damit die Möglichkeit zur Rückkehr.
2. Das nahm den Soldaten offenkundig alle Kampf- und Kriegsmoral, sie gerieten in Panik (*perturbatio*).

Kap. 30/31: Die schlimme Situation der römischen Armee verschärfte sich insofern, als die Britannen, sobald sie vom Unglück der Römer erfuhren, die Gelegenheit, den Krieg wieder aufzunehmen (*rebellio*) erkannten und Caesars Truppen durch Behinderung bei der Proviantsuche in noch größere Bedrängnis zu bringen für angebracht hielten. Zur Winterzeit hielten sie sogar einen Sieg über die Römer für möglich und glaubten, dadurch die Römer für immer von kriegerischen Angriffen auf die Insel abzuschrecken. Trotz des bestehenden Freundschaftspaktes trafen sie sich heimlich zu einer verschwörerischen Aktion (*rursus coniuratione facta* 30,3) und formierten sich zum Widerstand.

Für Caesar war die Situation abermals schwierig, ja noch wesentlich bedrohlicher als bei der Landung. Wie konnte er diese Schwierigkeit meistern, d.h. seine Truppen ohne Niederlage zurück nach Gallien bringen? In einem Kapitel (31) berichtet er von seiner Reaktion darauf. Dieser Text soll wieder exemplarisch, diesmal mit den Mitteln der Textgrammatik, analysiert werden.[32] Dazu sei zunächst der lateinische Text, mit einigen den Textaufbau anzeigenden Sigeln versehen, abgedruckt.

Kap. 31: At Caesar, etsi nondum eorum consilia cognoverat, tamen et ex eventu *navium* suarum et ex eo, quod obsides dare intermiserant, fore id, quod accidit, suspica*batur*. Itaque ad omnis casus subsidia compara*bat*. Nam et frumentum ex agris cotidie in castra confere*bat* et quae *gravissime adflictae* erant *naves,* earum materia atque aere ad *reliquas reficiendas* ute*batur* et, quae ad eas res erant usui, ex continenti comportari iube*bat*. Itaque cum summo studio a militibus administraretur, XII *navibus* amissis, reliquis ut *navigari* satis commode posset, *effecit*.

Es soll hier mit einfachen und wenigen Kriterien eine Kohärenzanalyse versucht werden; und zwar mit „Personenverteilung", „Bedeutungsfeld", „Konnektoren" und „Tempusrelief".[33]

---

32) Teilweise verändert übernommen aus VERFASSER: Herrschaft durch Sprache. Erzähltechnik und politische Rechtfertigung bei Caesar. Beispiel: BG IV, 24-31. In: Lebendige Vermittlung lateinischer Texte. AUXILIA 18, 39-52, bes. 43-52.

33) Vgl. dazu FRINGS/KEULEN/NICKEL: Lexikon zum Lateinunterricht, Freiburg/Würzburg 1981, s.v. „Kohärenz", „Bedeutungsfeld", „Konnektoren", „Tempusrelief". Als unterrichtliches Hilfsmittel dazu wichtig auch: GLÜCKLICH/NICKEL/PETERSEN: interpretatio. Neue lateinische Textgrammatik, Freiburg/Würzburg 1980, bes. 141 ff. Siehe dazu auch GLÜCKLICH: Satz- und Texterschließung. In: AU 30.1 (1987), 5 ff. Ebenso die ausführliche Einführung in die Arbeit mit textgrammatischer Zielsetzung bei GROSSER, H./MAIER, F. in: Systemgrammatik Latein, München 1997, 250-270.

1. Die Personenverteilung lässt erkennen, wer als Agierender die Handlung vorantreibt, wer eher ein vom Geschehen Betroffener ist. Es wird auf diese Weise deutlich, wer der „Held" der Geschichte ist oder wer sich als solcher hinstellt, um sich ins rechte Licht zu rücken.
2. Mit Hilfe der vorherrschenden Begriffe und Wendungen, den sog. „semantischen Merkmalen", wollen wir das Thema des Textes erfassen. Man spricht von der „Merkmaldominanz", die auf das Thema verweist. Am ehesten lässt sich diese feststellen, indem man ein Sach- oder Bedeutungsfeld anlegt, also die Wörter zusammenstellt, die, in auffallender Häufigkeit begegnend, in einer sachlichen Beziehung zueinander stehen oder eine gedankliche Einheit bilden.
3. Wir versuchen, den inneren gedanklichen (zeitlichen und logischen) Duktus der Erzählung/Darstellung mit Hilfe der sog. Konnektoren (der parataktischen Verbindungswörter) nachzuzeichnen, um auf diese Weise zu einer Art von Gliederung des Textes zu kommen.
4. Wir betrachten die Abfolge der Tempora Imperfekt/Plusquamperfekt einerseits und Perfekt andererseits. Wir bekommen dabei das sog. Tempusrelief, die Verteilung und Abfolge der Tempora innerhalb des Textes auf einen Blick. Das ermöglicht uns zu erkennen, was nach Absicht des Autors im Handlungshintergrund und was im Handlungsvordergrund steht. Es wird dabei auch klar, worauf Caesar in der Darstellung der Ereignisse das Schwergewicht legt.

Arbeitsergebnisse
(s. dazu zusammenfassende Übersicht, S. 125)

Zu 1 (Personenverteilung): Als agierende Person vom Anfang bis zum Ende über alle Sätze hin tritt Caesar auf; er ist Subjekt für nahezu alle (sieben) Prädikate des Satzes; d.h. bei allen Prädikaten der Hauptsätze ist das an die Kapitelspitze gestellte „Caesar" als Subjekt wieder aufzunehmen. Somit beziehen sich Kapitelanfang und -ende unmittelbar aufeinander: *Caesar ... effecit.* Alles was in diesem Text an Maßnahmen vollzogen wurde, sind Taten dieses „Helden". Caesar stellt sich gezielt und bewusst als den Leistungsträger hin. Als von den Maßnahmen der Hauptfigur Betroffene stellt sich der Leser von Anfang an die Soldaten vor und zwar als Objekt von Caesars Befehlen; erst im letzten Satz werden sie wörtlich, und zwar als die in einem Passiv-Satz Agierenden (*a militibus*) genannt.

Zu 2 (Bedeutungsfeld): Es springt sofort ins Auge – vor allem bedingt durch die Wortwiederholungen –, dass Begriffe wie *naves, navigare* und diesem Sachbereich zugeordnete Wörter: *eventus navium, adflictae erant naves, navibus amissis, ad naves reficiendas* eine vorherrschende Rolle spielen; sie dominieren in diesem Text, sie konstituieren, wie man sagt, das Thema: Es geht um die durch Verlust oder Beschädigung der Schiffe eingetretene Lage.

Zu 3 (Konnektoren): Der Text ist auffallend klar durch verbindende Wörter gegliedert: *at ... itaque ... nam ... itaque.* Das scharf-adversative *at* weist daraufhin, dass Caesar auf die neue Situation mit Gegenmaßnahmen reagiert; es leitet das ganze Kapitel ein, das schrittweise die Beseitigung eben dieser Situation darstellt. Zunächst wird Caesars Vermutung (*suspicabatur*), also seine Reflexion darüber angegeben, was aufgrund des Unglücks mit den Schiffen (*ex eventu navium*) und des Verhaltens der die Geiselstellung unterlassenden Britannen geschehen könnte. Das *itaque* leitet als Folgerung zu dem Abschnitt über, in dem Gegenmaßnahmen für alle Fälle vorbereitet werden sollen (*ad omnes casus subsidia comparabat*). Der folgende, mit *nam* eingeleitete Satz erklärt, inwiefern Gegenmaßnahmen ergriffen wurden, durch deren konkrete Angabe (also: *frumentum conferebat, materia et aere ... utebatur, quae ..., ex continenti comportari iubebat*). Der wieder mit *itaque* eingeleitete Schlusssatz bringt das Ergebnis dieser Bemühung, die bedrängte Lage zu beseitigen (*... effecit*). Das Kapitel ist offensichtlich in vier Abschnitte eingeteilt, deren Aussagen in einer logischen Abfolge stehen und in zunehmender Klärung die am Schluss stehende Notiz vorbereiten.

Zu 4 (Tempusrelief): Den erkennbaren Darstellungsabsichten dient auch die Verwendung der Tempora; sie wird für den Leser daran in einer kaum zu überbietenden Weise einsichtig. Im Text dieses Kapitels ist deutlich zwischen Handlungshintergrund und -vordergrund unterschieden. Überlegungen, Informationen, Maßnahmen, die als Voraussetzung für den Erfolg zu betrachten sind, stehen im Imperfekt oder bei Vorzeitigkeit im Gliedsatz im Plusquamperfekt:

> Abschnitt 1: suspicabatur — cognoverant / intermiserant
> Abschnitt 2: comparabat
> Abschnitt 3: conferebat, utebatur, iubebat

Mit diesen Tempora von Imperfekt und Plusquamperfekt ist gewissermaßen der Hintergrund ausgemalt, vor dem sich die im Schlusssatz genannte Perfekt-Handlung als im Vordergrund stehend scharf abhebt. „Das Perfekt gibt an, dass eine Handlung ihr Ende erreicht hat."[34] Das *effecit* drückt durch Form (Perfekt) und Wortinhalt (*efficere*: bewirken) aus, dass eine entscheidende Wirkung, ein „bewirktes" Ergebnis erreicht wurde, auf dessen Feststellung es dem Autor ankommt; durch die pointierte Schlussstellung am Ende des Kapitels erhält das *effecit* einen nicht mehr zu steigernden Nachdruck. Diese massive Feststellung (im „effektiven", resultativen Perfekt) lässt alle anderen vorausgehenden Handlungen in den Hintergrund treten; sie erscheinen gegenüber dem Hauptvorgang als unabgeschlossen, als „imperfektisch"; sie stehen demnach im *tempus imperfectum* – ohne Rücksicht auch auf die Aktionsart des Verbums (außerhalb des Textzusammenhangs wäre eine Aussage wie z.B. *... comportari iubebat* schwer erklärbar, denn das Verbum *iubere* mit deutlich punktueller Aktionsart ließe sich in der Vergangenheit im Normalfall nur mit Perfekt verwenden, also *comportari iussit*), auch die Rücksicht auf den Verbal-

---

34) So PINKSTER, H.: Tempus, Aspect and Aktionsart in Latin, Recent trends 1961-81. In: ANRW II (1983), 300.

aspekt kann hier die Verwendung des Imperfekts nicht klären.[35] Das bringt die Erkenntnis: Die Reliefgebung, d.h. die beabsichtigte Schaffung eines Handlungshintergrunds und -vordergrunds, erzwingt eine bestimmte Verwendung der Tempora und gibt der Erzählung ein dem Leser ins Auge fallendes Profil. Welches ist dieses? Das *effecit* ist die Feststellung des Erreichten, also dessen, was am Ende aller Vermutungen, Überlegungen, Planungen herausgekommen ist. Das festgestellte Ergebnis ist für den Berichtstil wichtig. Aus der Sicht des Autors am Ende eines Jahres oder am Ende des ganzen Feldzugs (51 v. Chr.) kommt es für den Leser, an den die Schrift gerichtet ist, auf das Erfahren des endgültig Geleisteten an. Das steht für Autor und Leser im Vordergrund. Diese Sichtweise macht auch das mitten im Kapitel stehende Perfekt *id quod accidit* verstehbar. Nachträglich, gewissermaßen aus der Retrospektive ist festgestellt und mitten in die Erzählung eingezeichnet, „was tatsächlich hernach eingetreten ist", so dass die im Hintergrund angegebenen Überlegungen und Maßnahmen von daher gerechtfertigt erscheinen. Das *accidit* ragt aus dem Hintergrund heraus, es gehört zum Handlungsvordergrund.

Die Kohärenzanalyse, die in einfacher Form am Kap. 31 vollzogen wurde, lässt sich zusammenfassend in einer Grafik zeigen, so dass das jeweils Erkannte auch optisch vergegenwärtigt wird (s. S. 125).

---

35) Eine konative oder iterative Sinnrichtung liegt bei dieser Tempusverwendung ganz sicher nicht vor. Vielleicht wird an dieser Textstelle verständlich, was HARALD WEINRICH (Die lateinische Sprache zwischen Logik und Linguistik. In: Gymn. 73, 1966, 155) allgemein sagt: „Es kommt ausschließlich auf die erzählerische Reliefgebung an. Diese Reliefgebung steht bis zu einem gewissen Grade im Belieben des Erzählers und ist Teil seiner künstlerischen Intention."

Textgrammatische Analyse von Kap. IV 31

1. Personenverteilung

Caesar — in allen Prädikaten der Hauptsätze als Subjekt agierender „Held"

(*milites* als Objekt) — von den Befehlen Caesars Betroffene
a militibus

2. Sachfeld („Merkmal-Dominanz")

ex eventu navium suarum
gravissime adflictae ... naves } Thema:
ad reliquas (naves) reficiendas   Reparatur der
XII navibus amissis ...   beschädigten Schiffe
reliquis navigari ... posset

3. Gliederung des Textes mit Hilfe der Konnektoren

1. Abschnitt   ↓   Gegenreaktion Caesars
   (1. Satz)   *at:*   Vermutung (Reflexion)

2. Abschnitt   ↓   Folgerung
   (2. Satz)   *itaque:*   Anbahnen von Gegenmaßnahmen für alle Fälle
   (allgemeine Planung)

3. Abschnitt   ↓   Erklärende Begründung dafür, dass Gegenmaßnahmen
   (3. Satz)   *nam:*   ergriffen wurden (konkrete Aktionen)

4. Abschnitt   ↓   Folgerung
   (4. Satz)   *itaque:*   Feststellung des Ergebnisses
   (erfolgreiche Beseitigung der Schwierigkeit)

4. Tempus-Relief (in der Kohärenz des Textes)

Vordergrund

quod accidit				*effecit*
at ———	itaque ———	nam ———————————		itaque
suspicabatur	*comparabant*	*conferebat/utebatur/iubebat*		
cognoverat		*erant*	*erant*	
intermiserant				
1. Vermutung	2. Folgerung	3. erklärende Begründung		4. Feststellung des Ergebnisses

Hintergrund

Ordnen wir nun das Kap. 31 in die Erzählabfolge ein, die, wie wir erkennen konnten, von der narrativen Technik des Begriffsdreiecks geprägt ist! Es ist längst klar geworden, dass hier dasselbe Darstellungsschema wie in Kap. 24 ff. vorliegt:
1. Die Schwierigkeit der Situation (aufgrund des Sturmes Zerstörung der Schiffe und Verschwörung der Britannen).
2. Caesars planende Kraft, in seinen Überlegungen und Gegenmaßnahmen wirksam (die im Imperfekt erzählt sind; Caesar steht deshalb pointiert an der Spitze des Kapitels).
3. Der tüchtige Einsatz der Soldaten (vgl. *cum summo studio a militibus administraretur*), durch den er die erfolgreiche Beseitigung der Schwierigkeit bewirkt hat (als endgültige Aussage pointiert durch Perfekt und Schlussstellung des Prädikats herausgehoben).

Also: *difficultas, consilium, virtus* sind offensichtlich wieder in ein kausallogisches Verhältnis zueinander gebracht, zwar nicht wörtlich so genannt, aber in ihrer Substanz so gemeint. Damit bestätigt sich unsere Erkenntnis der linearen Erzähltechnik, die in sich geschlossene Erzählvorgänge aneinander reiht und durch deren stereotype Anlage (schwierige Situation – planende Taktik – Leistung/Erfolg) bohrende Eindringlichkeit dem Leser gegenüber bewirkt wird.

Dabei wird gerade an dieser Stelle einsichtig, wie sehr der Autor, da er alle Überlegungen, Planungen, Maßnahmen – ob im Handlungshintergrund oder -vordergrund – als von ihm ausgehend berichtet (3. Person Singular), sich als den maßgeblichen Gestalter der Geschichte präsentiert:

suspicabatur / comparabat / conferebat / utebatur / iubebat / effecit. Solche Selbststilisierung gehört als wichtiges Element zu Caesars Erzähltechnik, die etwas von seiner Aussageabsicht signalisiert.[36]

Nach CHRISTA WOLFS Erkenntnis „transportieren" Erzähltechniken „in ihrer jeweiligen Geschlossenheit oder Offenheit auch Denkmuster".[37] Das in Caesars Darstellung fassbare Denkmuster ist – bei geschlossener Erzähltechnik – so angelegt, dass Eindruck und Beeinflussung beim Leser entstehen sollen. Caesar färbt seine Berichterstattung durch gezielten Einsatz narrativer Techniken (NIKLAS HOLZBERG); sie wird ihm unter der Hand immer zu einer Erfolgsmeldung.[38] Durch seine Kunst der narrativen Technik zwingt Caesar, wie es CHRISTIAN MEIER ausdrückt, „dem Leser seine Perspektive auf".[39]

Errechnen wir die Summe! Worin liegt der Sinn, den eine solche Lektüre der Caesar-Kapitel vermittelt? Es ist zu erkennen: Das kluge Planen, die „praktische Geis-

---

36) Man bräuchte ja nur statt *effecit, ut* ein *factum est, ut* einsetzen, um zu erkennen, was Caesars Aussagewille ist. Er stellt das ganze Geschehen dieses Textes als von ihm erreichtes erfolgreiches Ergebnis hin. Das Kapitel steht unter der Spannung: *Caesar ... effecit*. Diesen Hinweis verdanke ich WERNER SUERBAUM, München.

37) Voraussetzungen einer Erzählung: Kassandra, Darmstadt/Neuwied 1984, 120.

38) Offensichtlich schlägt sich darin etwas von der Logik seines Denkens und Handelns nieder; „Caesars Logik bedient sich in höchst nuancierter Weise der sprachlichen Mittel." So MICHAEL VON ALBRECHT, 84.

39) Caesar, Berlin 1982, 314.

teskraft" (wie FRIEDRICH KLINGNER den Begriff *consilium* bei Caesar deutet),[40] die uns als hervorstechendes Merkmal von Caesars Handeln und Verhalten in seinem Bericht (etwa in der Darstellung des 1. Britannienzuges IV 20-36, woraus wir ein Stück vorzeigten) entgegengetreten ist, wird gleichfalls fassbar als planende Kraft in der klaren, eindringlichen, zielgerichteten Art seiner Berichterstattung. Der beherrschende Zug seiner Persönlichkeit („berechnender Erfolgsmensch") herrscht auch in seiner Sprache vor („berechnete Erfolgsmeldung"). Das Wesen prägt den Stil. *„Le style c'est l'homme"*, ein Wort BUFFONS, das auf Caesar mehr als auf andere Autoren passt. Es bestätigt sich im Kleinen, dass einer bestimmten Strategie im Krieg eine bestimmte Strategie bei der Darstellung des Krieges entspricht.[41]

Diese Erkenntnis wäre, so wertvoll sie an sich auch ist, für die Schule nicht genug. Wichtiger und pädagogisch bedeutsamer ist die Einsicht in die politische Funktion der solchermaßen angelegten sprachlichen Darstellung. Was wir in der Schule nicht können: Caesar argumentativ die Unwahrheit nachweisen; was wir in der Schule durchaus können: Caesars Geschick erkennen lassen, wie er seinen Bericht auf eine ihm genehme Wahrheit hintrimmt. Der einfache, aber effektvolle Überzeugungsmechanismus, den wir feststellen konnten, soll ja den stadtrömischen Lesern Caesars Tun in Gallien als erfolgreich und letztlich als gerechtfertigt erscheinen lassen. Die sprachliche Darstellung ist das Ergebnis eines nüchternen politischen Kalküls, einer auf den „Propagandaerfolg in Rom"[42] ausgerichteten Berechnung. Gerade das Kap. 31 lässt uns erkennen, dass die Textstruktur durch ihre Anlage und die dabei verwendeten Mittel gleichsam bis in die Haarspitzen (sprich: Wortformen) hinein von Tendenz, von der Absicht nach „Leserlenkung"[43] durchdrungen ist, dass sich demnach Sprache hier in ihren propagandistischen Möglichkeiten enthüllt. Caesar will seine Rolle als Eroberer, letztlich seine Machtstellung bekräftigen und sich bestätigen lassen. Sprache und Politik stehen offensichtlich in einem engen Verhältnis. Sprache ist – darin fassen wir die bleibende Aktualität des Humanum – das elementare Mittel, Herrschaft zu demonstrieren und auszuüben.[44]

---

40) a.O., 99.

41) So in etwa als Ergebnis einer Untersuchung von HOLZBERG, N.: Die ethnographischen Exkurse in Caesars Bellum Gallicum als erzählstrategisches Mittel, Anregung 33 (1987), 98, herausgearbeitet.

42) So MAIER, U., a.O., 154. Vgl. MUTSCHLER, F. H, a.O., passim.

43) Vgl. dazu etwa GLÜCKLICH, H.-J.: Leserlenkung, a.O., passim.

44) Was für die Geschichtsdidaktik gilt, hat auch für die Lateindidaktik Gültigkeit, zumal wenn Sprache und Text mit im Spiel sind: HEINZ HAHN (Lernen aus der Geschichte. Nachdenken über die Didaktik einer solchen Bemühung. In: GWU 1986/6, 360) äußert sich über die pädagogische Bedeutung einer Begegnung mit historischen Erscheinungen folgendermaßen: „Was jungen Menschen gut vermittelt werden kann und was sie auch im Inneren ‚erreicht', ist das Erkennen von Grundmustern menschlichen Verhaltens aus und in der Geschichte." Zu solchen Grundmustern zählt er auch die „Bewusstseinsmanipulierung durch bewusste Sprach- und Begriffslenkung". Ebendies liegt bei Caesar vor.

Allerdings darf solche Einsicht nicht vergessen lassen, dass bei Caesar – worauf CHRISTIAN MEIER hinweist – „neben der propagandistischen Absicht die dokumentarische"[45] steht; als echter Römer will er seine Taten auch der Nachwelt in einem möglichst hellen Lichte präsentieren.

Antworten auf die Fragen (Kap. 30/31):

1. Die Britannen nutzen das Unglück der Römer aus, um vertragsbrüchig den Krieg gegen sie wieder aufzunehmen. Ihr Verhalten ist nach römischer Vorstellung *perfidia* („Treulosigkeit", „Vertragsbrüchigkeit", „Mangel an Glaubwürdigkeit").
2. Caesar musste vor allem seine Flotte wieder manövrierfähig machen, da ein Verbleiben auf der Insel den Untergang des Heeres bedeutet hätte. Er vermutete den baldigen Angriff der Britannen. Er setzte deshalb alle Hebel in Bewegung, um die Schiffsreparatur erfolgreich durchzuführen.
3. Das Kap. 31 ist in vier Abschnitte gegliedert: Vermutung, Vorbereitung, Befehl, Wirkung.
   Die verbindenden Wörter (Konnektoren) sind: *at, itaque, nam, itaque*.
   Die Prädikate stehen zunächst im Imperfekt als Hintergrundsvorgänge (mit Ausnahme von *accidit*): *suspicabatur, comparabat, conferebat, iubebat*.
   Am Ende steht im Vordergrund das Perfekt *effecit*, das das Erreichen des Ziels konstatiert.

f) Der Rückzug auf das Festland

Die Kap. 32-36 sind nur in kurzer Paraphrase geboten.

Nach der erfolgreichen Reparatur der Schiffe, musste Caesar eine weitere Notlage beseitigen, nämlich die furagierende 7. Legion aus einer bedrängten Lage – sie waren von den Britannen überfallen worden – befreien. Nach einem geglückten Gegenangriff auf die britannischen Festungen wurde erneut Frieden geschlossen, so dass einer Rückkehr der Schiffe bei günstigen Winden nichts mehr im Wege stand.

---

45) a.O., 310.

Antworten auf die Fragen zur zusammenfassenden Deutung:

1. Als Ergebnis brachte Caesar von der Britannienexpedition die Erfahrungen mit:
   a) Die Anlandung auf die Insel ist schwierig, kann aber erfolgreich durchgeführt werden.
   b) Die Ortskenntnisse stehen ihm nun zur Verfügung.
   c) Naturereignisse können unvorhergesehene Katastrophen auslösen.
   d) Die Britannen sind gefährliche und vertragsbrüchige Gegner.
   e) Da er die Britannen an einen Freundschaftspakt gebunden hinterlassen hat, kann er erwarten, dass von der Insel aus keine oder zumindest wenige Unterstützung für die gallische Untergrundbewegung kommt.

   Als Schlüsse aus der ersten Expedition kann er ziehen, dass ein weiterer Versuch nur im Sommer und mit besserer militärischer Logistik durchgeführt werden kann.
2. In Rom musste man dem letztlich doch gelungenen ersten Versuch einer Überquerung des Kanals mit der römischen Armee mit Bewunderung gegenüberstehen. Die äußerste Insel der damaligen Welt war mit dem Namen und der Macht des Imperium Romanum in unmittelbare Berührung gekommen. Der römische Imperialismus hat auch im Norden triumphiert.

4.6 Unterrichtsprojekt

DUMNORIX –
SYMBOLFIGUR DES
GALLISCHEN WIDERSTANDS

(als Zusatzprojekt nach der Lektüre des *Helvetierkrieges*
oder vor der Lektüre *Vercingetorix – Galliens Freiheitsheld*)

Münzbild des Dumnorix, 1. Hälfte des 1. Jh. v. Chr.,
Zürich, Schweizerisches Landesmuseum

Dumnorix – Symbolfigur des gallischen Widerstands
Völker, Personen und Orte, die in diesem Unterrichtsprojekt begegnen

Völker

Britanni: Britannen, Einwohner von Britannia (England und Schottland), meist Kelten.
Haedui: Haeduer, größter gallischer Stamm zwischen Loire und Saône, zwischen ihnen und Rom bestand vor Caesars Ankunft in Gallien ein Freundschaftsvertrag; zunächst treue Bundesgenossen der Römer.
Sequani: Sequaner, einer der großen gallischen Stämme zwischen Saône, Rhône und schweizer Iura siedelnd, den Römern feindlich gegenüberstehend.

Personen

Dumnorix: einer der führenden Adeligen im Stamm der Haeduer, von Anfang an erbitterter Romgegner, bereits im Helvetierkrieg eine zwielichtige Figur.

Orte

Portus Itius: gallischer Hafen an der Nordküste Galliens, an der Stelle Britannien gegenüberliegend, die am schmalsten war, sog. „Gallische Meerenge" (*Fretum Gallicum*); von hier aus beabsichtigte Caesar, zu seiner zweiten Expedition nach Britannien aufzubrechen.

Kap. 1-5 sind nur kurz paraphrasiert, um schnell zum Geschehenshöhepunkt zu kommen.

Dumnorix wird von Caesar als eine der schillerndsten Figuren im Gallienkrieg charakterisiert. Er ist ein Mann des Hinter- oder Untergrunds; nur gelegentlich schiebt ihn der Autor in den Vordergrund, dann aber immer mit effektvollem Auftritt. Im Helvetierkrieg betrieb er, wiewohl Mitglied des mit Rom befreundeten Stammes der Haeduer, regelrecht Sabotage, so dass Caesar ihn nur mit Rücksicht auf seinen Bruder Diviciacus, also aus politischer Berechnung nicht hinrichten ließ. In der Zwischenzeit (von 58 bis 54) hat er sicherlich seinen Widerstand in der „Résistance" gegen die Römer fortgesetzt, er muss sich gerade zur Symbolfigur des gallischen Widerstands entwickelt haben,[1] sonst hätte ihn Caesar nicht nochmals in einem dramatischen Arrangement in das Zentrum seines Berichtes gestellt.

Als Caesar zur zweiten Expedition nach Britannien aufbrechen wollte, hatte er die Absicht, um den Rücken von gefährlichen Gegnern freizuhaben, alle gallischen Stammesführer mit auf die Insel zu nehmen. Doch einer widersetzte sich vehement, eben Dumnorix; er beherrscht in den folgenden Kapiteln die Szene.

a) Unruhestifter im Untergrund

Kap. 6 ist statarisch aufbereitet, hier wird die Figur des Dumnorix beschrieben und in seinen Umtrieben vorgestellt.

Diesen Dumnorix wollte Caesar unbedingt in seiner Umgebung haben; offensichtlich ging von ihm die meiste Gefahr der Rebellion aus. Caesar nennt auch die Gründe dafür: seine revolutionäre Haltung (*cupidus rerum novarum*), seine Herrschgier (*cupidus imperii*), seinen hochfahrenden Sinn (*magnus animus*) und seinen großen Einfluss bei den Galliern (*magna inter Gallos auctoritas*). Er scheute offensichtlich auch vor Falschmeldungen nicht zurück, um die anderen Haeduer gegen Caesar aufzubringen. Er behauptete in deren Versammlung, es werde ihm von Caesar das Königsamt übertragen, worüber jene natürlich entsetzt waren. Caesar stellt Dumnorix als Intriganten hin.

---

1) Es ist kaum anzunehmen, dass Dumnorix, wie RINNER (Erfassen der Tendenz in Caesars Bellum Gallicum. Die Darstellung des Dumnorix – ein Beispiel manipulierter Information? In: AUXILIA 7, 1983, 76-86, h.: 82) vermutet, sich Caesar gegenüber „vom zweiten bis zum vierten Kriegsjahr loyal verhielt". Wenn Caesar ihn zwischenzeitlich nicht erwähnt, dann heißt dies nicht, dass er nicht im Untergrund weiter gegen den Römer agierte. Die aggressive Widerspenstigkeit im 5. Buch, mit der er alle gallischen Führer zur Rebellion gegen Caesar aufzuhetzen versucht, macht es eher wahrscheinlich, dass er ständig im Geheimen das Feuer des Widerstandes schürte. Der Anlass der gewaltsamen Mitnahme der Gallierfürsten nach Britannien zwang Dumnorix zum direkten Affront gegen Caesar.

Dumnorix wollte von Caesar durch dringende Bitten erreichen, auf dem Festland zurückgelassen zu werden; er schützte Angst vor dem Meer, ja sogar religiöse Bedenken vor. Nach Caesars hartnäckiger Ablehnung seines Verlangens ging Dumnorix zur direkten Konfrontation über; er stellte sich frontal gegen Caesar, zunächst aber noch im Geheimtreffen mit den *principes Galliae*. Diese wiegelte er zur Gehorsamsverweigerung auf (*sollicitare*) und schüchterte sie ein (*metu territare*), indem er einen furchtbaren Verdacht gegen Caesar ausspricht; dieser wolle alle Gallierführer in Britannien – fern von ihren Stämmen – ermorden lassen und somit Gallien der ganzen Adelsschicht berauben. Diese auf die Zukunft gerichtete Beschuldigung, von der Caesar später erfuhr, musste er als den Gipfel der Unverschämtheit und als Ausdruck unmittelbaren Hasses auf ihn und die Römer verstehen. Deshalb hat er den Bericht darüber in die Distanz der Oratio obliqua gerückt, um der Ungeheuerlichkeit dieses intriganten Angriffs auf seine Person den Lesern gegenüber eine objektive Note zu geben. Jeder sollte diese verbale Attacke als Verleumdung Caesars deuten und verurteilen.

Wenn dann noch dazugefügt wird, Dumnorix habe sich von den Mitagenten das Wort geben und den Eid leisten lassen, nur das, was für Gallien nützlich sei, in gemeinsamer Planung durchzuführen, dann soll deutlich werden: Der Renitent war auf ein geheimes Komplott gegen Caesar aus; er wollte die Rebellion als Ergebnis einer Verschwörung. Das bedrohte Caesars Eroberungserfolge und letztlich die Interessen des *Imperium Romanum*. Vom Untergrund aus forcierte Dumnorix also die Opposition gegen Caesar, er unterminierte das Ansehen Roms. Die Herrschaft über Gallien stand auf dem Spiel. In Dumnorix musste jeder einen ganz gefährlichen und gerissenen Gegenspieler zu Caesar sehen.

Zugleich wird deutlich, wie Caesar den polemischen Wirkungsgrad dieses Kontrahenten Schritt für Schritt steigert und damit seinem Bild eine immer dunklere Farbe gibt.

Im Schema:

Dumnorix' Rebellion gegen Caesar	
1. Lüge:	... *dixerat sibi a Caesare regnum civitatis deferri*
2. Hetze:	*principes Galliae sollicitare coepit*
	metu territare
3. Intrige:	*consilium Caesaris esse*
	ut omnes < principes > in Britanniam traductos necaret
4. Verschwörung:	*fidem reliquis interponere,*
	ius iurandum poscere,
	ut, quae ex usu Galliae intellexissent,
	communi consilio administrarent

Nachdem er ihn zunächst in Rückerinnerung an seine Rolle im Helvetierkrieg als Rebell und herrschsüchtigen Gallierführer charakterisiert hat, stellt er seine rebellischen Aktivitäten, die ihm von anderen gemeldet worden waren, so dar, dass sie an Aggression und Gefährlichkeit zunehmen: Lüge, Hetze, Intrige, Verschwörung. Diese Steigerung ist durch die Verwendung des historischen Infinitivs für die Handlungsprädikate des „Täters" am Ende stilistisch unterstrichen: *metu territare, fidem interponere, ius iurandum petere.*
Dumnorix hatte sich in die Führungsposition innerhalb des gallischen Widerstands gedrängt. Er provozierte Caesar zur Bestrafung. Der Imperator musste, so der beabsichtigte Eindruck, gegen den Terroristen mit aller Härte vorgehen.

Antworten auf die Fragen (Kap. 6):

1. Caesar will gerade Dumnorix bei sich in Britannien haben, weil er ihn für den gefährlichsten Oppositionellen hält, der in seinem Rücken Gallien zum Aufstand treiben könnte. Die Charakterzüge, die im 1. Buch an Dumnorix hervortreten, sind hier von Caesar nochmals zusammengefasst: Ein Mann, der mit allen Mitteln um Ansehen, Beliebtheit und Führerschaft kämpft, der auf Rebellion aus ist und aus persönlicher Machtgier die Römer hasst; er handelt mit Lüge, Hetze, Intrige, Verschwörung gegen Caesar.
2. Dumnorix wird in seinen negativen Charakterzügen so scharf gekennzeichnet, weil das notwendige harte Vorgehen gegen ihn als Haeduer Rom gegenüber zu rechtfertigen ist. Charakter und Verhalten des Dumnorix sollen einen Präventivschlag Caesars gegen ihn als angemessen erscheinen lassen.

b) Der Tod des Rebellen

Von Kap. 7 ist nur der erste Teil paraphrasiert. Der dramatische Höhepunkt, seine Ermordung, sollte unbedingt statarisch gelesen werden.

Caesar unterstellt Dumnorix ebenso wie dem Germanenkönig Ariovist *amentia* (ein von allen Geistern verlassenes Verhalten). Er zeige also eine „sinnlose, wahnwitzige Gegnerschaft" gegen Rom, wie RINNER feststellt,[2] der dem Begriff *amentia* aufgrund einer Begriffsstudie eine deutlich politische Funktion zuweist, gerade eben bei Caesar. Dumnorix steht für den Römer auf der gleichen Stufe der Gefährlichkeit wie die größten Gegner Ariovist und Vercingetorix. Dass er nicht bloß für ihn, sondern auch für den Staat schädlich und bedrohlich ist, geht ganz deutlich aus der im Schülerband original abgedruckten Begründung seines Vorgehens gegen den Renitenten hervor: „Er (Caesar) müsse dafür sorgen, dass er (Dumnorix) weder ihm noch dem Staat einen Schaden zufügen könne."

Sibi prospiciendum arbitratur, ne quid sibi ac rei publicae nocere possit.

---

2) a. O., 85.

Ganz offensichtlich lässt hier der Autor den Wortlaut des römischen Notstandsgesetzes anklingen:
Videant consules, ne quid res publica detrimenti capiat.
„Hier sehen wir Caesar gleichsam im Senat, der sein *consultum ultimum* verkündet."[3]
Dumnorix ist nicht bloß ein Caesargegner, sondern auch ein Romgegner. Der römische Prokonsul muss dafür sorgen, dass dieser Mann im Norden dem Imperium Romanum nicht schadet. Wenn Caesar sich selbst und den Staat gleichrangig nebeneinander als von Dumnorix bedroht hinstellt, dann kommt darin zum Ausdruck: Caesar identifiziert sich total mit dem Staat; er ist der Staat – eine fast absolutistische Politik-Moral, wie sie eben Machtmenschen eigen ist.

Antworten auf die Fragen (Kap. 7, Anfang):

1. Caesar will erreichen, dass die gefährliche, geradezu staatsbedrohende Gefahr, die von einem möglichen (durch Dumnorix angezettelten) Gallieraufstand ausgeht, von allen erkannt wird. Man solle ihm deshalb zugestehen, hier quasi eine Sondervollmacht auszuüben.
2. Caesar kommt sich in Gallien sozusagen wie der personifizierte römische Staat vor; er fühlt sich in allem, was ihm widerfährt oder was er tut, als der absolute Vertreter der römischen Herrschaft. Er und der Staat sind eins, eine Anmaßung, die ihm so vielleicht gar nicht bewusst war.

Dumnorix wird zunächst unter Bewachung gestellt; doch er entzieht sich dieser, ohne dass Caesar davon in Kenntnis gesetzt wird (*insciente Caesare*). Als er davon

---

3) So richtig RINNER, a.O., 84. Er behandelt diese Stelle ausführlich und überzeugend: „Der bekannte Wortlaut *videant consules, ne quid res publica detrimenti capiat!* wird stilistisch nur leicht abgewandelt, aber mit der ganzen Schwere des Inhalts wiedergegeben. Der jussive Konjunktiv des ersten Teiles (*videant; operam dent* u.Ä.) wird ersetzt durch ein Synonym, aber in der viel stärkeren Gerundivform: aus dem Auftrag zur Erfüllung einer Tätigkeit wird also unausweichliche Notwendigkeit für Caesar, der sich sonst gerne mit dem römischen Volk und seiner *res publica* in einem Atemzug nennt, der sich also auch hier mit ihr in Verbindung zeigt (*sibi ac rei publicae*). Somit zitiert er einen weiteren wichtigen Begriff, dem auch im *senatus consultum ultimum* eine wesentliche Bedeutung bekommt. Den Schaden, den es zu verhindern gilt, drückt Caesar in leichter Veränderung aktiv verbal aus, ein weiterer Hinweis auf die scheinbare Gefährlichkeit des Dumnorix; denn der Staat erleidet (*capiat*) nicht irgendeinen Schaden (*quid detrimenti*), sondern dieser Mensch, dieser Dumnorix setzt all seine Tätigkeit daran (daher aktive Form!), der *res publica* zu schaden. Der unmittelbare Anlass für den Schaden wird als Substantiv von besonders schwerem Gewicht in der vorangestellten Begründung des Vorgehens ausgedrückt: *at, quod longius eius amentiam progredi videbat ... amentia* aber, von der z.B. auch Cicero sprach, als er Catilina auf ihre Seite stellte (Cat. 2,25), ist ein stark politisch gefärbter Begriff."

Kunde erhalten hat, befiehlt er, an die Gefahr des drohenden Gallieraufstands während seiner Expedition denkend, ihn gewaltsam zurückzuholen (*retrahere*) und, falls er sich wehren sollte, ihn zu töten (*interficere*). Wer schon in seiner Anwesenheit, so argumentiert Caesar, die römische Befehlsgewalt missachtet, wird in seiner Abwesenheit erst recht nichts Vernünftiges machen. Das *nihil pro sano facere* korrespondiert mit *amentia*. Die Wahnsinnstat der Rebellion wird befürchtet. Damit hat sich durch die Flucht des Dumnorix die Situation so zugespitzt, dass Caesar den Tötungsbefehl geben muss. Das Gesetz des Handelns ist ihm auch hier vom Gegner aufgezwungen worden. So stellt es Caesar jedenfalls hin.

Im Bericht über diese dramatische Zuspitzung setzt der Autor das historische Präsens ein. Caesar lässt die Leser von der „Innensicht" der Geschehensdarstellung her an den Vorgängen unmittelbar teilhaben, nicht ohne Emotionen bei ihnen zu wecken. Der Leser sieht das Geschehen geradezu vor seinen Augen ablaufen (die Zeichnung sollte einen Vorstellungsimpuls geben); er sieht, wie Dumnorix sich gegen die ihn einholenden römischen Reiter wehrt, sich handgreiflich verteidigt und an die Gefolgstreue seiner Leute inständig appelliert (*implorare*), das Motiv, das ihn seit Anfang an beherrscht, laut schreiend, nämlich dass er ein freier Mann und Angehöriger eines freien Stammes sei (*clamitans liberum se liberaeque esse civitatis*). Die Freiheitsparole, die im Hintergrund den gallischen Widerstand gegen Rom trägt, kommt hier kurz vor seinem Tod laut und mit Pathos aus seinem Munde.

Der Rebell wird von Caesars Reiterei überwältigt und getötet. Die haeduischen Reiter kehren mit den Römern zu Caesar zurück, sie bleiben unbestraft. Die affektische Szene (die Verben *implorare*, *clamitare* sind emotional geladen) ist bis ins Detail ausgemalt, unmittelbar vergegenwärtigt und packend geschildert (im Unterricht ließe sich die Szene vielleicht sogar anspielen). Vielleicht liegt auch hier ein Anklang an die „Tragische Historie" vor, die in Caesars Bericht nicht ausgeschlossen ist.[4]

Dumnorix ist gefallen – dieser Eindruck entsteht – als Anhänger der gallischen Unabhängigkeitsbewegung, die im Untergrund kämpft; letztlich stirbt er für die Gallier als Freiheitsheld; insofern präludiert er das Schicksal des Vercingetorix. In Gallien, wo er, wie Caesar immer betont, großen Einfluss hatte (wohl auch wegen seines Römerhasses), ist er zweifellos so etwas wie eine Symbolfigur des Widerstandes gegen die Römer geworden.

Die Dramaturgie seiner Tötung lässt sich in ihrer emotional sich steigernden Wirkung an den Infinitiven ablesen, die sich alle in aktivischer oder passivischer Verwendung auf die Person des Dumnorix beziehen.

Sterbender Gallier, Terracotta-Skulptur, 2. Jh. v. Chr., Bologna, Museo Civico

---

4) Ähnlich wie bei Caesars Reaktion auf Dumnorix' Verrat im Helvetierkrieg. S. dazu SCHÖNBERGER, O.: Caesar, Dumnorix, Diviciacus. In: Caesar, De bello Gallico, 1, 16-20. In: Anregung 17 (1971), 378-382. S. oben S. 24.

Im Schema:

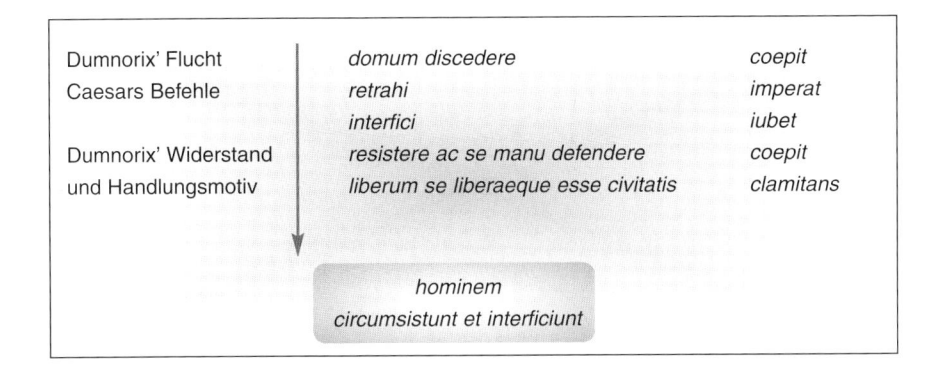

Dumnorix' Flucht	*domum discedere*	*coepit*
Caesars Befehle	*retrahi*	*imperat*
	interfici	*iubet*
Dumnorix' Widerstand	*resistere ac se manu defendere*	*coepit*
und Handlungsmotiv	*liberum se liberaeque esse civitatis*	*clamitans*

hominem circumsistunt et interficiunt

Am dramatischsten Höhepunkt des Widerstands ist die Verwendung des Freiheitsbegriffs bewusst geplant; so gelingt es, diese Parole im Munde des Römerhassers und Terroristen in ein sehr trübes Licht zu tauchen. Für den Vertreter des Freiheitsstaates Rom (*res publica libera*) ist die Freiheit der Barbaren unerträglich, weil für das Imperium schädlich. Um den *libertas*-Begriff hat sich eine negative Atmosphäre gebreitet – was sich im Freiheitskampf des 7. Buches bestätigt und dort bis ins Extrem ausgestaltet ist. Die Leser hat Caesar völlig gegen Dumnorix eingestellt, so dass sie seine Tötung zweifellos billigen.

„Somit dürfte kein Römer mehr daran gedacht haben, dass Caesar eigentlich ohne legitime Handhabe einen völlig freien gallischen Fürsten (V 7,8: ... *liberum se liberaeque esse civitatis*) wegräumen ließ, weil er ihm zu unbequem und zu gefährlich geworden war."[5]

Antworten auf die Fragen (Kap. 7, Ende):

1. Dumnorix' Tod ist dramatisch gestaltet und im Detail geschildert. Die unmittelbare Vergegenwärtigung, die den Leser nicht emotionslos daran teilhaben lässt, wird durch das dramatische Präsens (*praesens historicum*) und durch die kurzen, Handlung an Handlung reihenden Sätze unterstützt.
2. Die Haeduer, die Dumnorix begleitet haben, gelten nur als Helfershelfer, die zur Flucht überredet worden sind. An ihrem Schicksal will Caesar zeigen, dass er nur den abtrünnigen Dumnorix als Gefahrenherd beseitigen will. Die anderen lässt er ohne Strafe davonkommen.
3. Der Begriff *liber, libertas* ist in ein trübes Licht getaucht, weil sich die Freiheit von Barbaren für das Imperium Romanum als gefährlich erweist.

---

5) RINNER, a.O., 85.

4.7 Unterrichtsprojekt

DIE GERMANEN – EIN GANZ ANDERES VOLK

(als Zusatzprojekt zu *Die Auseinandersetzung mit Ariovist* oder *Caesar am Rhein*)

Büste eines Germanen, Rom, Kapitolinisches Museum

Die Germanen – ein ganz anderes Volk

Völker, Personen und Orte, die in diesem Unterrichtsprojekt begegnen

Oceanus

GERMANIA

SUEBI

Mosa *Rhenus*

HERCYNIA SILVA

VOLCAE-TECTOSAGES

GALLIA

Völker

Suebi: Sueben, größter germanischer Stamm, mit großem Siedlungsgebiet an Main und Lahn; sie werden oft repräsentativ für alle Germanen genannt, d.h. was von den Germanen allgemein gesagt wird, wird in der Regel von der Besonderheit der Sueben hergeleitet; ihr Stammesführer war Ariovist bis zur Niederlage durch Caesar.

Volcae-Tectosages: keltischer Stamm, in der Provence und auch in Süddeutschland siedelnd.

Personen

Ariovist: „König" der Sueben, führte seinen Stamm über den Rhein nach Gallien im Jahre 58 v. Chr., geriet dort in militärische Konfrontation mit Caesar, die mit Niederlage und Tod endete.

Eratosthenes: griechischer Universalgelehrter im 3. Jh. v. Chr., aus Kyrene, der sich besonders mit Geographie und Mathematik beschäftigte.

Orte

Hercynia Silva: ein großer Waldgürtel, der sich nach antiker Vorstellung vom Schwarzwald bis zu den Karpaten, also bis zur Slowakei hingezogen haben soll.

Germanischer Krieger vom Stamm der Sueben, nach einer Plastik in der Landesanstalt für Vorgeschichte zu Halle

Das 6. Buch, das den großen ethnographischen Exkurs über die Gallier und Germanen bringt, enthält für das politisch orientierte Leitthema „Caesar als Typus des Machtmenschen" wenig Aussagekräftiges. Die wissenschaftliche Interpretation tat sich von Anfang an schwer, die Funktion dieses ganz aus dem Rahmen des Kriegsberichtes fallenden Teiles angemessen zu erklären. Man tendiert heute dazu, den Exkurs in einem tieferen Sinn mit der Politik Caesars, d.h. mit seiner Eroberungsabsicht in Zusammenhang zu bringen. NIKLAS HOLZBERG[1] z.B. zeigt, dass der Exkurs bewusst als Mittel der Erzählstrategie eingesetzt wird. Die Germanen erscheinen gegenüber den Galliern als die durch ihren Freiheitsgeist Überlegenen, der römischen Zivilisation Fernstehenden, also als die Gefährlicheren, mit denen sich in einem Krieg einzulassen nicht eben klug ist. Der Exkurs diene dazu, dass ein Ereignis, das eigentlich gar nicht stattgefunden hat, nämlich die Auseinandersetzung mit den Germanen jenseits des Rheins, verschleiert wird. Durch den eingefügten Exkurs werde bei den zeitgenössischen Lesern der Eindruck erweckt, dass „die militärische Auseinandersetzung mit einem so tapferen Feind unklug gewesen wäre," letztlich konnte dadurch, wenn Caesar mehr geplant hatte, der Misserfolg als solcher gar nicht bemerkt werden. Der Abbruch des Unternehmens sei – aufgrund der Informationen des Exkurses – indirekt gerechtfertigt worden.

---

1) Die ethnographischen Exkurse in Caesars Bellum Gallicum als erzählstrategische Mittel. In Anregung 33 (1987), 85-98, h. bes. 95 ff. (hier weiterführende Literatur zum Problem).

Nach FRIEDRICH KLINGNER[2] und WOLFGANG ZEITLER[3] dient der große Exkurs des 6. Buches der Absicht, Caesars Augenmaß in der Bewertung seiner Erfolgsaussichten sinnfällig zu machen. Caesar habe mit der Eroberung Galliens das gesetzte Ziel erreicht und sich so als Machtpolitiker erfolgreich (also ohne Misserfolge) bewährt. Etwas anders gedeutet steht es bei CHRISTIAN MEIER: „Im Gegensatz zu den geläufigen Auffassungen ...", so liest man da, „ist Germanien etwas völlig anderes als Gallien. Es ist zu schwierig – und lohnt auch nicht – es zu unterwerfen. Wiederum impliziert Caesar. Aber hätte er sagen sollen, dass er eigentlich auch Germanien erobern wollte?"[4]

Wie dem auch sei, im Germanenexkurs steckt auch ein politischer Gedanke; dieser war maßgeblich für die Auswahl einiger Kapitel unter dem hier gesetzten Gesamtthema der Caesar-Lektüre.

a) Die Germanen – ein ganz anderes Volk

Kap. 23 ist zur statarischen Lektüre aufbereitet. Kap. 24 ist nur in deutscher Übersetzung geboten.

Kap. 23: Die Abartigkeit der Germanen, deren übler Ruf bis nach Rom gedrungen ist – und zumindest seit dem Auftreten der Kimbern und Teutonen – ein unheilbares Trauma in den Seelen der Römer hinterlassen hat, zeigt sich zu allererst in ihrer Siedlungsart. Diese sind gewissermaßen von einer militärisch politischen Überlegung bestimmt, nämlich in Einsamkeit weit ab von Nachbarn zu leben, um nicht von jemand plötzlich angefallen und in der Sicherheit beeinträchtigt zu werden. Zu diesem Zweck verwüsten sie alle Gebiete um sich herum, schaffen Einöden und halten es für ein Zeichen von Tapferkeit, alle Nachbarn zum Abzug zu veranlassen und so abschreckend zu wirken, dass niemand sich in ihrer Nähe niederzulassen wage. Das Wortmaterial, das Caesar hier einsetzt, weist in diese militärisch-politische Richtung:

> *fines vastare, solitudines habere, proprium virtutis existimare,*
> *agris expellere, fore tutiores, repentina incursio, timorem tollere.*

Die Germanen sind ein Kriegsvolk von extremer Barbarei, d.h. ohne jede zivilisatorische Ambition. Nur im Kriegsfalle gibt es bei ihnen eine gauübergreifende leitende Instanz, im Frieden sind die Führer der einzelnen Gaue für das Recht zuständig.

---

2) C. Iulius Caesar. In: Römische Geisteswelt, München 1965, 90-109, h. 109.
3) Der Germanenexkurs im 6. Buch von Caesars Bellum Gallicum. Ein Unterrichtsprojekt zum Abschluss der Caesar-Lektüre. In: Caesar im Unterricht. AUXILIA 7, 1983, 87-116, h. 111 ff.: „Können Römer aus Feldzügen, auch siegreichen, gegen solch ein Volk Gewinn ziehen? Die Germanen sind ja nicht nur äußerst tapfer, sie sind „die ganz anderen". Die Gallier ein Volk, das es verdient, römisch zu werden – die Germanen ein Volk, an dem jede Mühe hierfür vergeblich wäre.
4) Caesar, Berlin 1928, 318.

Raubzüge außerhalb des Stammes gelten nicht als Übel, im Gegenteil sie dienen, wie sie betonen, dazu, ihre Jugendkraft zu üben und das Nichtstun nicht zu groß werden zu lassen.

Im Falle, dass ein Führer gebraucht wird, also wohl im Kriegsfalle, meldet einer im Thing seine Absicht dazu an und fordert die, die sich ihm anschließen wollen, auf, sich zu melden. Lob gebührt denen, die ihre Hilfe anbieten, als Fahnenflüchtige und Verräter gelten die, die die Gefolgschaft versagen. Bei allem Mangel an einem geordneten Zusammenleben gilt durch gewisse Spielregeln in der Gefolgschaft eine Art Ehrenkodex. In diese eher positive Richtung ihres Erscheinungsbildes weist auch ihre Achtung des Gastrechtes, das sie allen gegenüber zeigen. Gäste schützen sie vor Unrecht und halten sie für heilig.

Die brutale Art gegenüber Menschenmassen, wie es ein Volk oder Stamm darstellt, zeigen sie offensichtlich nicht Einzelmenschen gegenüber, wohl weil sie von diesen keine Gefahr zu befürchten haben. Das Bild, das Caesar hier von den Germanen zeichnet, ist zwiespältig. Der Eindruck soll sich vom Leser verfestigen: Die Germanen sind ein eigenartiges Volk, sie sind das ganz andere Volk, der römischen Mentalität fern stehend und in ihrem „außenpolitischen Verhalten" abweisend und gefährlich. Im Gegensatz zu den Galliern ist es wenig förderlich, sie zu zivilisieren. Angesichts der Taktik ihrer sich abschließenden Siedlungsweise und der Eigenart ihrer politischen Bräuche kann sich Rom dort nicht als „Ordnungsmacht" bewähren.[5] Eine Eroberung Germaniens lohnt sich schon deshalb nicht.

Antworten auf die Fragen (Kap. 23):

1. Die Germanen würden durch die Menschenleere ihre Sicherheit erhöhen, sich die Furcht vor plötzlichen Überfällen nehmen. Man kann das vielleicht mit dem heute zuweilen auftretenden Vorgehen der ethnischen Säuberung, der Völkervertreibung vergleichen.
2. Die Germanen sind ein unnahbares, auf den Kriegsfall getrimmtes Volk, von dem immer Gefahr ausgeht, vieles an ihrem Verhalten ist arational, furios; sie sind wilde Barbaren für andere Volksgruppen (nicht für Einzelgäste).
3. *quam latissime circum se fines vastare, solitudines habere, expulsos agris finitimos cedere neque quemquam prope se audere consistere.*

---

5) Vgl. dazu bes. ROSNER, U.: Die Römer als Ordnungsmacht in Gallien. In AU 31.5 (1988), 5-22; allerdings stellt ROSNER fest, die ordnende Kraft der Römer bräuchten die Germanen nicht, da es die Gründe dazu, innere Spaltung, Unfrieden, Unterdrückung dort nach Caesars Bericht nicht gebe. Die ständigen Kämpfe am Rhein, gerade zwischen den Sueben und den kleineren Stämmen, beweisen eigentlich das Gegenteil. Deshalb scheint mir die These kaum haltbar: „Caesar rechtfertigt seinen Halt an der Rheingrenze mit dem Vorwand ihrer gesellschaftlichen Homogenität, der freiheitlichen Lebensordnung ... des inneren Friedens und der intakten Rechtsverhältnisse – Werten also, die ein römisches Eingreifen nicht notwendig erscheinen lassen."

Ob der beabsichtigte Eindruck in der Zeichnung angemessen wiedergegeben wird, bleibt jedem Betrachter und seinem Urteil überlassen.

Im Schema:

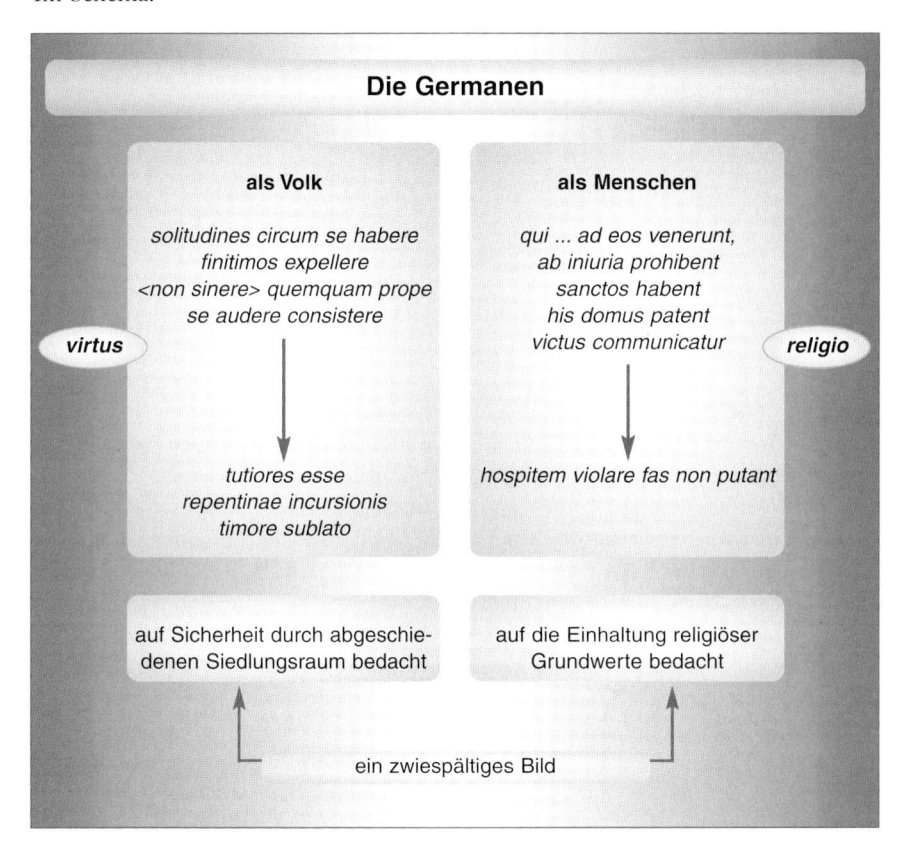

```
                        Die Germanen

            als Volk                      als Menschen

    solitudines circum se habere      qui ... ad eos venerunt,
        finitimos expellere              ab iniuria prohibent
    <non sinere> quemquam prope          sanctos habent
        se audere consistere             his domus patent
 virtus                                  victus communicatur      religio

              ↓                                   ↓

          tutiores esse              hospitem violare fas non putant
      repentinae incursionis
          timore sublato

  auf Sicherheit durch abgeschie-     auf die Einhaltung religiöser
    denen Siedlungsraum bedacht          Grundwerte bedacht

              ↑                                   ↑
              └──────── ein zwiespältiges Bild ────────┘
```

Kap. 24: Der Gegensatz zwischen Galliern und Germanen wird hier in seinen Folgen beschrieben. Früher hatten die Gallier, weil an Tapferkeit überlegen, mit den Germanen gekämpft, seien sogar in deren Gebiete jenseits des Rheins eingedrungen und hatten sich dort niedergelassen. Heute sind sie durch Wohlstand und Genuss der Zivilisation verweichlicht, an Niederlagen gewöhnt und wagen schon gar nicht mehr, sich mit den Germanen in Tapferkeit zu messen. Die Gallier haben sich Rom und dessen Lebensart angenähert, die Germanen seien – eben durch die Siedlungsart – auf Distanz geblieben und hätten sich so ihre gefürchtete Tapferkeit erhalten. Die Gallier gehören in den römischen Zivilisationskreis, die Germanen nicht.

Antworten auf die Fragen (Kap. 24):

1. Die Gallier haben sich durch die Nähe zu Rom und durch die Einfuhr überseeischer Produkte zu Wohlstand und Genuss verhelfen lassen, haben damit an Widerstandswille und Kraft verloren, so dass sie den Germanen im Kampf nicht mehr gewachsen waren.
2. Der verweichlichende Einfluss der römischen Zivilisation ist auch im Proöm angesprochen. Je mehr sich die Stämme von *cultus atque humanitas* der *provincia Romana* beeinflussen ließen, umso geringer war ihre militärische Stärke (*virtus*).

b) In Germanien sind selbst die Tiere anders

Von den Kapiteln 25-27 ist 25 paraphrasiert, 27 in Übersetzung geboten und 26 zur statarischen Lektüre aufbereitet.

Die Kap. 25-27, die am Ende des Germanenexkurses stehen, sind in ihrer Echtheit umstritten; es wird sich wohl kaum einmal mit Sicherheit nachweisen lassen, ob sie Caesar selbst geschrieben oder spätere Interpolatoren eingefügt haben.[6] Zweifellos lässt sich aber das Motiv erkennen, warum diese Kapitel, sei es von Caesar oder von anderen, hierher gestellt worden sind. Es liegt genau auf der Linie der Germanendarstellung. Je weiter Völker vom Zentrum der Welt, damals Rom und das Mittelmeer, entfernt lebten, umso unzivilisierter, fremder und wilder galten sie, besonders nach Norden und Osten hin (man vergleiche dazu nur Tac. Germ. 28ff.). Als Beweis für diese Annahme soll der Bericht über die seltsamen Tiere in den Herkynischen Wäldern dienen. In Germanien ist eben nichts normal. Caesar will hier nach WOLFGANG ZEITLER auf dem Weg über die Phantasie „die grundsätzliche Besonderheit der Germanen dem Leser nochmals vermitteln; dafür scheinen Art und Platzierung des Exkurses am Ende des Exkurses meisterhaft gewählt."[7]
Kap. 25 beschreibt die Gegend, in der die seltsamen Tiere vorkommen. Kap. 26 berichtet von einem hirschartigen Rind, das ein gerades, aus der Stirn ragendes Horn mitten aus der Stirn ragend hat, dessen Spitze sich in die Breite verästelt. Die männlichen Tiere unterscheiden sich nicht von den weiblichen. Vom interessantesten Tier ist in Kap. 27 die Rede: Hier geht es um die Elche, die keine Knöchel und Gelenke haben und sich, da sie sich nicht niederlegen können, zum Schlafen aufrecht an Bäume anlehnen. Die Germanen hätten für sie eine eigene Jagdmethode erfunden: Das Untergraben oder Anschneiden der Bäume, so dass die Tiere mit diesen umfielen und hilflos den Jägern ausgeliefert seien. Dass hier Lügengeschichten

---

6) Siehe dazu HOLZBERG, a.O., 87 (hier weitere Literatur); ZEITLER, a.O., 110, hält diese Kapitel für „einen Exkurs im Exkurs oder genauer einen Exkurs am Ende des Exkurses.", der dort eine berechtigte Funktion erfülle.
7) So ZEITLER, a.O., 115.

über Tiere vorliegen, die unter dem Begriff „Jägerlatein" zusammengefasst werden, ist offensichtlich; dieses Stichwort gehört zur aktuellen Kommunikation, so dass sich hier ohne weiteres ein Ansatz zur Aktualisierung im Unterricht ergibt.[8]

Antworten auf die Fragen (25-27):

1. Der Bericht Caesars ist in der Illustrierten als Aufhänger für eine Darstellung der Elche benutzt; die Eigenart im Körperbau, ihre Schlafgewohnheit und die Jagdmethoden sind darin aufgenommen. Alles wird unter dem Schlagwort „Caesars Jägerlatein" zusammengefasst.
2. Dieser Bericht über die Sonderwesen soll die Besonderheit, das ganz Andere der Germanen betonen, deren Land zu erobern sich nicht lohnt; er begründet also auch den Rückzug Caesars ohne militärische Auseinandersetzung mit.
3. Die Germanen sind von den Galliern völlig verschieden; sie gehören nicht in den römischen Zivilisationskreis. Eine Eroberung ihres Landes ist weder möglich noch nötig.
4. Der Verfasser unterstellt Caesar die nüchterne Kalkulation (*ratio*), dass der grundsätzliche Unterschied zwischen Galliern und Germanen ein Grund sei, Germanien nicht zu erobern, d.h. den Rhein als Reichsgrenze festzulegen (wodurch er eine für die europäische Geschichte prägende Entscheidung traf).

---

8) Vgl. dazu VERFASSER, Lateinunterricht, Bamberg 1979, Bd. 3, 219 ff.

4.8 Unterrichtsprojekt

VERCINGETORIX –
GALLIENS FREIHEITSHELD

(günstig zu verbinden mit dem Unterrichtsprojekt
Die Auseinandersetzung mit Ariovist
und/oder dem Unterrichtsprojekt
Dumnorix – Symbolfigur des gallischen Widerstands)

Vercingetorix-Standbild in Alésie-Sainte-Reine

Vercingetorix – Galliens Freiheitsheld

Völker, Personen und Orte, die in diesem Unterrichtsprojekt begegnen

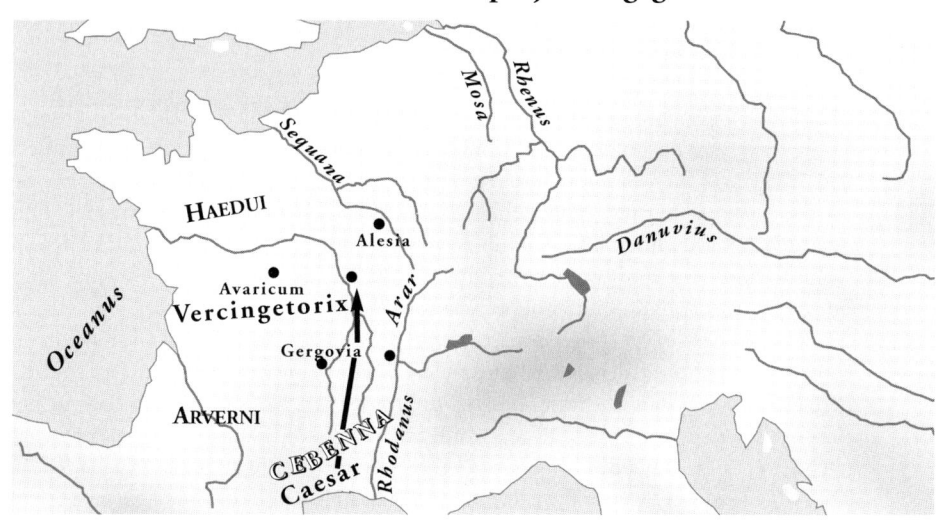

Völker

Arverni: Arverner, großer gallischer Stamm in der Mitte des südlichen Galliens, dessen Hauptort Gergovia ist; aus ihm entstammt Vercingetorix, der Führer des gesamtgallischen Aufstandes.

Haedui: Haeduer, einer der gallischen Hauptstämme, in Zentralgallien siedelnd, mit Rom von Anfang an befreundet, im Zuge des Freiheitskampfes aber auf die Seite aller Gallier tretend.

Sequani: Sequaner, großer gallischer Stamm, in der Nähe zum Rhein siedelnd, aus Herrschaftsrivalität mit den Haeduern den Römern immer ablehnend gegenüberstehend; sie haben 58 v. Chr. sogar den Germanen Ariovist aus Germanien nach Gallien gerufen.

Cimbri et Teutones: Kimbern und Teutonen, zwei germanische Völker, die am Ende des 2. Jh. v. Chr. über Gallien nach Italien vorgedrungen sind und dort mächtigen Schrecken hinterlassen haben (*Furor Teutonicus*).

Ambivareti (Ambivareter), Bituriges (Biturigen), Bellovaci (Bellovaker), Remi (Remer), Ruteni (Rutener) sind kleinere gallische Stämme, die in der Eroberungsbilanz (K. VII 90) erwähnt werden.

Personen

Vercingetorix: adliger Arverner, der sich zum König der Gallier wählen lässt; Führer des Gallier-Aufstandes, gefährlichster Gegner Caesars in Gallien.

Critognatus: Arverner, aus einer vornehmen Familie stammend, hervortretend durch seine die Römer angreifende Rede an die eingeschlossenen Bewohner von Alesia.

Celtillus: Arverner, Vater des Vercingetorix, der schon einmal die Führung über ganz Gallien besaß, aber wegen seines Strebens nach der Königsherrschaft getötet wurde.

Gobannitio: Arverner, Onkel des Vercingetorix, der seinen Neffen von einem Aufstand gegen Caesar abzuhalten versuchte.

Orte und Gebiete

Alesia: Stadt (*oppidum*) in Zentralgallien, heute Alésie-Sainte-Reine bei Dijon.
Avaricum: Hauptort der Biturigen, heute Bourges.
Gergovia: Hauptort der Arverner, in Südgallien.
Cebenna: Cevennen, Gebirgszug in Südfrankreich.

Bibracte, Cavillonum, Matisco sind kleinere Städte (*oppida*), die in der Eroberungsbilanz (K. VII 90) erwähnt werden.

A) Didaktische Einordnung

a) Caesar als „Imperialist" in Gallien

Quieta Gallia: So beginnt das 1. Kap. des 7. Buches. Mit diesem Ablativus absolutus in verkürzter Form, der eine Umstandsbestimmung angibt, markiert er pointiert den Hintergrund eines infernalischen Szenarios, in dem der Gallische Krieg an die für die Antike äußerste Grenze seiner Möglichkeiten ging. Caesar kontrastiert und setzt den Leser dadurch von Anfang an in Spannung. Wenn Ruhe und Frieden in Gallien eingekehrt sind, wozu dann ein so umfangreicher Bericht über das Jahr 52? Für *quieta Gallia* hätte Caesar auch, wie sonst bei ihm üblich, *pacata Gallia* schreiben können (vgl. etwa: *omni pacata Gallia* II 1,2). Beide Wörter sind zwar synonym gebraucht, doch eröffnet *pacare* eine tiefere Dimension des Verhältnisses: „befrieden, erobern", in den Ordnungsbereich der römischen *pax* einbeziehen. Caesar hat sich als „Friedensstifter" gemäß der römischen Eroberungsdoktrin erwiesen; er hat nach Ciceros Deutung des Imperators FINES IMPERII PROPAGAVIT (De rep. 3, 15, 24), wie es auf den Denkmälern erfolgreicher Eroberer eingemeißelt stand).
Durch seine defensive Eroberungsstrategie hat er die Grenzen des Reiches vorgeschoben, das Gebiet erweitert, er hat für seinen Teil ein gutes Stück dazu beigetragen, dass das römische Volk durch Verteidigung von Bundesgenossen die Herrschaft über alle Länder erreichte:
Noster populus sociis defendendis iam omnium terrarum potitus est (Cicero, De rep.3, 23, 35).[1] Caesars imperiale Leistungen verwirklichen sich im Norden, jenseits des Grenzwalls der Alpen, der die Mittelmeerwelt von den zum großen Bären hin siedelnden Barbarenvölkern abtrennt: In Gallien ist er durch seine Siege zum „Imperialisten" geworden, insofern hat er Rom zu einem weiteren Triumph verholfen, nach der Vorstellung von PETER PAUL RUBENS hat er der Göttin Victoria Anlass gegeben, der martialischen Gestalt der Roma, die machtbewusst ihren linken Fuß auf die Erdkugel setzt, den Siegeskranz umzulegen.

Die römische Herrschaftsideologie, wie wir sie in der Theorie aus CICEROS Werk kennen und wie sie RUBENS im Bild eindrucksvoll präsentiert, tritt uns in Caesars Bellum

Peter Paul Rubens: Roma triumphans. Die Göttin Victoria überreicht ROMA den Siegeskranz; diese stellt triumphierend und in Siegespose den linken Fuß auf die Erdkugel – Zeichen ihrer imperialen Stellung in der Welt.

---

1) Vgl. dazu VERFASSER, Lateinunterricht, Bamberg 1979, Bd. 3, 87 ff. (hier weitere Literatur).

Gallicum konkret, d.h. in realhistorischen Vorgängen vor Augen. Roms Herrschaftsdoktrin wird nach WOLFGANG WILL in „Caesars Gallien-Strategie konkrete Wirklichkeit".²
Der Triumph im Norden ist urplötzlich in Frage gestellt. Die Gallier gehen daran, der Göttin Victoria den Siegeskranz aus der Hand zu reißen. Gallien steht im Nu in Flammen. Caesar sieht sich einer pangallischen Rebellion gegenüber. Der Autor zieht alle Register seiner Erzählkunst, die er ja ab dem zweiten Teil des Werkes immer mehr als Elemente der „*historia*" einsetzt. Der Leser wird aus der Distanz in die Nähe des unmittelbaren Erlebens gebracht, er erlebt Caesar in der Krise des Krieges und wie er sie unter Aufbietung aller Kräfte letztendlich meistert.
Im Gallienaufstand hat es Caesar mit Vercingetorix zu tun, der zu seinem neuen, schärfsten und gefährlichsten Gegenspieler in Gallien avancierte. Im vorliegenden Unterrichtsprojekt konzentriert sich die knappe Auswahl auf diese Gestalt, wie Caesar sie zeichnet und mit ihr verfährt. Seine Sprache und Politik lassen sich gerade hier, wie sich zeigen wird, als Einheit begreifen.

b) Vercingetorix als historischer Held Frankreichs

Vercingetorix gilt heute in Frankreich als Freiheitsheld; monumentale Standbilder zeugen von seiner historischen Tat, wie etwa an der Place Jaude in Clermont-Ferrand: Hoch oben auf einem tempelartigen Fundament erscheint er in der Pose des wilden und kampfentschlossenen Reiterführers (s. Abbildung in der Textausgabe).

Verkleinerte Nachbildung des Vercingetorix-Denkmals auf der Place Jaude in Clermont-Ferrand (s. Textband S. 93).
Museum von Clermont-Ferrand.

Die Nachfahren scheinen stolz auf ihren Helden der frühen Vergangenheit; in den Schulbüchern, selbst in deutschen Französischlehrbüchern wird er zum Thema; neben dem Bild der Statue des Vercingetorix steht der Auszug aus einem französischen Führer, der die Tat des Helden, seinen Aufstand gegen die Römer und seine Niederlage bei Alesia beschreibt; er endet mit dem Satz:
Les Galois perdent leur liberté et Vercingétorix perd sa vie pour la liberté de son peuple.

---

2) Iulius Caesar, Eine Bilanz, Stuttgart/Berlin/Köln 1992, 74.

En 52 avant Jésus-Christ, Vercingétorix, chef des Arvernes[1], appelle la Gaule à la révolte contre[2] les Romains. L'armée de César attaque alors Gergovie[3], la capitale arverne. Mais les Gaulois luttent[4], gagnent. Les Romains partent.
Vercingétorix et son armée vont ensuite à Alésia[5]. Les Gaulois, bloqués dans la ville, ont faim. Enfin, en septembre 52, les Romains prennent Alésia et gagnent la guerre. Les Gaulois perdent leur liberté et Vercingétorix perd sa vie pour la liberté de son peuple.

(Extrait d'un guide)

Vocabulaire:
1) **Les Arvernes:** les Gaulois de la région qui s'appelle Auvergne aujourd'hui – 2) **contre:** gegen – 3) **Gergovie:** ville gauloise à 6 km du Clermont-Ferrand d'aujourd'hui – 4) **lutter:** kämpfen – 5) **Alésia:** une forteresse (= eine Festung) gauloise en Bourgogne

Aus: „Découvertes" 2, Klett-Stuttgart 1995

Vercingetorix ist offensichtlich eine Lichtgestalt in der französischen Geschichte, er gehört zum Kern des Nationalbewusstseins der Franzosen. Die Erinnerung erkennt in ihm einen Gallier, der sein Leben für „die Freiheit seines Volkes" verloren hat. *Liberté* ist die französische Erscheinungsform des lateinischen Wortes *libertas*. Im Caesar-Bericht ist dieser Begriff in der Tat der vorherrschende im ganzen 7. Buch. Gleich zu Beginn wird er als das Motiv des Aufstandes angezeigt. Vercingetorix' Aufruf zu den Waffen wird damit begründet:
<Vercingetorix> *hortatur, ut communis libertatis causa arma capiant* (4,16f.).
Hat also das Bild vom Freiheitshelden Vercingetorix schon bei Caesar seine kräftigen Farben bekommen? In welches Licht stellt der Römer seinen großen Gegenspieler und in welche Atmosphäre taucht er den Wert der *libertas*?

c) Das Freiheitsmotiv – eine römische Projektion

Der Begriff *libertas* hat im römischen Denken – auch noch zur Zeit Caesars einen positiven Klang, er ist als positiver Wert, als konstruktives Element der seit dem Sturz der Könige gültigen Staatsform zu sehen, die eben *res publica libera* („Freistaat") heißt. *Liber* („frei") ist das bestimmende Kriterium des römischen politischen Systems, sozusagen der demokratische Anteil in ihrer Staatsform.
Aber „Freiheit" bei den Galliern, den Barbaren des Nordens? Hat der Begriff auch dort den gleichen Stellenwert wie in Rom? Demnach auch eine staatstragende Funktion? Wäre es denn so, würde sich Caesar als Vertreter eines „Freistaates" als Räuber der Freiheit einem Volk oder einer Volksgruppe gegenüber betätigen, würde er gegen das tragende Prinzip des römischen Staatsverständnisses verstoßen. Doch Freiheit von Barbaren ist aus römischer Sicht ein Widerspruch in sich selbst; dahinter steht die griechische (aristotelische) Theorie, dass bestimmte Menschen – gemeint sind die Wilden, die Barbaren – von Natur aus Sklaven sind, dass sie deshalb,

damit sie auf eine höhere Zivilisationsstufe kommen, unterworfen werden sollen, notfalls mit Krieg. Solche Zivilisationsleistung nennt man heute aus kritischer Distanz „Entbarbarisierung".[3]
Freiheit ist deshalb kein für einen Römer achtenswertes Motiv im Munde der Gallier. Haben diese überhaupt, ehe die Römer kamen, ein Bewusstsein von Freiheit gehabt?

„Erst mit der Sklaverei erlangte die Idee einer Klasse freier Menschen eine sinnvolle Bedeutung. Gallien mag in drei Teile unterteilt gewesen sein, doch bevor die Gallier versklavt worden waren, wäre es selbst ganz unsinnig gewesen, irgendeinen dieser Teile frei zu nennen." So ORLANDO PETERSON.[4]

Freiheit wird erst erfahrbar im Gegensatz zur Knechtschaft, zum Unterworfensein einer anderen Macht gegenüber. Dann spürt man den Drang nach Unabhängigkeit, das Bedürfnis, Leben und Gemeinschaft nach eigenen Regeln und Bräuchen zu gestalten, Herr seiner eigenen Entscheidungen zu sein, seine eigene Macht bewusst durchzusetzen.[5] Diesen psychischen Entwicklungsvorgang, der sich ohne Zweifel bei den Galliern, d. h. bei ihren Führern, seit Beginn des römischen Unterwerfungskrieges vollzog, hat Caesar registriert und begrifflich in das Gegensatzpaar von *libertas* und *servitus* gebracht. Er hat also eine Wertkonstellation, die sich im Mittelmeerraum längst politisch verfestigt, sich dort auch staatsphilosophisch begründet hat, in seinem Bericht auf die Gallier projiziert; am deutlichsten tritt uns diese Projektion in dem nahezu wie eine philosophische Maxime anmutenden Satz entgegen, mit dem er seinen Kampf gegen rebellisches Verhalten der Veneter begründet; er wolle nicht, dass sich von diesem Teil Galliens (Westen) aus eine Aufstandsbewegung auf die anderen Völker Galliens ausbreite, weil er erkannte, dass das Streben nach Freiheit und der Hass auf die Knechtschaft eine naturbedingte Grundbefindlichkeit aller Menschen sei:

cum intellegeret ... omnes homines natura libertatis studio incendi et condicionem servitutis odisse (III 10,3).

Diese allgemeine, philosophische Lebensweisheit, die eine militärpolitische Entscheidung stützt, ist ein klarer Beleg dafür, dass Caesar die erkennbaren, von Natur aus vorhandenen Verhaltensformen der Gallier nach Vorstellungen bewertet und

---

3) S. dazu MÜNKLER, H./GRÜNBERGER, H.: Die alten und die neuen Barbaren. In: humboldt spektrum, 6. Jg., Heft 1/99, 26 ff.

4) Freiheit, Sklaverei und die moderne Konstruktion der Rechte. In: GANZ, O. (Hrg.): Menschenrechte in der Geschichte, Frankfurt 1998, 141-193, h. 143.

5) Für DIETER TIMPE (Rom und die Barbaren des Nordens. In: Begegnung mit dem Fremden, hrg. von SCHUSTER, M., bedeutet die barbarische „Freiheit ... Ungebändigtheit, Unfähigkeit, sich in den Wechsel von Befehlen und Gehorchen zu fügen, die politische Existenz erst möglich machen."

benennt, die ihm aus seinem Kulturraum bekannt sind. *libertas* und das leidenschaftliche Streben danach gibt es bei den Galliern erst oder besser: dieses Wertes werden sich die Gallier erst bewusst, als oder weil Caesar die totale Knechtschaft in das Land gebracht hat.

Wer jemandem Knechtschaft bringt, um sie in seinen Machtbereich einzugliedern und damit sein Herrschaftsgebiet zu erweitern (*fines imperii propagare*), kann das *libertas*-Streben der Unterworfenen nicht positiv beleuchten; das ist eine natürliche und logische Konsequenz! Deshalb ist der Freiheitsbegriff der Gallier von Anfang verdüstert, gewissermaßen in den Untergrund abgeschoben, er erscheint als Parole der gegen Caesar opponierenden Gegenspieler, sie ist das Leitmotiv der gallischen Résistance; *libertas* erhält vom 1. bis zum 7. Buch an allen Stellen, wo sie zentral meist mit dem Gegenbegriff *servitus* verbunden wird, eine zunehmend negative Schattierung, da sie mit Verschwörung (*coniuratio, se coniurare*), Aufwiegelung (*sollicitare*), Umsturzverlangen (*rerum novarum cupidus*) und Hass auf die Römer (*odisse*) verbunden ist.[6]

In einer solchermaßen „vergifteten" Atmosphäre, die sich um den *libertas*-Begriff in Caesars Bericht gelegt hat, tritt er dem Leser als durchgängiges Motiv im 7. Buch entgegen; er ist hier zur Idee des ganz Gallien vereinigenden Kampfes, der *universae Galliae consensio* geworden. Die *communis libertas* (37, 47, 71,3) wird zur Beschwörungsformel im Munde des Anführers des „Freiheitskampfes" gegenüber allen, die er dazu gewinnen und darin zum Durchhalten auffordern will. Aus dieser Sicht der Dinge kann folgerichtig Vercingetorix in Caesars Bericht nicht als Lichtgestalt des gallischen Widerstands erscheinen. Genauso wenig lässt sich die Rede des Critognatus, die – als rhetorischer Höhepunkt des 7. Buches, ja als „dramatischer Höhepunkt des gesamten Bellum Gallicum"[7] – vom Gegensatz zwischen *libertas* und *servitus* beherrscht wird, ohne die römische Brille richtig lesen. Zwischen ihrer Aussage und der Wesenszeichnung des Vercingetorix besteht, wie sich deutlich zeigen wird, ein enger Zusammenhang.

---

6) Ausführlich dazu VERFASSER: Caesar im Visier, AUXILIA 37 (1995), 102-112.

7) So SCHIEFFER, R.: Die Rede des Critognatus (BG V 77) und Caesars Urteil über den gallischen Krieg. In: Gymnasium 79 (1972), 478.

Grundlage zur Interpretation des Projekts „Vercingetorix – Galliens Freiheitsheld"
(Vorlage für Folie oder Kopie, die zu gegebener Zeit den Schülern ausgehändigt werden sollte.)

Der gesamtgallische Freiheitskampf – Vercingetorix und Critognatus
Die innergallische Opposition „Résistance" – Schwerpunkte und Motive

B 1	B 3		B 5		B 7		Critognatus
	a)	b)	a)	b)	a)	b)	
Haeduer:	Veneter	Veneter	Haeduer	Eburonen	principes	**Vercingetorix**	
quidam	principes		**Dumnorix**	**Ambriorix**	Galliae		**?**
Dumnorix	ut in ea	omnes	resistere	de recuperanda	Galliam in	perpetuum imperium	Critognatusrede
Romani	libertate	homines	clamitans se	communi libertate	libertatem	libertatemque	
omnibus	permanerent	natura	liberum esse		vindicare	consequi	objektive
libertatem	quam	libertatis	liberaeque		**VII 1,6**	**VII 4,3**	Romkritik
erepturi	Romanorum	studio	civitatis	**V 27,6**	libertatem	furor	oder
I 14,4	servitutem	incendi et	**V 6,7**		recuperare	bellum	Selbstentlarvung
	perferre	condicionem			**VII 4,3**	tanta universae	der gallischen
	III 8,2	servitutis	rerum novarum		communis	Galliae consensio"	Barbarei?
		odisse	cupidus		libertatis		
		III 10,3	sollicitare		causa		
			principes Galliae		**VII 4,4**		
coniuratio	inter se	inter se se		coniuratio	arma		
	coniurare	coniurare			capere		
	sollicitare				egentes		
					perditi		

Romfeindliche Führergestalten in Gallien

Orgetorix: aus dem Stamm der Helvetier, hochadelig, reich, strebt nach einer Führungsrolle in Gallien; Schwiegervater des Haeduers Dumnorix.

Divico: Adeliger aus dem Stamm der Helvetier, der deren Gesandtschaft bei Caesar anführt, selbstbewusst und von provozierendem Stolz.

Dumnorix: aus dem Stamm der Haeduer, ehrgeizig, erbitterter Romgegner, stellt sich gegen Caesars Verteidigungsstrategie, hinterhältig, Bruder des Diviciacus, von Caesar unter Arrest gestellt, später getötet.

Ambiorix: Eburonenfürst, ein gefährlicher und listenreicher Gegner, der Caesars Truppen große Verluste zufügt

Critognatus: hochadeliger Vertreter des Stammes der Arverner, der in Alesia die „Durchhalterede" hält.

Vercingetorix: adeliger Arverner, Anführer des Gallieraufstandes im Jahre 52 v. Chr., entschlossener Gegner der Römer und gefährlichster Widersacher Caesars.

B) Die Interpretation des Unterrichtsprojekts

a) Vercingetorix' Ernennung zum König

Kap. 1-3 sind kurz paraphrasiert, Kap. 4 ist größtenteils zur statarischen Lektüre aufbereitet.

Vercingetorix' Image gibt Caesar in seinem Bericht von Anfang an dunkle Züge. Dem Stamm der Arverner zugehörig scheint er von seinem machtlüsternen Vater Celtillus, den man wegen seines Strebens nach der „Königswürde" (*regnum*) umgebracht hat, nicht nur eine hohe Machtstellung (*summa potentia*), sondern auch die Ambition, zu höchstem politischen Rang aufzusteigen,[8] vererbt bekommen zu haben. Er will sich sofort an die Spitze einer Rebellion gegen die Römer setzen,[9] hetzt in Gergovia ohne Schwierigkeit seine Anhänger dazu auf; er lässt davon auch dann nicht ab, als er von den vorsichtigen Häuptern des Stammes (*principes*) aus der Stadt geworfen worden ist, sondern rekrutiert auf dem Lande eine Truppe aus „Notleidenden" und „Halunken" und bringt alle, die er in seinem Stamm angeht, dazu, sich dieser Mannschaft anzuschließen. Mit den bewusst gesetzten Bezeichnungen *egentes* und *perditi* gibt der Autor dem Plan des Vercingetorix eine Schlagseite zum Schlechten, sein Heer setzt sich im Kern aus Gesindel zusammen. Diese pejorative Schattierung trifft auch das Freiheitsmotiv, mit dem er dazu aufruft, zu den Waffen zu greifen (*hortatur, ut communis libertatis causa arma capiant*). Was soll Freiheit in den Händen solcher Leute!

Blick auf das Plateau von Gergovia

---

8) MATTHIAS GELZER: Caesar, Politiker und Staatsmann, Wiesbaden 1982, 141, stellt fest, dass sich in ihm „sein Ehrgeiz zum Gedanken an ein Königtum in einem keltischen Nationalreich erheben konnte."

9) Dazu sahen sich einige führende Gestalten der Arverner veranlasst, als sie von der Ermordung römischer Kaufleute in Cenabum durch die Carnuten erfuhren (3,1 u. 4f.).

Mit den offensichtlich rasch zu einer großen Masse angewachsenen Truppen begeht Vercingetorix einen ersten Gewaltakt, indem er nun seinerseits seine Gegner, also die nicht zum Aufstand bereiten führenden Köpfe, aus Gergovia verjagt, um dort seine strategische Basis einzurichten. Schon wird er hier von seinen Anhängern zum „Leiter" (*rex* > *regere*) der Operation ernannt. Im lapidaren, kurzen Satz *rex a suis appellatur* (VII 4,21) kommt gewissermaßen die Zielstrebigkeit und Entschlossenheit seines skrupellosen Wesens zum Ausdruck. Ohne Wenn und Aber hat er in Kürze das erreicht, weshalb sein Vater umgebracht worden ist: *regnum*, das „Königsamt". Im nachfolgenden, im Schülerband nur in einer sehr knappen Paraphrase wiedergegebenen Text (Kap. 4, 5-10), den man in seiner ganzen Länge den Schülern vorlesen soll, wird die negative Charakterisierung fortgesetzt:

„Er schickt nach allen Richtungen Gesandte und beschwört sie, sie sollten ihm die Treue halten. Schnell bewegt er die Senonen, Parisier, Cadurcer, Turonen, Aulercer, Lemovicer, Anden, und alle, die am Atlantik siedeln, zum Anschluss. Mit aller Zustimmung wird ihm der Oberbefehl übertragen, nachdem ihm diese Machtstellung gegeben worden ist, befiehlt er allen Stämmen die Stellung von Geiseln, gebietet, sie in einer bestimmten Zahl von Stunden zu ihm zu führen und setzt fest, wie viel an Waffen jeder Stamm zu Hause bis zu einer jeweils bestimmten Zeit herstellen solle. Am meisten setzte er auf die Reiterei. Hoher Gewissenhaftigkeit fügt er harte Strenge in der Ausführung seines Oberbefehls (summa imperii) hinzu. Mit großen Strafen übt er auf die Zaudernden Zwang aus. Denn bei einem größeren Vergehen lässt er sie durch Feuer und alle möglichen Foltern töten, bei geringerem Anlass schickt er sie, nachdem er ihnen die Ohren hat abschneiden oder ein Auge ausstechen lassen, nach Hause, damit sie den anderen zur Warnung dienen und sie durch die Größe ihrer Bestrafung in Angst und Schrecken versetzen (ut perterreant)."

Durch Botschaften in alle Richtungen gewinnt er also, zum „König" ernannt, danach sehr rasch viele Stämme für die Rebellion, von diesen wird ihm das *imperium* übertragen, weil man allseits seinem offenen Verschwörungsakt zustimmt; er ist also begrifflich zum ranggleichen Gegenspieler Caesars geworden: *imperator omnium Gallorum*, er ist Oberbefehlshaber der Befreiungsarmee. Er gebietet allen Stämmen, ihm Geiseln zu stellen – als Zeichen ihrer unbedingten Abhängigkeit – und zwingt alle Stämme, Truppen zu stellen und Waffen zu bauen. Seinen Oberbefehl (*summa imperii*) übte er nicht nur gewissenhaft, sondern mit äußerster Strenge aus, wenn es um die Gefolgstreue im Freiheitskampf gegen Rom geht. Bei großen Vergehen bestraft er mit Folter- und Feuertod, bei geringen Anlass durch Abschneiden der Ohren oder Ausstechen eines Augen, wobei er die so Verstümmelten zur Warnung und Abschreckung nach Hause schickt.

Durch das Erwähnen dieser brutalen Strafen an Volksangehörigen zeichnet Caesar den „Gallier-König" als Ausgeburt von barbarischer Grausamkeit. Das bewusst verwendete Verbum *perterrere* soll den Eindruck erwecken, als übe Vercingetorix eine Art Schreckensherrschaft aus. Ganz gezielt werden, noch ehe es zur Konfrontation der beiden Kontrahenten kommt, die Mittel der propagandistischen Abwertung des Feindes eingesetzt. Das hat zur Folge: Das Freiheitsmotiv, das den ganzen Krieg gegen die Römer tragen soll, hat in der begrifflichen Umgebung des Berichts für den römischen Leser von Anfang an eine ausgesprochen negative Konnotation. Über-

spitzt formuliert: Wie sollen Schreckensherrschaft und Freiheitsstreben zueinander passen?
Die begriffliche Substanz des Textes erzwingt im Denken des Lesers diese Frage.

Im Schema:

```
                    Vercingetorix

                   summa potentia
                pater regnum appetebat
                < clientes > facile incendit
                  expellitur Gergovia
               in agris habet dilectum
                egentium et perditorum

                       hortatur
        ut communis libertatis causa arma capiant

              adversarios expellit e civitate
                     rex appellatur
               ad eum defertur imperium
                 summa imperii severitas
            igni atque omnibus tormentis necat
   auribus desectis aut singulis effossis oculis domum remittit
            ut sint documento et ... perterreant
```

Antworten auf die Fragen (Kap. 4):

1. Vercingetorix wird aus der Stadt Gergovia geworfen, weil man seine Absicht, eine Rebellion gegen die Besatzungsmacht anzuzetteln, für aussichtslos und zu gefährlich ansieht. Vercingetorix soll von Anfang an als ein machtbesessener Draufgänger erscheinen.
2. Dadurch, dass Vercingetorix nach seinem Rauswurf eine Truppe aus „Notleidenden und Halunken" rekrutiert und dass er seinen Oberbefehl mit brutalen, Schrecken erregenden Strafen durchsetzt, stellt Caesar seinen Charakter in ein noch trüberes Licht.
3. Das Freiheitsmotiv, d.h. die Möglichkeit, die römische Besatzung loszuwerden, bringt viele Stämme zum Anschluss an die Truppe des Vercingetorix.
4. Die Ernennung zum „König" bedeutet, dass man ihn als Führer der Rebellion anerkennt und von ihm und seinen Fähigkeiten den Sieg über die Römer erwartet.

Am Anfang des großen Entscheidungskampfes zwischen Caesar und Vercingetorix steht das Psychogramm des Gegenspielers in den Augen der Leser deutlich fest: Vercingetorix: einflussreich, machtbesessen, draufgängerisch; fähig, andere für seine Ziele zu gewinnen, „anzufeuern"; durch inneren Widerstand nicht aufzuhalten; entschlossen, für seine Zwecke alle Leute, auch Gesindel einzusetzen; vor Gewaltakten nicht zurückschreckend; auf Führung und Oberbefehl aus; mit Zwang und Strenge herrschend; grausam in der Bestrafung zur Warnung und Abschreckung von Unwilligen, nahe an den Methoden einer Terrorherrschaft.[10]

b) Vercingetorix' Strategie

Kap. 5-13 sind kürzest paraphrasiert, Kap. 14/15 sind zur statarischen Lektüre aufbereitet. Kap. 14 enthält eine kurze leichte Oratio obliqua sowie alle Funktionen der nd-Formen.

Da es Vercingetorix nicht gelungen ist, Caesar von der Hauptmacht seiner Heere abzuschneiden, im Gegenteil Caesar durch eine Sonderleistung, nämlich die Überquerung der verschneiten Cevennen, mitten im Arvernerland steht, also die Konfrontation unmittelbar bevorsteht, muss der „Gallier-König" seine Strategie ändern. In einer Rede versucht er die „Unterführer" seiner Streitmacht davon zu überzeugen:

---

10) CHRISTIAN MEIER (Caesar, Berlin 1982, 385 f.) charakterisiert Vercingetorix so: „Vercingetorix war damals etwa dreißig Jahre alt, ein stattlicher, imponierender Mann, hochbegabt, ehrgeizig und tapfer. Er hasste die Römer, hatte sie aber genau beobachtet, um ihre Taktik zu studieren und herauszufinden, wie man sie besiegen konnte. Voller Feuer scheint er für den Aufstand geworben zu haben, unermüdlich im Land umherfahrend, mitreißend, überzeugend. Gallien musste wieder frei werden. Und alle mussten sich anschließen. Er stand für die Sache. Er entwarf die Strategie. Ihm gebührte, als es soweit war, ganz selbstverständlich die Führung. So sehr war er die Seele, die Mitte der verbreiteten Empörung. Zahlreiche Stämme, so die Senonen, Pariser, Pictonen, Cadurcer, Turonen, Aulercer, Lemovicer, Anden und alle, die am Atlantik wohnten, schlossen sich an. Vercingetorix wurde der Oberbefehl über das Ganze übertragen. Er setzte genau fest, welche Kontingente jeder Stamm zu stellen hatte, ließ jeden auch eine Menge Waffen bis zu einem gewissen Termin herstellen. Als wichtigste Streitmacht galt ihm die Reiterei. Alles war gedanklich aufs Beste vorbereitet. Vercingetorix verband, wie Caesar schreibt, 'höchste Gründlichkeit mit größter Strenge in der Ausübung seines Oberbefehls.' Unter anderem setzte er drakonische Strafen fest. Bei größeren Delikten drohten alle Arten von Folter, anschließend die Verbrennung, bei geringeren sollten die Ohren abgeschnitten oder ein Auge ausgestochen werden, dann wurde der Betroffene in die Heimat zurückgesandt, damit jeder sah, wie ernst der Kampf war. Ein sehr großes Aufgebot kam zusammen." Die positiven Züge, die MEIER in dieses Bild von Vercingetorix einzeichnet, stammen keineswegs aus Caesars Bericht; insofern ist die von Caesar beabsichtigte Tendenz hier nicht angemessen erfasst. Infolgedessen wird auch der Gesamteindruck, den Caesar vom gallischen Freiheitskampf geben will, letztlich von MEIER kaum zutreffend referiert.

Kap. 14: Ziel müsse es sein, die Römer dadurch, dass man ihnen den Zugang zum Proviant nimmt, kampfunfähig zu machen; dies könne zu dieser Jahreszeit (Frühsommer) erreicht werden, indem alle Gebäude, in denen Getreide lagert, zerstört würden. Rücksicht auf persönliche Vermögen dürfe es dabei nicht geben (*rei familiaris commoda neglegenda <esse>*). Also müssten in allen Richtungen, wohin die Römer des Proviants wegen ziehen könnten, die Dörfer und Häuser in Brand gesetzt werden, selbst die Festungsstädte (*oppida*), die nicht hinreichend gesichert seien, seien einzuäschern, damit sie weder Kriegsverweigerern als Schlupfwinkel dienten, noch den Römern die Möglichkeit böten, Proviant und Beute zu machen. Der Redner will demnach die Taktik „der verbrannten Erde" durchsetzen.[11] „Mit dem Verlust ihrer Habe erlangten sie immer währende Freiheit, verkündete Vercingetorix". So WOLFGANG WILL, der in dieser Formulierung die Ironie dieser Forderung gut erfasst.[12]

Caesar stellt Vercingetorix als rhetorisch versierten Gallierführer dar, der seine strategischen Ziele in scharf-befehlerischem Ton vorzutragen imstande ist: Die Befehle sind in dichter Folge im Gerundivum mit nezessitärer Bedeutung oder mit *oportere* ausgedrückt (*studendum esse, neglegenda <esse>, incendi opportere* 2x). Vercingetorix erscheint hier als Mann, der für seine Kriegsziele, nämlich sich physisch gegen die Römer durchzusetzen, alle Rücksichten auf Privates unbedingt zurückzustellen gebietet und deswegen auch den Kampfesunwilligen jede Chance nimmt. Insofern sieht Caesar in Vercingetorix einen ihm ebenbürtigen Gegenspieler, der hohes taktisches Geschick hat und keine Skrupel kennt – wohlahnend, dass dieser ihm „in die tiefste Krise des gesamten Feldzuges" stürzen werde.[13]

Antworten auf die Fragen (Kap. 14):

1. Vercingetorix verfolgt die Taktik der verbrannten Erde, mit dem Hauptziel, den Römern alle Möglichkeiten zu nehmen, sich in den Städten aus den Getreidelagern Proviant zu beschaffen.
2. Das Wortfeld, das das Ziel von Vercingetorix' Taktik anzeigt, ist bestimmt von Worten und Wendungen, die „Proviant, Nahrung, Verpflegung beschaffen" ausdrücken; sie machen das Thema des Textes aus: *pabulatione et commeatu (prohiberi) – pabulum ... (secari non posse) – pabulandi causa – ad copiam commeatus praedamque tollendam.*

---

11) GELZER, a.O., 142, dazu: „Sein strategischer Plan ging dahin, sie durch Wegnahme der Verpflegungsmöglichkeiten bis zum Untergang zu zermürben. Hierzu müssten rücksichtslos alle gegen einen Angriff nicht durchaus geschützten Ortschaften, wo Vorräte aufgespeichert waren, zerstört werden."

12) S. dazu WILL, W., a.O., 92: „Vercingetorix plädierte ... für einen Kriegsplan, den bereits die persischen Satrapen 334 v.Chr. diskutierten, als Alexander in ihr Land eingefallen war: die Taktik der verbrannten Erde."

13) So WILL, a. O., 93.

Kap. 15: Da die vorgeschlagene Taktik beim Heer Billigung findet, werden an einem Tag 20 Städte der Bituriger niedergebrannt, das Gleiche geschieht bei den übrigen Stämmen, so dass das ganze Land bald in Flammen steht. Die Menschen Galliens empfinden über ihren Verlust zwar großen Schmerz (*magno cum dolore ... ferebant*), trösten sich aber damit, dass sie angesichts des greifbar nahen Sieges fest daran glauben, das Verlorene bald wieder zurückzubekommen (*se ... celeriter amissa recuperaturos confidebant*).

Antworten auf die Fragen (Kap. 15):

1. Die Gallier billigten den taktischen Schachzug ihres Oberbefehlshabers; sie empfanden über den Verlust ihrer Habe durch die Verbrennung zwar großen Schmerz, trösteten sich aber damit, das Verlorene bei einem Sieg zurückzubekommen. Die unmittelbaren Folgen waren, dass bei allen Stämmen Städte und Dörfer in Brand gesteckt wurden.
2. Das Bild deutet den Eindruck vom brennenden Gallien an; zuständige Wörter und Wendungen sind: *urbes ... incenduntur, incendia conspiciuntur*.

c) Die Schlacht um Alesia

Der Inhalt der Kap. 16-76 ist nur in kürzester Paraphrase angedeutet. Er umfasst fast ausschließlich das Hin und Her der Kriegsauseinandersetzung sowie die Beschreibung der komplizierten Befestigungsanlagen um Alesia. Die Hinführung zur Critognatus-Rede 77, 1-3 ist in Übersetzung geboten.

Der Kampf um Gallien konzentriert sich letztlich auf drei zentralgallische Städte: Avaricum, Gergovia und Alesia. Avaricum, das gegen den Rat des Vercingetorix nicht aufgegeben und in Brand gesteckt wurde, wird von den Römern mit der Folge eines furchtbaren Blutbades unter den Einwohnern erobert, Gergovia hingegen bringt Caesar eine Niederlage; er kann die Stadt nicht erobern.[14] Die Entscheidungsschlacht um das Schicksal Galliens fällt letztlich bei Alesia. Um diese Stadt haben die Römer einen doppelten Belagerungsring gelegt, den einen in Richtung auf die Stadt, um die 80 000 Eingeschlossenen an einem Ausbruch zu hindern, den anderen um ein gesamtgallisches Entsatzheer, das man erwartet, von der Stadt abzuhalten. Da in der Stadt selbst die Nahrungsvorräte ausgehen, wird über mögliche Auswege aus der Bedrängnis diskutiert. Vorgeschlagen werden Kapitulation oder Ausfall. In dieser Situation hält ein gewisser Critognatus, ein hochadeliger Arverner eine Rede, „die wegen ihrer einzigartigen und ruchlosen Grausamkeit (*propter singularem et nefariam crudelitatem*) nicht übergangen werden darf"; Caesar hat diese Rede deshalb direkt und in voller Länge in seinen Bericht aufgenommen.

---

14) Vgl. dazu ERNST, W.: Caesar, der überlegene Heerführer – Anmerkungen zu Caesar (BG VII, 36). In: Anregung 45 (1999), 235-242. Hier wird Caesars Leistung vor und während der Schlacht um Gergovia herausgearbeitet.

d) Die Rede des Critognatus[15]

Kap. 77 ist zur statarischen Lektüre in vollem Umfang aufbereitet; es umfasst eine Rede, die in der Oratio recta dargestellt ist.

Caesar muss dieser Rede – schon wegen ihrer Länge, mit der sie alle vorausgehenden gleichfalls direkt gestalteten Reden überragt – im Kontext der Vercingetorix-Darstellung eine besondere Funktion zugewiesen haben. Sie ist deutlich auf Steigerung angelegt, wobei der Höhepunkt am Ende mit allen Mitteln der rhetorischen Kunst ausgeprägt wird: z.B. asyndetisches Tetrakolon *iura, leges, agros, libertatem* mit Steigerung; Parallelismus mit Iteratio: *quid petunt ... aut quid volunt*; emphatische Spitzenstellung des Relativsatzes *quos ... cognoverunt, horum in agris;* Hyperbata *aeternam iniungere servitutem, perpetua premitur servitute*; periodisierte Adhortative *quodsi ea, quae ..., ignoratis, respicite ... Galliam, quae*; asyndetische Reihung von Partizipialstrukturen *... redacta ... commutatis ... subiecta*; Alliteration *securibus subiecta perpetua premitur servitute*. Der letzte Satz wirkt durch Struktur und Stilmittel geradezu wie ein mächtiger Schlussakkord und signalisiert die Höchststufe an emotionaler Bewegung.[16]

Unterstreicht man die bedeutungstragenden, begrifflichen Schwerpunkte im Text, so erkennt man an ihrer Massierung im letzten Drittel der Rede die Klimax, deren Ziel die Emotionalisierung des Lesers ist; dieser wird aufs Höchste provoziert.

Zunächst der Text:

1 At ii, qui Alesiae obsidebantur, praeterita die, qua auxilia suorum exspectaverant, consumpto omni frumento inscii, quid in Haeduis gereretur, consilio coacto de exitu suarum

*2 fortunarum consultabant. Ac variis dictis sententiis, quarum pars deditionem, pars, dum vires suppeterent, eruptionem censebat, non praetereunda videtur oratio Critognati propter eius **singularem ac nefariam crudelitatem**.*

3 Hic, summo in Arvernis ortus loco et magnae habitus auctoritatis, „Nihil" inquit „de eorum sententia dicturus sum, qui turpissimam servitutem deditionis nomine appellant, neque hos

4 habendos civium loco neque adhibendos ad concilium censeo. Cum his mihi res est, qui

5 eruptionem probant; quorum in consilio omnium vestrum consensu pristinae residere virtutis memoria videtur. Animi est ista mollitia, non virtus, paulisper inopiam ferre non posse.

---

15) Zur Deutung vgl. VERFASSER, Lateinunterricht, Bd. III, 95ff. (hier noch in traditionellem Sinne gedeutet) und: Die Freiheit der Feinde. Zur Rolle und Wertung der Critognatus-Rede (zu BG VII 77). In: Caesar im Visier, 96ff. (mit neuer Deutung). Dazu auch SCHIEFFER, R., a.O., 477-494. Er kommt zu einem ähnlichen Deutungsergebnis, ohne allerdings die sich von Anfang an allmählich aufbauende Opposition gegen Rom und die sich entwickelnde Abwertung des Freiheitsbegriffs in seine Analyse mit einzubeziehen.

16) Zum kunstvollen Bau der Rede vgl. SCHIEFFER, a.O., 485 (hier weitere Literatur dazu).

6 *Qui se ultro morti offerant, facilius reperiuntur, quam qui dolorem patienter ferant. Atque ego hanc sententiam probarem – tantum apud me dignitas potest –, si nullam praeterquam vitae nostrae,*
7 *iacturam fieri viderem; sed in consilio capiendo* **omnem Galliam respiciamus**, *quam ad nostrum auxilium concitavimus.*
8 *Quid hominum milibus octoginta uno loco interfectis propinquis consanguineisque*
9 *nostris animi fore existimatis, si paene in ipsis cadaveribus proelio decertare cogentur?* **Nolite hos vestro auxilio exspoliare**, *qui vestrae* **salutis causa suum periculum neglexerunt, nec stultitia ac temeritate** *vestra aut* **animi imbecillitate omnem Galliam prosternere** *et perpetuae servituti subicere.*
10 *An, quod ad diem non venerunt, de eorum fide constantiaque dubitatis? Quid ergo? Romanos*
11 *in illis ulterioribus munitionibus animine causa cotidie exerceri putatis? Si illorum nuntiis confirmari non potestis omni aditu praesaepto, his utimini testibus appropinquare eorum adventum; cuius rei timore exterriti diem noctemque in opere versantur.*
12 *Quid ergo mei consilii est? Facere, quod nostri maiores* **nequaquam pari bello Cimbrorum Teutonumque** *fecerunt; qui in oppida compulsi ac simili inopia subacti eorum corporibus, qui*
13 *aetata ad bellum inutiles videbantur, vitam toleraverunt neque se hostibus tradiderunt.*
14 *Cuius rei si exemplum non haberemus, tamen libertatis causa institui et posteris prodi*
15 *pulcherrimum iudicarem. Nam quid illi simile bello fuit? Depopulata Gallia Cimbri magnaque illata calamitate finibus quidem nostris aliquando excesserunt atque alias terras petierunt; iura leges agros libertatem nobis reliquerunt. Romani vero quid* **petunt** *aliud aut quid* **volunt**, *nisi invidia adducti, quos fama nobiles potentesque bello cognoverunt, horum in agris civitatibusque considere atque his*
16 *aeternam iniungere servitutem? Neque enim* **umquam alia condicione bella gesserunt**. *Quod si ea, quae in longinquis nationibus geruntur, ignoratis,* **respicite finitimam Galliam, quae in provinciam redacta, iure et legibus commutatis, securibus subiecta perpetua premitur servitute.*"

Die Gliederung der Rede lässt fünf Abschnitte erkennen:

1. Das Eingehen auf die aktuelle Entscheidungssituation
2. Die Rücksicht auf ganz Gallien
3. Die Erinnerung an die Leistung der Vorfahren im Krieg gegen die Kimbern und Teutonen
4. Der Vorschlag zum Durchhalten mit der „Methode" des Kannibalismus
5. Die Attacke auf den römischen „Imperialismus"

Die leitmotivischen Begriffe sind, wie aus ihrer Kennzeichnung im Text hervorgeht, *servitus* und *libertas*. Die polare Spannung zwischen diesen beiden Prinzipien, von der ganz Gallien betroffen ist, beherrscht den Text; sie zeigt auch eine Art von Ringkomposition an, die sich im Schema so verdeutlichen lässt:

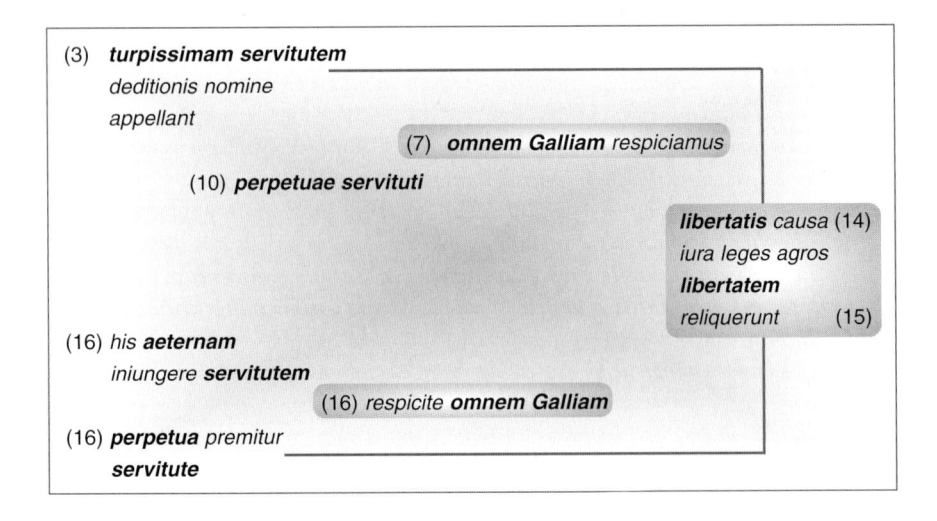

> (3) **turpissimam servitutem**
> deditionis nomine
> appellant
>
> (7) **omnem Galliam** respiciamus
>
> (10) **perpetuae servituti**
>
> **libertatis** causa (14)
> iura leges agros
> **libertatem**
> reliquerunt (15)
>
> (16) his **aeternam**
> iniungere **servitutem**
>
> (16) respicite **omnem Galliam**
>
> (16) **perpetua** premitur
> **servitute**

Der Begriff *servitus* begegnet am Anfang, in der Mitte und am Ende der Rede, hier sogar zweimal. Wer für Kapitulation sei, befürworte die schändlichste Knechtschaft (*turpissimam servitutem deditionis nomine appellant* 77,3). Man solle nicht aus Feigheit oder Unbesonnenheit ganz Gallien zugrunde richten und ewiger Knechtschaft ausliefern (*perpetuae servituti subicere* 77,10); die Römer würden ja alle Völker, die sie als bedeutend und kriegstüchtig erkennen, in ewige Knechtschaft stürzen wollen (*his aeternam iniungere servitutem* 77,16). Beweis dafür sei das benachbarte Gallien (gemeint ist *Gallia citerior* und *ulterior*), das zur römischen Provinz gemacht, in ewiger Knechtschaft schmachtet (*perpetua premitur servitute* 77,16).

Der Gegenbegriff der „Freiheit" (*libertas*) begegnet nur im Schlussteil der Rede, hier aber sehr pointiert gesetzt, zweimal, als Gegenbild zu der befürchteten und abgelehnten Knechtschaft. Die Eingeschlossenen sollten durchhalten, selbst wenn sie sich vom Fleisch der verstorbenen alten Leute ernähren müssten. Gäbe es dafür nicht schon ein Beispiel in ihrem Volke (beim Einfall der Kimbern und Teutonen), dann müsste es jetzt geliefert werden, und zwar „um der Freiheit willen" (*libertatis causa* 77,14). Die Römer nämlich würden schlimmer als jene vorgehen, jene hätten nach ihrem baldigen Abgang Recht, Gesetz, Felder und Freiheit zurückgelassen (*iura, leges, agros, libertatem nobis reliquerunt* 77,15); die Römer aber würden ewig bleiben und sie für immer all dessen berauben, was ihre nationale Identität ausmacht. Auf diese Weise werden die Römer letztlich als Versklaver gebrandmarkt, hier der ganzen Nation der Gallier.

Die Rede des Critognatus wird – als Invektive gegen Rom – in einer Versammlung der Gallier gesprochen, am Höhepunkt des offenen Krieges gegen Rom, und zwar in der von den Römern umlagerten Stadt Alesia, wo die Eingeschlossenen über ihr zukünftiges Schicksal in einer „Ratsversammlung" zu beschließen haben. Diese Beratung findet im Geheimen statt. Caesar lässt sie seine Leser – als auktorialer Erzähler, also im Besitz eines höheren Wissens gewissermaßen „aus olympischer Höhe" (W. GÖRLER) – unmittelbar, nämlich in direkter Rede miterleben. Woher Caesar dieses höhere Wissen hat, bleibt unerklärt. Ist es reine Fiktion oder in seinem Kern, bezogen auf die ansonsten bekannte Grundhaltung der Gallier, wahr? Es ist also zu prüfen, ob diese Aussagen als plausibles Ergebnis von Caesars Überlegungen und Erfahrungen über die gallische Wesensart gelten dürfen. Wir finden die Antwort womöglich darauf, wenn wir die in der Rede wirksame Grundspannung von *servitus* und *libertas* in ähnlichen Situationen innerhalb des *Bellum Gallicum* von Anfang an bis hin zu dieser „Critognatus-Rede" untersuchen. Wo wird in ähnlicher Weise der Widerstand der Gallier gegen Rom spürbar gemacht? Wir haben die markantesten dafür maßgeblichen Stellen geprüft und das Ergebnis o. S. 5f. bereits vorgestellt.

Wie ist die Rede zu bewerten, in der so scharf gegen die Knechtschaft, so leidenschaftlich für die Freiheit gesprochen wird? Ist sie ein Angriff auf Rom, gegen das Imperium Romanum, also antiimperialistisch? Gehört „die Critognatus-Rede zu den kritischsten und erbarmungslosesten Abrechnungen mit dem römischen Herrschaftsanspruch", wie HERBERT MEYERHÖFER annimmt.[17] Wird hier, wie vielleicht in der Calgacus-Rede des Tacitus „der imperialen Politik der Römer die Maske vom Gesicht gerissen?"[18] Oder liefert hier Caesar „in selbstentlarvender Absicht eine Demonstration römischen Selbstbewusstseins, die ohne Schaden auch die Position des Gegners formulieren kann?" So CHRISTIAN MEIERS Deutung.[19] Warum hat Caesar eine derart antiimperialistische Rede eines Galliers in sein durch und durch imperialistisches Werk aufgenommen oder, was als sehr viel wahrscheinlicher angenommen wird, selbst formuliert?[20] Will er sich wirklich selbst demaskieren?

Aus der Lektüre der vorausgehenden Bücher des Bellum Gallicum, also des bisherigen Kriegsberichtes, ist dem Leser, wie wir oben kurz anzudeuten versucht haben, die Grundspannung zwischen *servitus* und *libertas* in ähnlichen Situationen, wo von Widerstand und antirömischer Propaganda im gallischen Untergrund die Rede ist, längst vertraut. Wenn er sich also der Lektüre der Critognatus-Rede nähert, ist er bereits auf eine Antipathie-Haltung gegen das gallische Freiheitsdenken fixiert – zumal ihm eben auch die Atmosphäre um den Freiheitshelden Vercingetorix in der vorausgehenden Kapitelfolge düster, ja giftig vorkommen muss. Die Leserlenkung programmiert jeden Römer auf Ablehnung. In der Critognatus-Rede treten nun alle Wertungsaspekte, die die Begriffsopposition *libertas* – *servitus* betreffen, in verdichteter Form und noch viel stärker emotionalisiert in Erscheinung. Hier in der schicksalhaften Entscheidungssituation, wo es darum geht, sich den Römern endgültig zu ergeben oder auf ein rettungsbringendes Entsatzheer der Gallier zu warten, steht die Knechtschaft als Dauerzustand drohend vor Augen; deshalb ist *servitus* hier nun sogar der textbeherrschende Begriff; er begegnet, wie oben bereits angedeutet, an den Schwerpunktstellen des Textes, am Anfang, in der Mitte und am Schluss, stilistisch pointiert herausgehoben. In dieser Ratsversammlung in Alesia steht nicht bloß

---

17) Der Einzelne und der Staat. In: Handreichungen für den Lateinunterricht, 3. Folge, Bd. III, München 1977, 119.
18) So SUERBAUM, W.: Vom antiken zum mittelalterlichen Staatsbegriff, München 1979, 102, Anm. 3.
19) a.O., 309, 384.
20) Zur Diskussion darüber vgl. SCHIEFFER, a. O., 46ff.

das Leben von 80 000 Eingeschlossenen auf dem Spiel, es geht um die Existenz ganz Galliens (77,7). Wenn man in Alesia kapituliere, würde das auf alle Gallier demotivierend wirken; ihre Unbesonnenheit und Feigheit würden ganz Gallien zugrunde richten und in ewige Knechtschaft stürzen. Um solches zu vermeiden, bräuchte man auch nicht vor kannibalistischen Trieben zurückzuschrecken: *libertatis causa*. Eine Extremsituation rechtfertige ein extremes Verhalten. Die Römer seien gefährlicher als die Kimbern und Teutonen, umso mehr sei ein solches Verhalten hier berechtigt. Das wird mit dem Unterschied der Kimbern/Teutonen auf der einen Seite, den Römern auf der anderen Seite begründet: Jene hätten ihm einmal *iura, leges, agros, libertatem* zurückgegeben, die Römer würden ihre Herrschaft auf ewige Dauer anlegen; das liege in ihrem Wesen, alle Völker, die sie als groß und kriegstüchtig erkannten und deren Rivalität sie nicht ertrügen (aus Neid, d.h. weil sie deren Souveränität nicht „mitansehen" könnten: *invidia < in-videre*), unter ihre Herrschaft zu zwingen. Die Grundbedingung ihrer Politik sei eben, wie ein Blick in die weite Welt zeige, durch Kriege alle unter ihre Rechtsordnung in der Form von Provinzen zu zwingen und ihnen so ewige Knechtschaft aufzulasten. Es ist ohne Zweifel zu erkennen, dass die Tendenz dieser „Critognatus-Rede" analog jener ist, die sich von Anfang an abzeichnet in den Äußerungen antirömischer Oppositioneller, die an verschiedenen Stellen Galliens, bei jeweils anderen Stämmen, zu gemeinsamen Aktionen aufrufen; dort geht es jeweils um Freiheit und gegen Knechtschaft, und immer werden die Römer heftig attackiert als gewaltsame Zerstörer der *libertas*, die den Galliern als quasi naturgegebenes Gut von den Vorfahren hinterlassen worden ist, und als Bringer von Unterdrückung und ewiger Knechtschaft. Diese Antistimmung gegen Rom manifestiert sich zunächst im Untergrund, bei Verschwörungen, in Geheimzirkeln, weitet sich dann mit der Zeit über ganz Gallien – als *consensus totius Galliae* – aus, und findet in Vercingetorix die Leitfigur, auf die sich die Erwartungen aller konzentrieren. Dieser Widerstands- und Aufstandsbewegung liegt eine romkritische Einstellung zugrunde: das *Imperium Romanum* sei gegen die Natur, die auf Freiheit angelegt sei; der natürliche Hass auf die Knechtschaft ist deshalb immer auch als ein Hass gegen die Knechter, die Römer, zu verstehen. Insofern ist die von Critognatus gegen Rom gerichtete gehässige Kritik nichts Unerwartetes; sie ist Fortsetzung und zugleich Höhepunkt dieser antirömischen Stimmung; sie markiert den Anfang vom Ende des sich allmählich entwickelnden und dann fulminant zum Ausbruch kommenden gallischen Freiheitskrieges; ihr kommt die Funktion eines dramatischen Ereignisses zu, das deshalb auch stilistisch durch die Darstellung in der Oratio recta gebührend gekennzeichnet ist.

Caesar hat den letzten Ausbruch gallischen Romhasses regelrecht inszeniert, indem er diese Rede kunstvoll gestaltete. Sie hat deshalb eine enorme erzähltechnische Rolle inne. Am Kulminationspunkt des Krieges wird drastisch und unmittelbar die Stimmungslage in Alesia den Lesern zum Erleben gebracht, wobei eben – der Situation solcher geheimen Beratungen entsprechend – Kritik an Rom, hier massiv, umfassend und ins Allgemeine gehoben, mit scharfer Pointierung vorgebracht wird. Diese Kritik mag Caesar durch Mittelsmänner bekannt geworden sein oder er hat sie so konstelliert, wie sie dem ihm allmählich bekannt gewordenen Denken und Reden der gallischen Oppositionellen entsprach; einige toposartige Elemente (z.B. den *invidia*-Gedanken) mag er hinzugefügt haben.

Also: Widerstand gegen die imperiale Politik der Römer liegt an dieser Textstelle vor, Kritik an Roms Vorgehen ist in der Rede des Galliers durchaus gegeben. Aber wie ist diese Attacke gegen die Römer, die Caesar selbst formuliert hat, im Hinblick auf seine Herrschafts- und Eroberungspolitik letztlich zu deuten?

Dieser leidenschaftliche Angriff auf das Imperium Romanum erweckt Emotionen, er zwingt den Leser mitzuempfinden, „mitzuleiden". In welche Richtung wollte der Autor, indem er dieses sein Wissen in der kunstvoll gestalteten Form einer direkten Rede mitteilt, die Sympathie seiner Leser lenken? Gewiss nicht in die der Gallier! Deren Freiheitsambition ist in der sich im Laufe des Werkes aufbauenden Atmosphäre um den *libertas*-Begriff so negativ akzentuiert, dass er auch hier keine Attraktivität mehr entfaltet; im Gegenteil: die Verbindung dieser Freiheitsidee mit dem barbarischen Appell zum Kannibalismus macht das Wort und die dahinterstehende Bewegung für den römischen Leser noch abstoßender, sie wird desavouiert; auf diese Reaktion legt Caesar seine Leser ja schon von vornherein mit dem Hinweis auf die einzigartige, unmenschliche Grausamkeit (*singularis ac nefaria crudelitas* 77,3) des Redners fest. Die Kritik an Rom ist, wie an allen Stellen, immer aus der Perspektive der Romfeinde gesprochen zu sehen und zu nehmen; sie relativiert sich dadurch; dies umso mehr, je stärker sich deren Freiheitsambition als illusionistisch, als leere Phrase ohne Realitätsbezug entlarvt.[21] Wie wirkt es zudem auf die Leser in Rom, wenn die Römer schlimmer als die Kimbern und Teutonen hingestellt werden, deren Schreckensangriff auf Italien vor einem halben Jahrhundert sie so nachhaltig traumatisiert hat?

Die Critognatus-Rede darf deshalb nicht als bloßes Zugeständnis an einen literarischen Topos verstanden werden; sie hat durchaus eine werk- und aussageimmanente Funktion. Freilich begegnet uns in ihr nicht römisches Selbstbewusstsein, das auch die Position des Gegners ohne Schaden formuliert; in ihr tritt uns auch nicht eine von Caesar bewusst angestrebte Kritik am römischen Herrschaftsanspruch entgegen. Caesar entlarvt sich nicht selbst als Imperialist. Er erweist sich vielmehr als Vertreter des Imperium Romanum, also, wenn man so will, als Imperialist, der die Position der Gegner als falsch, als verkehrt, letztlich als ihren eigenen Interessen zuwider hinstellt; denn, was sie in der Verbindung mit Freiheit erreichen wollen, nämlich *pax* und *otium*, kann, das zeigt er allerorts, nur unter der Schirmherrschaft Roms gewährleistet werden. Die Freiheit der Feinde ist auf diese Weise ad absurdum geführt; Roms Vorgehen gegen die Gallier, der Sieg bei Alesia liegen in der Konsequenz römischer Herrschaftsdoktrin und der sie tragenden Kriegsideologie, d.h. der Entbarbarisierung der wilden Grenzvölker.[22] „Caesars Krieg war Roms Krieg; sich dem zu widersetzen bedeutete, sich die Verblendung eines menschenfressenden Barbaren zu eigen zu machen."[23]

---

21) Angesichts des „grässlichsten Barbarentums", wie es im Aufruf zum Kannibalismus zum Ausdruck komme, könne „die im gleichen Atem verkündete *libertas*-Parole nur hohl klingen". So SCHIEFFER, a.O., 493.

22) Ganz richtig SCHIEFFER, a.O., 490: Die Rede ist daraufhin angelegt, „in Fortsetzung der Barbarenschilderung den Gegner im Sinne des traditionellen römischen Feindbildes zu charakterisieren".

23) So SCHIEFFER, a. O., 491.

Daraus lässt sich schließlich folgern: Die Critognatus-Rede liegt ganz auf der Linie der darstellerischen und inhaltlichen Entwicklung des Berichtes, der den Gallischen Krieg rechtfertigen will. Sie steht völlig im Einklang mit Wesen und Denken des Imperators Caesar, sie ist kein Fremdkörper im Werk des Bellum Gallicum; sie ist ein Mittel, wenn nicht das stärkste, zur Überzeugung der römischen Leser, dass sein politisch-militärisches Vorgehen in Gallien zu Recht so und nicht anders erfolgte. Und dass in der gegebenen Situation sein Endkampf gegen Vercingetorix den Totaleinsatz aller Menschen und Mittel rechtfertigte.

Die Rede des Critognatus verstärkt, da von einem adeligen Stammesgenossen gesprochen, das düstere Bild, das Caesar vom Gallier-König Vercingetorix zeichnen will. Der Kern seines Wesens und Denkens ist hier gewissermaßen objektiviert und an einer anderen Figur, die sonst im Werk ja keine Rolle spielt,[24] zur Anschauung gebracht. Sie macht deutlich: So hart und grausam in ihrem Widerstand gegen Rom sind die Gallier, deren Exponent Vercingetorix ist. Wie dieser als der gefährlichste Gegner im ganzen Bellum Gallicum vorgestellt wird, so erscheint die Freiheit, für die die Barbaren, allen voran ihr „König" kämpfen, in der Critognatus-Rede am stärksten diskreditiert. Die rhetorisch brillant gestaltete Rede erweist sich letztlich als das wirkungsvollste Mittel, das Caesar zur Kennzeichnung seines größten und gefährlichsten Gegners in Gallien, des Freiheitskämpfers Vercingetorix, einsetzt. Sie hat also erwiesenermaßen eine gezielte erzählstrategische Funktion.[25]

Antworten auf die Fragen (Kap. 77):

1. Critognatus lehnt den Ausbruch ab, weil bei der sicheren Gewissheit einer Niederlage der Tod der Ausbrecher zwar als heldisch anzusehen wäre, aber für die Zukunft ganz Galliens, die hier auf dem Spiel steht, nichts brächte. Er schlägt deshalb vor, in der Not durchzuhalten, bis das Entsatzheer komme, selbst wenn man sich vom Fleisch der alten Leute ernähren müsste.
2. Die äußeren Befestigungswälle richten sich gegen das erwartete Entsatzheer der Gallier; Caesar sieht sich gezwungen, einen Zweifrontenkrieg zu führen.

---

24) Nach LUDWIG VOIT (Gymnasium, 62, 1965, 114) ist Critognatus offenbar ad hoc eingeführt.
25) In diese Richtung weist DETLEF RASMUSSENS Aussage (Caesars Commentarii, Stil und Stilwandel am Beispiel der direkten Rede, Göttingen 1963, 48): „Critognatus fungiert hier nur als Träger einer für die Darstellungsabsicht Caesars relevanten Meinung." Nach WILL RICHTER: Caesar als Darsteller seiner Taten, Heidelberg 1977, 78, Anm. 2, trifft der Vorwurf der *crudelitas* nicht zu, und auch sonst ist das Kennzeichen der Gallier bei Caesar nicht ihre *crudelitas*. Dem muss angesichts der Charakteristik, die Caesar dem Vercingetorix zuteil werden lässt, widersprochen werden. Wenn die Rede des Critognatus das Ziel verfolgt, Caesars Handeln zu rechtfertigen, dann muss Critognatus' Wesen stellvertretend für alle Gallier gelten, auch und gerade für Vercingetorix. Dazu auch WILL, a.O., 94: „Caesar überliefert die Rede des Critognatus ausführlich in seinem 7. Buch, um die Entschlossenheit des gallischen Feindes, seine Grausamkeit und seinen Hass gegen Rom vor Augen zu führen."

3. Caesar setzt in der Rede – gerade in der zweiten Hälfte, besonders gegen Ende – alle möglichen rhetorischen Mittel ein: z.B. Asyndeton, Hyperbata, emphatische Spitzenstellung, Alliteration, Iteratio. Er will einen emotionalisierenden Höhepunkt gestalten, der die Hörer in seinen Bann nimmt. Die Rede ist sicherlich von Caesar so gestaltet worden, sie passt nicht zu Critognatus. Schon das zeigt, dass der Römer damit eine andere Absicht verfolgt als es die Aussage der Rede anzeigt.
4. Das Gegensatzpaar *servitus* und *libertas* dient Critognatus dazu, seine Hörer auf die schlimme Lage, in der sie in dem Entscheidungskampf sind, hinzuweisen und so zur Aufbringung ihrer letzten Kräfte zu veranlassen.
5. Die Römer als Leser werden die *servitus* der Gallier unter dem Aspekt beurteilen, dass die Barbaren auf eine höhere Zivilisationsstufe gehoben werden müssen, auch durch diesen Krieg. Entbarbarisierung von angrenzenden Nachbarn ist ja Ziel römischer Eroberungspolitik.
6. Caesar setzt diese Rede gerade am Höhepunkt des gesamtgallischen Krieges ein, um durch die kannibalistische Grausamkeit des Redners das gallische Freiheitsstreben zu desavouieren. Die Attacke gegen den römischen „Imperialismus" sollte als ultimativer Ausbruch des gallischen Widerstandskampfes von den Lesern erfahren und verurteilt werden.

e) Alesia kurz vor dem Fall

Die Kap. 78-88 sind in aller Kürze paraphrasiert.

Mag Caesar auch die Critognatus-Rede „auf den dramatischsten Höhepunkt des gesamten Bellum Gallicum"[26] gesetzt haben, sie hat auf den Fortgang im „wichtigen und bestürzenden Finale"[27] der Ereignisse keine Wirkung.[28] Auch das bestätigt ex eventu ihre bloße Funktion als Mittel der Gallier- und Vercingetorix-Charakterisierung.
Die Schlacht um Alesia setzt unmittelbar darauf ein; und da das gallische Entsatzheer bald kam, bedurfte es des strategischen Genies Caesars und der Höchstleistung seiner Soldaten, um am Ende Alesia zur Kapitulation zu zwingen. Doch ehe es dazu gekommen ist, wirft Caesar nochmals ein Schlaglicht auf seinen Kontrahenten, das den bisher gewonnenen negativen Eindruck noch weiter verstärkt. Die Reiter, die Vercingetorix zu ihren Stämmen nach Hause schickt, um neue Waffenfähige anzu-

---

26) So SCHIEFFER, a. O., 480.
27) So SCHÖNBERGER: Darstellungselemente in Caesars Bellum Gallicum, 7, 25, 26. In: Gymnasium 95 (1988), 142.
28) Vielleicht ist, wie PAUL KOSEL in einer Proseminararbeit 1999 annimmt, die Critognatus-Rede „ein letztes symbolisches Aufflackern des gallischen Widerstandswillen, dem Caesar jeden Realitätsbezug abspricht". DETLEF RASMUSSEN, a.O., 52, dazu: „Caesar vertraut in seiner Darstellung auf die Entscheidung der Waffen, die dem Erfolgreichen Recht gibt. Nach der Rede beginnt die Entscheidungsschlacht und dann gibt es kein freies Gallien mehr."

werben, beschwört er; sie sollten an sein Wohl und Leben denken (*ut suae salutis rationem habeant*) und ihn, der sich doch um die gemeinsame Freiheit höchst verdient gemacht habe (*se optime de communi libertate meritum* VII 71,3) nicht den Feinden zur Folterung überlassen. Vercingetorix erscheint als Egoist, als „ein von ehrgeizigen persönlichen Zielen getriebener Anführer",[29] der hier das Freiheitsmotiv für das Ziel seiner persönlichen Rettung instrumentalisiert. An dieser Stelle demaskiert Caesar seinen Gegner: Er ist ein Barbar, der in der Krise letztlich nur an sich denkt. An ihm manifestiert sich die Verhaltensform eines Machtmenschen, als welchen ihn Caesar von Anfang an den Lesern präsentiert.

f) Die Auslieferung des Vercingetorix

Kap. 89 ist zur statarischen Lektüre aufbereitet; es setzt den Schlusspunkt in der Auseinandersetzung der beiden Imperatoren.

In einer letzten Versammlung seiner Leute macht Vercingetorix deutlich, dass er den Krieg nicht aus persönlichen Interessen (*non suarum necessitatum ... causa*), sondern „der gemeinsamen Freiheit wegen" geführt habe und dass er nun bereit sei, da man sich dem Schicksal fügen müsse, entweder durch den Tod den Römern Genugtuung zu geben oder sich lebend den Feinden ausliefern zu lassen. Mag auch der Hinweis auf die *communis libertas* in den geschärften Augen des römischen Lesers wiederum als hohle Phrase wirken, so gewinnt der Gallier-König hier doch eine gewisse Größe; Caesar gesteht vor seinen Lesern dem Geschlagenen eine ehrenhafte Haltung zu (was in römischen Siegesberichten nicht unüblich ist, z. B. Cleopatra nach ihrem Freitod nach der Niederlage bei Actium, Horaz c. 1,37).
Vercingetorix ist bereit zur Kapitulation und dazu, sich dem Feind auszuliefern. Die Situation, wo Sieger und Besiegter sich am Ende des als „Zweikampf"[30] gestalteten Krieges zwischen den beiden Heerführern Auge in Auge gegenüberstehen, dramatisiert der Autor in einer leicht affektisch aufgeladenen Szene (welche für Historienmaler und Romanautoren ein willkommenes Sujet bietet, s. S. 171). Im dramatischen Präsens, in kurzen, asyndetisch gereihten Sätzen ist die Kapitulationsgeste geschildert: Vor dem auf einem Mauerwall sitzenden Caesar wird Vercingetorix ausgeliefert (*deditur*), die Waffen werden hingeworfen.
Diese Szene ist so aus der Distanz der sonstigen Darstellung in die Unmittelbarkeit des Miterlebens gebracht, dass man das Ende des „Zweikampfes" in der „abbildenden Wortstellung" vor Augen hat.

---

29) So PAUL KOSEL, a. O., in richtiger Einschätzung der Person.
30) Nach MENSCHING (Caesar, Bellum Gallicum, 126) ist das Buch VII weitgehend als Zweikampf „Caesar gegen Vercingetorix" gestaltet.

Im Schema:

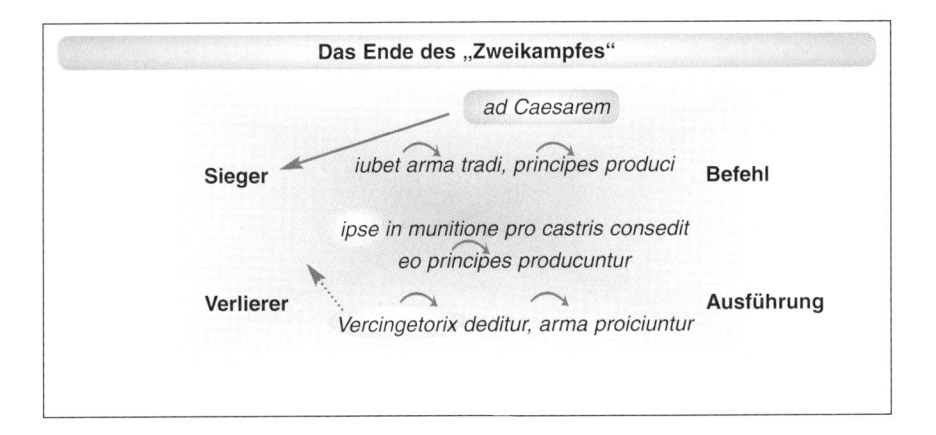

```
┌─────────────────────────────────────────────────────────────┐
│              Das Ende des „Zweikampfes"                     │
│                                                             │
│                      ad Caesarem                            │
│                         ↙                                   │
│   Sieger      iubet arma tradi, principes produci   Befehl  │
│                                                             │
│              ipse in munitione pro castris consedit         │
│                    eo principes producuntur                 │
│                         ↑                                   │
│   Verlierer                                        Ausführung│
│           Vercingetorix deditur, arma proiciuntur           │
└─────────────────────────────────────────────────────────────┘
```

Der Gefangene wird, wie wir aus anderen Quellen wissen, nach Rom gebracht, dort im Tullianum eingekerkert und nach über fünf Jahren, nachdem er zunächst im Triumphzug den Römern präsentiert worden ist, durch Enthauptung hingerichtet.[31]

---

31) GELZER (a.O., 148) beschreibt die Szene, sich auf zusätzliche Quellen stützend, so: „Hoch zu Ross sprengte Vercingetorix heran und ließ sich vor Caesar stumm auf die Knie nieder, als ehemaliger Freund auf Begnadigung durch den Sieger hoffend. Manche Zuschauer wurden gerührt, doch Caesar blieb hart und hielt ihm seine Felonie (Untreue, d. VERF.) vor. Der große Rebell sollte die Folgen für seine Vermessenheit tragen, und der Imperator befahl, ihn nach römischem Herkommen für den Triumph und die nachfolgende Hinrichtung in Gewahrsam zu nehmen." Ähnlich bei MEIER (a.O., 398): „Vercingetorix kommt in glänzender Rüstung, noch als Unterlegener imponiert der stattliche, tapfere Mann den Römern. Er wirft sich Caesar schweigend zu Füßen und streckt seine Hände vor zum Zeichen der Kapitulation. Manch einen der Umstehenden erfasst Mitgefühl. Doch Caesar hält ihm den Bruch der alten Freundschaftsbindung vor und lässt ihn in Ketten legen." Die positiven Züge in diesen Bildern stammen nicht aus Caesars Bericht. WOLFGANG WILL (a.O., 94) gibt die eher caesarische Perspektive wieder: „Auf dem Tribunal sitzend, das auf dem Wall vor dem Lager aufgestellt war, nahm Caesar die Kapitulation von Alesia entgegen. Die gallischen Führer zogen vorbei und legten ihre Waffen nieder. Die Gefangenen wurden versklavt, lediglich die Haeduer und Arverner verschont, da der Sieger sie für die Neuordnung Galliens benötigte. Vercingetorix wurde in Ketten gelegt. Im Tullianum, dem römischen Staatsgefängnis, wartete er sechs Jahre auf seine Hinrichtung. Im August 46 ließ ihn Caesar erwürgen."

Antworten auf die Fragen (Kap. 89):

1. Caesar verwendet das dramatische Präsens, kurze, asyndetisch gereihte Satzglieder oder Sätze, parallel zueinander gestellt. Die Szene wird so unmittelbar vergegenwärtigt, aus der Distanz in die Nähe des miterlebenden Lesers gebracht.
2. Vercingetorix betont nochmals das Freiheitsmotiv, von dem er sich hat leiten lassen; vor dem Hintergrund der Kennzeichnung, die der Gallier und seine Zielsetzung durch Caesar bekommen haben, wirkt das Motiv auch an dieser Stelle nicht mehr. Freiheit und Barbarentum passen nicht zusammen; sie müssen durch Unterwerfung auf einen höhere Zivilisationsstufe gebracht werden.
3. Caesar gesteht dem Verlierer eine gewisse Größe zu, da er ihm die Entscheidung in den Mund legt, dass er Tod oder Auslieferung an den Feind auf sich nehmen will, da man sich dem Schicksal fügen müsse.
4. Im abgebildeten Gemälde ist die Kopf-an-Kopf-Begegnung der zwei Imperatoren und Heerführer zu sehen; für Caesar trifft zu: *ipse in munitione pro castris consedit ...*, für Vercingetorix nur sehr vage: Vercingetorix *deditur* („er fügt sich der Kapitulation"; allerdings ist von einem Anreiten auf dem Pferd nicht gesprochen); zutreffend: *arma proiciuntur.*

Noch heute erinnert die Tafel am *Carcere Mamertino*, die am Forum Romanum zu sehen ist,[32] an diesen gefährlichen Barbaren aus dem Norden, neben dem nicht minder gefährlichen Barbaren aus dem Süden Iugurtha, dem Numider, mit dem sich Marius auseinander zu setzen hatte. Beider Namen sind neben anderen auf dieser Tafel eingraviert.
Der Machtmensch Caesar hat den Machtmenschen Vercingetorix – im Dienste des Imperium Romanum – zur Strecke gebracht, damals Grund genug, ihm in Rom wieder ein Dankfest von 20 Tagen zuzubilligen, Anlass heute zu harter Kritik:
ALEXIS DE TOQUEVILLE (Über die Demokratie in Amerika, S. 267):
„Zur Zeit ihrer größten Bildung erschlugen die Römer die feindlichen Heerführer, nachdem sie sie hinter einem Wagen hergeschleppt hatten..."
ROLF HOCHHUTH (Täter der Weltgeschichte, S. 36):
„Caesar wird ... exakter als durch jede andere Tat gekennzeichnet durch die Erdrosselung des Vercingetorix, einen Tag nach jenem Triumphzug durch Rom, in dem der strategisch so bedeutende Rebell an der Seite der Schwester der Kleopatra und des Sohnes des Königs Juba hatte mitgehen müssen: die Tapferkeit des Soldaten, der nichts getan hatte, als seine unterjochte Heimat gegen den Unterjocher zu führen, vermochte das Herz des großen Soldaten mitnichten zu rühren. Nach fast sechsjähriger Kerkerhaft ließ er den Gallier noch auf niedrigste Weise totmachen!"

---

32) Das im Textband abgedruckte Bild dieser Tafel am *Carcere Mamertino* verdanke ich ASTRID HEUER, einer Teilnehmerin am fachdidaktischen Proseminar 1999/2000.

Holzstich nach einer Zeichnung von A. de Neuville

Holzstich von Trichon und L. Cilspon

Vercingetorix ergibt sich Caesar – ein häufiges Motiv in der bildenden Kunst des 19. Jahrhunderts

Holzstich nach einem Gemälde von Henri Motte

Darstellung eines Triumphzuges auf einem römischen Silberbecher, um 12 n. Chr.

Antworten auf die Fragen zu „Vercingetorix' Tod":

1. Vercingetorix ist in Frankreich zum Freiheitshelden geworden, weil er nach der Französischen Revolution den Prototypen des für die Freiheit (*liberté*) seines Volkes kämpfenden und sterbenden Helden darstellen konnte.
2. In der Französischen Revolution von 1789 ist die Begriffe-Trias von *liberté*, *egalité* und *fraternité* zum Leitstern einer neuen politischen Denkweise und Staatsform geworden; dadurch hat der Begriff der Freiheit eine neue Qualität und Attraktivität bis heute gewonnen.

C) Pädagogischer Gewinn

Die römischen Leser mussten in Vercingetorix einen grausamen Barbaren sehen, den für Caesar gefährlichsten. Doch dieses Bild änderte sich im Laufe der Geschichte Europas. Der Perspektivenwechsel hat sich vor allem in Frankreich vollzogen. Napoleon zwar hat Caesar bewundert und sich zum Vorbild gemacht. Aber die Gegner des Kaisertums gingen auf Distanz zum Römer; ihnen lag Vercingetorix viel näher. Caesar hat den Franzosen sozusagen das „Negativ" zu dieser historischen Gestalt geliefert, von dem sie sich ihr „Positiv"-Bild entwickelten. Für sie ist der „Gallier-König" – von der Gegenseite her gesehen – ein Held, der für die Freiheit seines Landes gekämpft und sein Leben gelassen hat; man hat in ihm den Prototypen dafür erkannt. Vercingetorix ist zur Symbolfigur Frankreichs geworden, die man heute noch in monumentaler Größe präsentiert.

Wir dürfen festhalten: Nur die von Caesar in die gallische Welt projizierte Idee der Freiheit konnte eine solche Entwicklung anbahnen; dieser Freiheit (*libertas – liberté*) wurde man sich erst durch die Erfahrung ihres Gegenteils, der Knechtschaft und Sklaverei, bewusst, von der sich befreien zu wollen den Galliern erst das Selbstverständnis ihrer Zusammengehörigkeit und nationalen Einheit gab.[33] Caesar hat für die Nachfahren der Gallier so – ohne Zweifel – den Freiheitshelden Vercingetorix geboren. Es ist gewiss kein Zufall der Geschichte, dass gleichfalls in Frankreich die folgenreichste Revolution für die Menschheit unter dem Begriffe-Dreigestirn von „Freiheit, Gleichheit, Brüderlichkeit" (*liberté, egalité, fraternité*) ausgebrochen ist, zumal sich deren geistige Protagonisten, wie wir wissen, auf antik-römisches Ideengut zurückbesannen. Es ist gewiss nicht abwegig, diese epochale politische Wende Europas letztlich als Fernwirkung von Caesars Taten im Norden des Imperium Romanum zu bewerten. Insofern hat das Bellum Gallicum im Zuge einer Gegenreaktion auf das darin beschriebene Geschichtsereignis – zweifellos nur indirekt – auch zum Werden des heute weltweit gültigen politischen Systems mit Anstoß gegeben. Freilich: Galliens Eroberung durch Caesar und die Entstehung der modernen Demokratie in einen kausalen Zusammenhang zu bringen ist vielleicht doch eine zu kühne Spekulation. Es dürfte sich allerdings lohnen, darüber mit Schülern nachzudenken; die Caesarlektüre würde politisch interessanter und der Lateinunterricht zweifellos noch aktueller.

Vercingetorix-Denkmal im archäologischen Bezirk auf dem Plateau von Alésie-Sainte-Reine

Antworten auf die Frage zu „Das Ende des Bellum Gallicum":

Caesar zählt am Ende nur die Ergebnisse von Maßnahmen des Feldzuges auf; der Schluss ist karg und nüchtern gehalten. Man hätte eine stolze Bilanzierung seines Erfolgs erwarten können. Hier ist der Autor wieder bewusst auf Distanz gegangen. Lediglich die Erwähnung des zwanzigtägigen Dankfestes in Rom erinnert die Leser indirekt an den Abschluss eines siegreichen Unternehmens, das für Feldherr und Imperium Romanum glücklich verlaufen ist.

---

33) Siehe dazu etwa GELZER, a.O., 141, der die Auffassung vertritt, dass das Schicksal, nämlich „ein keltisches Nationalreich" zu schaffen, „erst dadurch möglich wurde, dass Caesar das keltische Staatengewimmel in den Rahmen einer einheitlich regierten römischen Provinz zwang und den Kelten so die nationale Zusammengehörigkeit auch als eine politische zu Bewusstsein brachte."

5. Zusatztexte

5.1 Vom Gallischen Krieg zum Bürgerkrieg

Caesar hat mit den Ereignissen des Herbstes 52, also nach der Schlacht von Alesia die *commentarii* abgebrochen; Aulus Hirtius, sein Sekretär, hat sie zu Ende geführt. Dieser berichtet vom Jahr 51, in dem außer einigen vereinzelten Aufständen nichts mehr geschah, was die Vertreter des Imperium Romanum hätte in Bedrängnis bringen können. Die Lage beruhigte sich zusehends. Caesar bemühte sich durch mildere Unterwerfungsbedingungen den Frieden im vom Krieg völlig erschöpften Gallien zu sichern. „Militärisch war dieses Verhalten durch Caesars Siege möglich, politisch wegen des drohenden Bürgerkrieges notwendig geworden."[1]

Caesars prokonsularisches Amt in Gallien war bis Ende 49 verlängert worden, auf Antrag des Pompeius und Crassus im Jahre 55. Demnach wäre er ohne Amt gewesen, hätte also für sein Unrechtsverhalten in Gallien (etwa gegen die Usipeter und Tenkterer) vor Gericht gestellt werden können. Er musste sich also wieder um das Konsulat bewerben. Als Promagistrat war Caesar zwar nicht in der Hauptstadt, jedoch außerhalb des Pomerium, der sakral-rechtlichen Stadtgrenze beiderseits der römischen Stadtmauer, vor Anklagen geschützt. Um sich für das höchste Amt der Republik bewerben zu können, musste er aber die sakrale Stadtgrenze überqueren. Als Folge verlor er sein prokonsularisches *imperium*. Nur eine Bewerbung *in absentia* hätte diese Schwierigkeit behoben.

Doch Pompeius verhinderte dies, indem er ein Gesetz erließ, das all „denen, die ein Amt anstrebten, befahl, auf jeden Fall vor der Volksversammlung zu erscheinen." Das war ein Affront gegen Caesar, der Beginn einer Todfeindschaft. Der Imperator sah sich veranlasst, um sich und seine politische Karriere nicht zerstören zu lassen, entgegen aller Rechtstradition mit seinen Legionen gegen Rom zu ziehen. Er legte sein militärisches Kommando nicht, wie durch Senatsbeschluss gefordert, nieder, sondern näherte sich von Ravenna aus dem Rubicon, dem Grenzflüsschen zwischen der Provinz und dem römischen Staatsgebiet, in das mit einem Heer einzudringen jedem verboten war. Die Missachtung dieses Verbotes bedeutete unwiderruflich den Bürgerkrieg. Damit hat Caesar „seinen historischen Platz am Scheideweg der römischen Geschichte"[2] eingenommen.

Die Entscheidung fiel Caesar nicht leicht

Der Text von SUETON ist zur statarischen Lektüre aufbereitet; er stellt unmittelbar die Entscheidungssituation vor Augen, in der die Wendungen gebraucht werden, die zu Stichwörtern der europäischen Kultur geworden sind.[3] Statt des SUETON-Tex-

---

1) So WILL, W.: Julius Caesar. Eine Bilanz, Stuttgart/Berlin/Köln 1992, 96. Vgl. dazu auch MEIER, C.: Caesar, Berlin 1982, S. 11 ff.
2) So DAHLHEIM, W: Julius Caesar, München/Zürich 1987, 18.
3) Vgl. dazu VERFASSER, Stichwörter der europäischen Kultur, Bamberg Textband 70-73; Lehrerkommentar 109-113. Gemeint sind: „den Rubicon überschreiten" und „der Würfel ist gefallen".

tes lässt sich auch EUTROPIUS, Teil 2. „Der Bürgerkrieg" (s. S. 115 im Textband, bzw. S. 183 ff. in diesem Lehrerkommentar) lesen.

Über den visuellen Einstieg der Miniatur von JEAN FOUQUET, 15. Jh., gelingt es sehr schnell, die Schüler auf den Fluss zu konzentrieren, vor dessen Überschreiten das römische Heer steht. Was hat dieser Fluss für eine Bedeutung? Man wird den Namen Rubicon nennen und auf die Folgen seines Überschreitens für einen römischen Imperator hinweisen. Damit ist für die Lektüre der Verstehensrahmen geschaffen. Nach dem Vorlesen des Textes wird eine Gliederung versucht:

1. Zögern und Bedenken Caesars (Z. 1-4)
2. Das „Zeichen der Götter" (Z. 4-9)
3. Darstellung Caesars als eines Gerufenen und Reagierenden (Z. 9-11)
4. Beschwören der Treue der Soldaten (Z. 12-14)

Schon die Gliederung zeigt die innere Entwicklung des Entscheidungsvorganges an. Caesar zögert, vor dem schicksalhaften Grenzfluss stehend, wird aus seiner Zurückhaltung durch ein göttliches Zeichen gerissen und handelt dann gewissermaßen unter einem höheren Antrieb, als er die Entscheidung zum Überschreiten des Flusses fällt. Zwei Motive bestimmen ihn: göttlicher Wille und das Unrecht seiner Feinde in Rom (*deorum ostenta* und *inimicorum iniquitas*). Das sind Gründe, die ihn tief in seinem Herzen bewegen; deshalb auch sein emphatischer Ausruf (also in direkter Rede): „Man soll gehen, wohin einen die Zeichen der Götter und das Unrecht der Feinde rufen! Der Würfel ist gefallen." (Nach der Überlieferung bei PLUTARCH Ἀνερρίφθω κύβος/*Alea iacta esto*: „Der Würfel soll geworfen sein" ist die Unsicherheit des zu erwartenden Ergebnisses noch viel stärker in die Verbform aufgenommen.[4]), deshalb auch seine emotionale, fast theatralische Geste, dass er weint und sich das Kleid von der Brust reißt, als er an die Treue seiner Soldaten appelliert. Caesar weiß, was er mit diesem revolutionären Akt vom Zaun brechen wird: den Weltkrieg oder richtiger: den Weltbürgerkrieg, den einzigen, den es jemals auf der Erde gegeben hat, da er eben nahezu alle Teile der „bewohnten Erde" erfasste. Nach ASINIUS POLLIO, einer anderen Quelle, von der wir über dieses Ereignis Kunde erhalten, sollen Caesars Gedanken beim Überschreiten des Rubicon darum gekreist haben, „welches Unglück der Übergang allen Menschen verursachen wird." Caesars Überlegungen spitzen sich dabei auf die fatale Alternative zu: „Der Verzicht auf diesen Übergang wird mir Unglück verursachen, der Übergang aber allen Menschen." Caesar hat sich für sein persönliches Glück und gegen das der Menschheit entschieden, d.h. für den Erhalt und die Erweiterung seiner Macht auf Kosten der damaligen Welt – der Machtmensch ist auf sein Ziel fixiert, kennt keine Rücksichten.[5]

---

4) Vgl. dazu CHRISTIAN MEIER, a.O., 11 ff. Für ihn gilt nur die plutarchsche Fassung, da dadurch die Verwegenheit des Schrittes ins Ungewisse stärker ins Wort gebracht ist. Das Wort scheint aus dem Bauch gesprochen zu sein, mit Leidenschaft.

5) Allgemein dazu VERFASSER, Stichwörter, Lehrerkommentar, 119 ff. und MEIER, a.O., 11 ff.

Die zur Entscheidung führende innere Entwicklung lässt sich etwa im folgenden Schema visuell verdeutlichen:

Caesar:	
„regredi possumus." „si ... transierimus, omnia armis agenda erunt."	Entscheidungssituation
cunctanti ostentum deorum ostenta	Eingreifen der Götter
Caesar: „Eatur!" inquit ... „Alea iacta est."	Entschluss

Eindrucksvoll kommt in der Kurzbiographie Caesars, die REINHARD RAFFALT[6] geschrieben hat, die Bedeutung dieser Rubicon-Überschreitung zur Geltung (Man sollte sie nach der Lektüre dieser Partie den Schülern unbedingt vorlesen):
„Rubico – dies war der entscheidende Moment in Cäsars Leben. Bis zum Augenblick, als er diesen kleinen Fluss in Richtung Rom überschritt, war er ein Feldherr des römischen Staates, der zwar mit seiner obersten Behörde in Widerspruch lag, aber noch keine Revolution verursacht hatte, denn das Land jenseits des Rubico gehörte noch zu der Provinz, die Cäsar vom Senat rechtmäßig zur Verwaltung übertragen worden war. Diesseits des Rubico aber begann das geheiligte Gebiet der altrömischen Republik, das Land, über dem die Wölfin regierte. Hier einzufallen bedeutete den Umsturz der bestehenden Ordnung. Cäsar sprach damals am Rubico zu seinen Generälen die Worte: 'Noch können wir zurück. Sind wir einmal über diesem Brückchen, dann entscheiden nur die Waffen.' Sein Leben lang verließ den Diktator die Erinnerung an diesen Augenblick nicht mehr, vor allem, weil sie verbunden war mit dem Erscheinen eines ausgezeichnet schönen, großgewachsenen, unbekannten Mannes, der auf einer Halmpfeife blies und die Aufmerksamkeit der Soldaten und Wachposten fesselte. Plötzlich hatte dieser Mann, mitten unter den zuhörenden Kriegern stehend, einem Trompeter die Tuba abgenommen, war damit zum Fluss gelaufen und heftig blasend an das andere Ufer gelangt. In diesem Augenblick hatte Cäsar die Worte ausgerufen, die mittlerweile in aller Munde sind: 'Vorwärts, wohin uns der Götter Anzeichen und der Feinde Ungerechtigkeit treiben. Der Würfel ist gefallen.'"

---

6) Cäsar. In: Große Kaiser Roms. München 1977, 13.

Antworten auf die Fragen „Der Würfel ist gefallen":

1. Der Text lässt sich in vier Abschnitte gliedern:
   a) Zögern und Bedenken Caesars (Z. 1-4)
   b) Das „Zeichen der Götter" (Z. 4-9)
   c) Darstellung Caesars als eines Gerufenen und Reagierenden (Z. 9-11)
   d) Beschwören der Treue der Soldaten (Z. 12-14)
2. Caesar ist am Anfang noch unentschlossen und unsicher; Wendungen, die darauf hinweisen, sind:
   paulum constitit – reputans, quantum moliretur – „Etiam nunc regredi possumus" – cunctanti ...
3. Der Auftritt der auf einer Rohrpfeife spielenden geisterhaften Gestalt macht Caesar deutlich, das eine höhere Macht seine Entscheidung zum Übergang will. Dieses „Zeichen" von oben beendet sein Zögern. Es baut sich um Caesars Vorgehen eine religiöse, geradezu numinose Atmosphäre auf. Der Eindruck, der entsteht: Hier sind die Götter mit im Spiel und sie sind für Caesar.
4. Der Charakterzug, der hier an Caesar letztlich sichtbar wird, ist sein unbedingter Wille zur Macht, für dessen Durchsetzung sogar die Götter in Anspruch genommen werden. Die Absicherung des eigenen Willens an der Fügung des Schicksals oder der Gewalt einer über ihm stehenden Gottheit ist schlechterdings Signum des Machtmenschen.

Antworten auf die Fragen zum „Bürgerkrieg":

1. Caesars Entscheidung, den Rubicon zu überschreiten, bedeutete insofern den „Weltbürgerkrieg", als die nachfolgenden Kämpfe mit seinen Gegnern, bes. Pompeius, alle von Rom beherrschten Ländern erfasste, d.h. die ganze bewohnte „zivilisierte" Welt.
2. Caesar musste so handeln, weil sein ganzer bisheriger politisch-militärischer Erfolg auf dem Spiel stand; seine Karriere wäre zu Ende gewesen, was für einen Machtmenschen zugleich das Ende einer sinnvollen Existenz bedeutet hätte (abgesehen von dem unsicheren Schicksal, das eine Anklage über ihn gebracht hätte). Pompeius, sein großer Rivale, hätte letztendlich über ihn triumphiert.
3. In Rom wurde der Staatsnotstand nach Caesars Tat ausgerufen, weil das Eindringen eines Imperators mit seinem Heer in das italische Staatsgebiet den Ausbruch des offenen Krieges gegen Rom und seine republikanische Staatsform bedeutete. Es herrschte von da an ein politischer Ausnahmezustand, der mit Notwendigkeit die Ernennung eines Diktators (für sechs Monate) zur Folge hatte.
4. Man muss Caesar bei seinem Angriff auf Rom das Motiv unterstellen, dass er alle Institutionen der *res publica libera* außer Kraft setzen und an die Stelle der „Freiheit" seine absolut gültige, auf Waffengewalt gestützte Macht setzen wollte. Sein Ziel war die Alleinherrschaft im Imperium Romanum.

5.2 Die Ermordung Caesars – Die Iden des März

In den rund vier Jahren des Bürgerkrieges, der über Italien und die Provinzen Katastrophe und menschliches Leid gebracht hat, konnte sich Caesar so viel Macht zueignen, dass er de facto eine monarchische Stellung innehatte. In Rom wird er mit Ehrentiteln überhäuft. „Caesar stolperte von Ehrung zu Ehrung".[1] Die Ernennung zum Diktator auf Lebenszeit verleiht ihm auch de iure die immer währende Allmacht, so dass es folgerichtig war, ihn zum lebendigen Gott zu erklären. Caesar verbindet jedoch mit der ihm allmählich zuwachsenden Stellung sehr viel Eigenmächtigkeit, die für manche verletzend, für alle ungewöhnlich ist. Nach 400 Jahren bezeichnet der Historiker EUTROPIUS sein Handeln als „recht rücksichtslos" (*agere insolentius*) und gegen die „Gewohnheit der römischen Freiheit" (*contra consuetudinem Romanae libertatis*) gerichtet, da er Ehrentitel nach eigenem Gutdünken vergibt, sich vor dem ankommenden Senat nicht erhebt und anderes für einen „König" oder „Tyrannen" Kennzeichnendes (*alia regia ac paene tyrannica*) tut. Der Name „König" war den Römern seit Ende der Königszeit verhasst, die Tyrannis galt – noch schlimmer – als Entartungsform der Monarchie. Der Widerstandswille gegen Caesar wuchs in den Herzen der noch immer aktiven Vertreter der *res publica libera*. Marcus Iunius Brutus, ein Nachfahre jenes legendären Brutus, der den letzten König Tarquinius Superbus gestürzt hatte, ergriff die Initiative „aus der römischen Verantwortung gegenüber der verlorenen republikanischen Freiheit".[2] Nun war dieser Brutus vielleicht sogar ein Sohn Caesars, aus der leidenschaftlichen Verbindung zwischen seiner Mutter Servilia und dem Diktator hervorgegangen, so dass er Caesar gegenüber eine Art Hassliebe empfand. Er spürte in sich den Konflikt zwischen der Achtung des Vaters und dem Anspruch der Tradition. Ein Ereignis drängte ihn zur Entscheidung: „Er zeigte sich tief getroffen, als er eines Tages am Sockel eines Standbildes, das den berühmten Älteren Brutus, den Tyrannenbeseitiger, darstellte, einen Zettel fand mit den Worten: 'Brutus, schläfst du?'"[3] Brutus erwachte, er hatte ja vor nicht allzu langer Zeit einmal geschrieben: „Unsere Vorfahren waren der Ansicht, wir dürfen keinen Tyrannen ertragen, selbst wenn es der eigene Vater wäre." Also betrieb er die Verschwörung, deren Seele allerdings Gaius Cassius wurde. Brutus gab sein Einverständnis, das Haupt zu sein, also die Planung des Tyrannenmordes in die Hand zu nehmen. Am 15. März 44 gab es durch die in der Pompeiuskurie anberaumte Sitzung die letzte denkbare Möglichkeit, das Attentat auszuführen; denn Caesar stand kurz vor seinem Aufbruch nach dem Osten des Reiches, wo er einen Feldzug gegen die noch nicht besiegten Parther, die bis zu dieser Zeit gefährlichsten Gegner des Imperium Romanum, durchführen wollte. Achtzig Senatoren aus den vornehmsten republikanischen Patrizierfamilien waren in den Plan eingeweiht; sie waren alle vom Ideal der Freiheit geleitet, wie sie gerade

---

1) So WILL, W.: Julius Caesar. Eine Bilanz, Stuttgart/Berlin/Köln 1992, 213. Vgl. auch MEIER, C.: Caesar, Berlin 1982, 562 ff.
2) Vgl. dazu etwa RAFFALT, R.: Große Kaiser Roms, München 1977, 21 f.
3) So RAFFALT, a. O., 20 f.

CICERO in Reden, Briefen und Gesprächen jahrelang in Rom verbreitet hatte. Nicht durch Zufall kam es deshalb dahin, dass das Losungswort der Verschworenen für den 15. März der Name „Cicero" war.

„Der Plan war bis in die Einzelheiten festgelegt. Die Verschworenen, die sich wie alle übrigen Senatoren gegen zehn Uhr vormittags an der Pompeiuskurie versammeln würden, sollten unter der Toga mit Dolchen ausgestaltet sein. Marcus Brutus, der das Amt eines Prätors bekleidete und die Aufgabe hatte, Zivilprozesse zu entscheiden, sollte sich auf den Richterstuhl setzen und die Klagen der streitenden Parteien so lange anhören, bis der Diktator erscheinen würde. Der vorzügliche, von Caesar hoch geehrte General Trebonius hatte die Aufgabe übernommen, den treuesten Gefolgsmann Cäsars, den athletischen und wirrköpfigen Marcus Antonius, am Eingang der Kurie in ein Gespräch ziehen, um ihn von der Teilnahme am Beginn der Sitzung abzuhalten. Decimus Brutus, der ältere Bruder des Marcus, durch lange Jahre vom Diktator persönlich ins Vertrauen gezogen, hatte sich verpflichtet, in die Garderoben und Vorräume des nahen Pompeiustheaters Gladiatoren zu legen, damit die Verschworenen im Falle der Gefahr einen bewaffneten Schutz zu Verfügung hätten."[4]

Der Plan war bis in die Details ausgearbeitet; es bedurfte nur noch der Hauptfigur des Attentats: Caesars. Der aber zögerte, weil viele Vorzeichen auf das kommende, schlimme Ereignis hindeuteten.

Der SUETON-Text ist, da er für Schüler auf dem Stand der Caesar-Lektüre zu schwer ist, nur zur synoptischen Lektüre angeboten. Auf diese Weise lässt sich rasch der Vollzug dieses Mordkomplotts zur Kenntnis geben, wobei die Kernstellen am lateinischen Text verifiziert werden sollten.

Welche Informationen bis zum Attentat sind von Belang?

1. Die deutlichen Vorzeichen auf die Gefahr, die nicht über die Iden des März hinaus fortdauern sollte.
2. Das Zögern Caesars wegen dieser Vorzeichen und wegen einer gesundheitlichen Schwäche (er litt bekanntlich an epileptischen Anfällen).
3. Die persönliche Vorsprache des Decimus Brutus, der ihn bat, die zahlreich wartenden Senatoren nicht mehr lange hinzuhalten.
4. Der unbeachtet angenommene und zu den sonstigen Akten gesteckte Zettel, der ihm den Anschlag verraten hätte.
5. Das Betreten der Kurie unter Missachtung religiöser Bedenken (es wurde unter ungünstigen Vorzeichen geopfert) und die Verhöhnung Spurinnas als eines Falschdeuters, da die „Iden des März" doch ohne Schaden für ihn nun da seien.

Das Drama beginnt mit Spurinnas Antwort, dass die Iden des März zwar gekommen, aber noch nicht vorüber seien. Dadurch wird der Leser unmittelbar in die Sze-

---

4) So RAFFALT, a.O. 22f.

ne versetzt. Die Situation vergegenwärtigt sich. Die Szene läuft wie in einem Film ab; sie ist gleichsam wie durch Zoom-Technik dicht vor das Auge des Betrachters herangeholt:
Die Verschwörer umstellen den Dasitzenden, als wollten sie eine offizielle Aufgabe (*officium*) erfüllen. Der Anführer Tillius Cimber tut so, als stelle er einen Antrag und, als ihm von Caesar abgewunken wurde, packt er den Diktator an den Schultern bei der Toga. Caesar schreit wohl in der Erkenntnis seiner bedrohten Lage: „Das ist ja Gewalt!" (*Ista quidem vis est*), da stößt ihm schon einer der Casca-Brüder den Dolch von hinten in die Kehle. Caesar sucht sich zu wehren, er versucht aufzuspringen, wird aber durch einen weiteren Stich wieder zurückgeworfen. Wie er merkt, dass alle ihn Umstellenden mit gezückten Dolchen auf ihn eindringen, verdeckt er, sich seinem Schicksal ergebend, sein Haupt und den ganzen Körper, um in Würde zu sterben. SUETON berichtet, er habe nur auf den ersten Stich hin einen Seufzer ohne Laut ausgesprochen, andere Quellen erwähnen das beim Anblick des Marcus Brutus geflüsterte Wort: Καὶ σὺ τέκνον; (in der bekannten lateinischen Fassung: *Etiam tu, mi fili Brute?*). Caesar liegt längere Zeit leblos da, da alle fluchtartig die Kurie verlassen haben. Schließlich schleppen ihn drei Sklaven wortlos auf einer Bahre nach Hause, wobei ein Arm baumelnd herunterhängt. Womöglich ein symbolischer Körpergestus. Der Mann, der kurz zuvor noch mit machtvoller Handbewegung sitzend oder stehend, seine Umgebung ja die ganze Welt beherrschte, jetzt tot, ohnmächtig daliegend mit einer von keinem Willen mehr gesteuerten Armhaltung. Der Machtmensch hat nun selbst über sich keine Macht mehr. So endete „der Abenteurer, der die Freiheit des Staates seinem Ehrgeiz geopfert hatte" (DAHLMANN, 13). SUETON hat das Szenario des Tyrannenmordes sehr eindrucksstark gestaltet, so dass es, wie wir wissen, ein gutes Sujet für die Historienmaler abgab (z.B. für KARL VON PILOTY im 19. Jh., s. Abbildung im Schülerband). Das „Schauspiel" ist auf einen dramatischen Höhepunkt hin angelegt, wobei die Peripetie von einem moralischen Fehlverhalten des Helden mit ausgelöst wird.
Die Darstellungslinie des Attentats lässt geradezu die Aufbau-Elemente einer Tragödie erkennen:

Exposition	Erregendes Moment	Entwicklung des Konflikts	Peripetie bei Fehlverhalten des Menschen	Katastrophe	Epilog
Bevorstehende Senatssitzung in der Pompeius-Kurie (kurz vor Feldzug gegen die Parther)	Anzeichen über bevorstehenden Mord Warnung vor den „Iden des März"	Entscheidung zwischen persönlichem Wohl (*salus*) und politischer Verpflichtung (*officium*)	Missachtung von religiösen Bedenken (*religio*) Verhöhnung des Priesters „*Ista quidem vis est!*"	Tötung des Tyrannen durch 23 Dolchstiche	Wortloses Heimtragen des Leichnams mit herabhängendem Arm auf einer Bahre

PLUTARCH gibt eine noch dramatischere und detailliertere Schilderung des Mordaktes (Caesar, 66 f.):
„Als Caesar den Senat betrat, erhoben sich die Senatoren ehrerbietig von ihren Sitzen. Einige von Brutus' Freunden stellten sich hinter Caesars Stuhl, die anderen gingen ihm entgegen, als wollten sie das Gesuch des Tillius Cimber unterstützen, welcher für seinen verbannten Bruder um Gnade bat, und immer fort mit Bitten ihn bestürmend folgten sie ihm bis zu seinem Sessel. Caesar nahm Platz, dann schlug er das Gesuch rundweg ab, und als sie heftiger in ihn drangen, wies er jeden, der das Wort an ihn richtete, barsch zurück. Da fasste Tillius mit beiden Händen seine Toga und riss sie ihm vom Hals herunter. Dies war das verabredete Zeichen zum Angriff. Zuerst traf ihn Casca mit dem Dolch in den Nacken, doch ging der Stich nicht tief und war nicht tödlich, da Casca – man begreift es wohl – im ersten Augenblick der kühnen Tat vor Aufregung zitterte. Caesar vermochte sich umzudrehen, den Dolch zu packen und festzuhalten. Und miteinander riefen beide, der Verwundete auf Lateinisch: „Verdammter Casca, was tust du?", Casca auf Griechisch, zu seinem Bruder gewendet: „Bruder, hilf!" Schauderndes Entsetzen fasste die Nichteingeweihten nach diesem ersten Stoß, sie wagten nicht zu fliehen, noch Caesar beizuspringen, kein Laut kam über ihre Lippen. Die Verschworenen aber entblößten alle ihre Schwerter und umringten den Überfallenen. Wohin sich Caesar wendete, überall zuckten Hiebe, fuhren ihm Klingen vor Gesicht und Augen hin und her, er wurde durchbohrt wie ein wildes Tier, sich windend unter den Händen seiner Mörder. Denn es war ausgemacht, dass jeder das Opfer treffen und von seinem Blut kosten müsse. So führte auch Brutus einen Streich und verwundete ihn am Unterleib. Einige Berichte fügen bei, Caesar habe sich schreiend hin und her geworfen, um den Stößen zu entgehen. Aber als er Brutus mit gezogenem Schwert unter den Gegnern erblickte, zog er die Toga übers Haupt und leistete keinen Widerstand mehr. Er brach am Sockel, auf welchem die Pompeiusstatue stand, zusammen – aus Zufall oder weil die Mörder ihn dorthin gedrängt hatten. Sein Blut spritzte über das Standbild, es sah aus, als leite Pompeius selber die Rache an seinem Feinde, welcher zu seinen Füßen hingesunken, aus vielen Wunden blutend, mit dem Tode rang. Dreiundzwanzigmal soll er getroffen worden sein. Auch die Mörder hatten sich gegenseitig verwundet, da so viele Schwerter nach dem einen Körper zielten.
Als Caesar tot war, trat Brutus vor die Senatoren, um über die Tat zu sprechen. Aber keiner war imstande, ihn anzuhören, alle stürzten hinaus ins Freie."

Antworten auf die Fragen:

1. Begriffe und Wendungen, die das Gewalttätige an der Tat der Verschwörer anzeigen, sind: *circumsteterunt – ab utroque umero togam apprehendit – „Ista quidem vis est!" – vulnerat ... infra iugulum – alio vulnere tardatus est – strictis pugionibus peti – tribus et viginti plagis confossus erat.*
2. Caesars Reaktion wird zunächst als schockartige Empörung gekennzeichnet, wie dies in dem Aufschrei *„Ista quidem vis est!"* deutlich wird; dann ergibt sich Caesar seinem Schicksal, er will würdevoll sterben – eine durchaus respektable Haltung.

3. Die Senatoren wollten die *libertas* der republikanischen Staatsform durch den Mord verteidigen; einen Grundwert, den Caesar als Handlungsmotiv im gallischen Befriedungskrieg völlig diskreditiert hat.
4. Caesar ist durch Ehrgeiz und kompromissloses Durchsetzen seiner Machtsucht bis zur höchsten politischen Spitze hochgekommen (quasi in die Stellung eines Monarchen), er hat dafür, da er die Uneingeschränktheit seiner Macht überzog und sich an nichts mehr (auch nicht an *religio*) gebunden fühlte, die Rache der Betroffenen erfahren. Er wurde als Tyrann ermordet. Ähnliche Schicksale (allerdings mit anderem Ende) erlitten etwa Napoleon und Hitler auf europäischem Boden.

Caesars Tod: Der Legende nach soll er vor dem Denkmal seines Gegners Pompeius zusammengebrochen sein

Szenenfoto aus dem Film „Caesar und Kleopatra" von 1963, mit Rex Harrison und Elizabeth Taylor in den Hauptrollen

5.3 Der lateinische Weg zu Caesars Leben und Taten

Caesar als Erstlektüre ist umstritten; in der Regel wird man, auch um den Lektüreschock abzumildern, der trotz der immer stärkeren Originalnähe der Lehrbuchtexte am Ende der Spracherwerbsphase nach wie vor auftritt, eine Übergangslektüre voranstellen. Dieser kommt vornehmlich die Funktion zu, die Schüler an die Lektüre von Originaltexten heranzuführen; sie muss leichter in Sprache und inhaltlichem Anspruch als die Caesar-Lektüre sein. Sie bereitet demnach nur formal auf den Anfangsautor vor.

WILFRIED OLBRICH hat jedoch schon 1989 eine gute Möglichkeit vorgeschlagen,[1] die eine Begegnung mit Caesar und die Lektüre eines leichteren Autors zulässt. „Es gibt …, so paradox es klingen mag, eine Möglichkeit, beides miteinander zu verbinden … Aus dem *Breviarium ab urbe condita* des EUTROPIUS, diesem Kompendium römischer Geschichte aus dem 4. Jahrhundert n. Chr., lässt sich eine kurze, leicht verständliche und sprachlich einfache Vita Cäsars exzerpieren." (Der Text mit Auslassungen entstammt der Ausgabe von FRANZISKUS RUEHL, Leipzig 1887, Nachdruck Darmstadt 1975).

Der im Schülerband in der von OLBRICH aufbereiteten Fassung abgedruckte Text erlaubt drei Varianten:

1. Lektüre nur des Teiles 1 („Der Gallische Krieg"), dann Einstieg in Caesars Bellum Gallicum, wobei das Gesamtprojekt mit den SUETON-Texten abgeschlossen werden kann.
2. Lektüre der Teile 1-3 („Gallischer Krieg" – „Bürgerkrieg" – „Ermordung"), dann Einstieg in Caesars Bellum Gallicum.
3. Lektüre des Teiles 1 („Gallischer Krieg"), dann Lektüre von Caesars Bellum Gallicum, am Ende Lektüre von Teil 2 und 3 („Bürgerkrieg" und „Ermordung").

In allen drei Varianten tritt Caesar mit seiner gesamten geschichtlichen Leistung, mit seinem Leben und Schicksal vor das Auge der Schülerinnen und Schüler. Man sollte die Entscheidung für die eine oder andere Variante vom Leistungsstand der Klasse abhängig machen. Die anspruchsvollere, aber wohl attraktivste Leistung liegt in der Variante 1 vor, da hier ein steigender Schwierigkeitsgrad und eine Zunahme der dramatischen Spannung gegeben ist. Die zweitbeste Lösung bietet Variante 2; sie umreißt in knappen Sätzen Caesars Leben und Sterben, so dass sich vor diesem Hintergrund die Lektüre des Bellum Gallicum besser in das Gesamt-Lebenswerk des Autors einordnen lässt.

---

[1] Ein neuer Einstieg in die Cäsarlektüre. In: Anregung 35 (1989), 228-230. Vgl. dazu auch neuerdings: NIEDERMAYR, H.: Eutrop statt Caesar? Spätantike Geschichtsschreiber als Anfangs-, Interims- und Ergänzungslektüre, Teil II. In: LATEIN FORUM 40 (2000), 8-17.

Der Einstieg über EUTROPIUS bietet in jedem Fall folgende Vorteile:

1. Jedes Unterrichtsprojekt, das aus dem Bellum Gallicum ausgewählt wird, kann in den von EUTROPIUS geschaffenen geschichtlichen Rahmen eingeordnet werden.
2. Die Schüler erfahren, wie sich das 7 bis 8 Jahre dauernde Unternehmen der Gallienereroberung, das Caesar ausführlich und im Detail beschrieben hat, aus der Distanz von fast 400 Jahren auf eine Minimalinformation in einem Geschichtskompendium verkürzt.
3. Die Schüler werden sich jedoch auch bewusst, dass Caesar – auf das Ganze der römischen Geschichte *ab urbe condita* bis zum 4. Jh. n. Chr. bezogen – einen hohen Stellenwert einnimmt, also als eine geschichtsmächtige Figur eingeschätzt worden ist.

Der Versuch, auf dem Weg über EUTROPIUS die Lernenden an Caesar heranzuführen lohnt sich jedenfalls. Es liegen dazu positive Unterrichtserfahrungen vor.[2] WILFRIED OLBRICH dazu: „Als Präludium zur Cäsarlektüre leistet er... gute Dienste."

Antworten auf die Fragen:

Teil 1: Der Gallische Krieg

1. Nach dem Konsulat des Jahres 59 v. Chr.
2. Prädikate: *vicit, processit, domuit, bellum intulit, stipendiarios fecit, imperavit, vicit.* Das sind Ausdrücke des kriegerischen Erfolgs und des militärischen Handelns. Die Maßnahmen werden durch das Perfekt als Ereignisse hingestellt.
3. Er überschreitet Galliens Grenzen nach Germanien und nach Britannien hinüber.
4. Es kommt EUTROPIUS auf die Mitteilung von Fakten an, nicht auf Details, schon gar nicht auf Hintergründe und Begründungen.
5. Die Ausdrücke *bella gravissima* und *proelia immanissima* deuten an, dass der an sich für Rom erfolgreiche Krieg doch mit schlimmen und schrecklichen Auseinandersetzungen verbunden war; insofern ist das Ereignis unterschwellig bewertet.

Teil 2: Der Bürgerkrieg

1. Caesars politisches Vorgehen wird als bedenklich hingestellt durch die Ausdrücke und Wendungen *bellum exsecrandum et lacrimabile – calamitates populi Romani – fortuna mutata est – adversum patriam cum exercitu venit.* Der Bürgerkrieg, den Caesar durch den Angriff auf seine *patria* entfacht hat, hat Roms politisches Schicksal verwandelt; dieser Krieg wird als „verflucht" und „tränenreich" hingestellt.

---

2) Ich selbst bin durch die Unterrichtsvorführungen einer meiner Studentinnen, ANTJE SCHARF, im Gymnasialpraktikum bei JÜRGEN REINSBACH, Berlin, dankenswerterweise darauf aufmerksam gemacht worden. REINSBACH hat diese Möglichkeit sehr empfohlen.

2. Caesar hat sich selbst zum zweiten und dritten Mal zum Konsul gemacht, sich selbst zum Diktator ernannt; sein absoluter Machtwille tritt darin zutage, dass er über das ganze Reich hin alle seine Gegner verfolgte und besiegte, so dass er am Ende als Alleinherrscher übrig blieb (s. dazu die Karte des Imperium Romanum im Textband S. 119).

Teil 3: Die Ermordung

1. Caesars Vorgehen wird als *insolentius* (noch „rücksichtsloser" als vorher) und als *contra consuetudinem Romanae libertatis* (als gegen die Tradition der römischen Republik gerichtet) bezeichnet, er verteilte Ehrenämter nach Lust und Laune, erhob sich nicht vor dem Senat und handelte wie ein König oder ein Tyrann. Er wurde für die Anhänger der Republik unerträglich. Deshalb die Verschwörung gegen ihn.
2. Der Bürgerkrieg fand in allen Teilen der damals bekannten Welt – und die war großenteils von den Römern beherrscht – statt. Auf der Karte lassen sich die Kriegsschauplätze feststellen.
3. In diesem Geschichtsabschnitt sieht EUTROPIUS eine wichtige Etappe der römischen Geschichte, hier haben sich entscheidende Schritte vollzogen; der Norden, das spätere Zentrum Europas wurde in das römische Reich mit einbezogen. Die Herrschaftsform ändert sich von hier ab zum Kaisertum (*Prinzipat*), das fast zweitausend Jahre Europa beherrschte.

Apollonio di Giovanni (1415-1465): L'Uccisione di Giulio Cesare,
Moskau, Puschkin-Museum

6. Ergänzende Materialien

6.1 Furor Teutonicus (Hörspiel von Herbert Luible) (Buch I und VI)

Personen: *Sibylle*
Cornelia, Legionärswitwe
Bublius, ihr kleiner Sohn
Marcus, ein Legionär
Diana, seine Frau
Arminius, ein germanischer Sklave
Cornelia, Legionärswitwe
Ort: Gelage in Cornelias Haus

Sibylle
Sibylle spricht zu euch: Ihr werdet schauen,
Wie kenntnislose Zwietracht Völker trennt;
Aus Vorurteil und Eigensinn erbauen
Die Menschen sich ihr kleines Firmament,
Wo wie im Spiegel nur der eigne Plunder
Bewundert wird, doch selten fremde Wunder.

Ihr werdet hören, wie in frühen Zeiten
Der Stoff zerriss, woraus die Welt gewebt;
Wenn Bilder farbenfroh vorübergleiten,
Dann ist es Rom, wie's ewig leibt und lebt,
Dann sind es auch letzendlich eure Ahnen,
Belächelte, gefürchtete Germanen.

Den einen sind die andern recht verdächtig;
Hier wildes Land, dort feinere Kultur,
Die einen roh, die andren zart und schmächtig –
So reiht sich eins ums andre auf der Schnur
Zu Sprösslingen banaler Platitüden;
Und pflanzt man sie, treibt's wunderliche Blüten...

Cornelia: Noch ein Gläschen Honiglikör, Carissima? Ein Gläschen, gesüßt mit dem Fleiß unserer braven italienischen Bienen? Na, wie wär's, Diana? Ein Gläschen auch für Marcus, deinen tapferen Mann?

Diana: Nein, Cornelia, das ist zu viel! Der Kapaun hat so vorzüglich gemundet... nicht wahr, Marcus?

Marcus: Cornelia, als Gastgeberin hast du dich mal wieder selbst übertroffen! Das kann ich beurteilen, schließlich bin ich Soldat, und im Vergleich zum üblichen Kasernenfraß... aua, Diana, warum trittst du mich denn? Ich meine doch...

Diana: Ja, also, mein Mann will sagen, er ist ganz entzückt. Er möchte zum Ausdruck bringen, dass...

Cornelia: Aber ich bitte dich, Diana, ich verstehe doch die Soldatensprache! Saftig und frisch, da geht's halt kernig zur Sache! Nicht wahr, Marcus? Ach, mein heimgegangener Mann, Jupiter hab' ihn selig, war ja ebenfalls ein Soldat, Legionär im hohen Norden, in Germanien, wo der klirrende Eiswind braust... O Diana, unter der Führung Caesars dem kalten Polarstern entgegen, fort in die blauschwarzen Sümpfe, wo sich wilde Germanen berauschen am Starkbier aus riesigen Hörnern!

Diana: Cornelia! Nein! Du bist eine Poetin!

Cornelia: Ach, was man halt so aufschnappt... man weiß wenig, sage ich immer, aber das Wenige reicht...

Marcus: Jetzt könnte ich einen Likör vertragen.

Diana: Marcus! Nein, wie kannst du nur immer ans Eine denken! Jetzt hör' doch mal zu, immerhin bist du auch schon nach Norden marschiert... jetzt erzähl' doch mal, das interessiert Cornelia bestimmt!

Marcus: Ja, also, das mit den Germanen... also, wie soll man sagen...

Cornelia: Ach, mach dir doch keine Umstände, Marcus!

Marcus: Also, wie gesagt, da gibt es Sümpfe, die sind wirklich blauschwarz. Zum Beispiel, wenn du ein Zelt aufschlagen willst, da wunderst du dich, wie leicht sich der Pflock einschlagen lässt... aber inzwischen stehst du schon bis zum Bauch im Schlamm.

Diana: Nein, wie diese Germanen das nur aushalten!

Cornelia: Keine Kultur, das ist des Rätsels Lösung!

Marcus (rülpst): Genau. Also, wenn ich hier in Rom, sagen wir mal, eine Villa besuche, oder je nachdem auch außerhalb von Rom, also, wenn ich da durch den Garten gehe oder auch durchs Haus gehe und an so einer Statue vorbeilaufe, sagen wir mal irgendeine Venus oder so ähnlich, dann sieht dieser Marmor verdammt nochmal nach was aus, wie ein richtiger Mensch sozusagen. Aber in den windschiefen Germanenhütten, da findet man sowas nicht!

Bublius: Mama, darf ich mit dem Schwert von Onkel Marcus spielen?

Cornelia: Bublius! – Diana, Marcus, das ist Bublius, mein Jüngster! Noch so klein und schon ganz der Papa!

Diana: Nein, wie reizend! Ganz reizend und allerliebst!

Bublius: Mama, das Schwert von Onkel Marcus…

Marcus: Na, Kleiner, übernimm dich mal nicht! Willst wohl schon den Germanen eins aufbraten, was? Ja, jetzt sollen sie ruhig kommen, die aufgeblasenen Bierschlucker, haha!

Cornelia: Ach, ich sage mir immer, das kommt früh genug. Vielleicht liegen wir ja eines Tages gerade zu Tisch und die Tür fliegt auf und da steht einer von ihnen, schnaubend, Schaum vorm Mund, breitbeinig, die Rohheit in Person, und sein Schatten verfinstert das Zimmer…

Marcus (schon leicht angeheitert): Nur über Caesars Leiche! Er wird's ihnen schon zeigen, den Elchfleischfressern.

Bublius: Mama, das Schwert…

Cornelia: Bublius, sei still, wenn Erwachsene sich unterhalten! Hör' lieber Onkel Marcus zu und lern' was daraus!

Diana: Ach, Cornelia, lass ihn doch! Wir wissen ja, wie Kinder so sind, laut, bisweilen lästig, und doch sind sie die Zukunft von Rom, die einzige Hoffnung unserer kulturellen Werte, der Errungenschaften unserer Zivilisation! – Nein, mir wird ganz schlecht, wenn ich mir so einen Angriff aus dem Norden ausmale! Wir Frauen würden in den Urwald verschleppt, so einem Rohling müssten wir zu Diensten sein, der nicht mal lesen uns schreiben kann, der nicht mal Ennius und Plautus kennt… ach Gott, der sich nicht rasiert, keine Toga, keine Tunica trägt, bei Kampfspielen wie ein besoffener Brüllaffe herumstolpert… und den ganzen Tag müssten wir Stecken spitzen, Knüppel schnitzen und ungefliese Lehmböden schrubben!

Marcus: Da kannst du Gift drauf nehmen.

Cornelia: Richtig, Diana, so gebildete Menschen wie deinen Marcus sucht man im Norden vergeblich.

Bublius: Mama, dem Onkel Marcus sein Schwert…

Cornelia: Jetzt reicht's mir aber, Bublius! Wenn du jetzt nicht gleich Ruhe gibst, wird Mama aber wirklich bös'!

Diana: Schau, Bublius, da hast du mein Armband zum Spielen!

Cornelia: Wie sagt der puer vere Romanus? Nun?

Bublius: Gratias ago. – Mama, darf ich das Band dem Germanen zeigen?

Marcus: Dem – w a s ? Ich hör' wohl nicht recht!

Cornelia: Ach, hab' ich euch das noch nicht erzählt? Mein Mann hat von seinem letzten Feldzug einen germanischen Sklaven mitgebracht – aber keine Angst, er ist ganz anders als die üblichen Wilden! Beim Hausputz macht er sich sehr nützlich…

Diana: Cornelia, also, äh, du bist ja immer für eine Überraschung gut, ich muss schon sagen, äh…

Cornelia: Wir nennen ihn Arminius. Soll ich ihn mal rufen? (klatscht in die Hände) Arminius! Arminius!

Arminius: Was gibt's, Herrin?

Marcus (berauscht): Jetzt sieh mal einer an, ein waschechter Germane! He, Germane, was sind das für komische Röhren, in die du deine Beine gesteckt hast? Trägst wohl so eine Art Windel, kein Wunder, haha!

Arminius: Das sind Hosen, Römer, und damit falle ich nicht andauernd vom Pferd wie d u ! Pass lieber auf, dass du dir in deinem Nachthemd keine Blasenentzündung holst!

Marcus: Jetzt sieh mal einer an – auch noch f r e c h w e r d e n , wie?

Cornelia: Arminius! Wie kannst du nur! – O Marcus, bitte verzeih! Ich verstehe das gar nicht – sonst ist er immer so gesittet…

Diana: Gesittet – ein G e r m a n e ? – Cornelia, ich verstehe dich einfach nicht, warum ausgerechnet ein G e r m a n e ? Nein, ich…

Marcus: Jetzt lass doch mal, Diana, unsere Cornelia wird schon ihre Gründe haben … ich für meinen Teil versteh das recht gut, haha!

Cornelia: Was willst du damit sagen, Marcus?

Diana: Marcus, das führt jetzt zu weit! – Nein, Cornelia, du kannst deinen Freunden ja nicht verargen, wenn wir etwas in Sorge sind, nicht wahr, also…

Arminius: Hört mich an, Römer! Eure weichlichen, schmutzigen Gedanken, eure dekadenten Verdächtigungen sind typisch für den Zustand einer ganzen Nation! Ja, jene Tugend, die ihr vollmundig „*pudicitia*" nennt, diese Tugend, Schall und Rauch für euch, sinnleeres Gestammel, diese Tugend blüht nur beim germanischen Volk wie eine schneeweiße Lilie! Unsere erhabenen Künstler, angelsächsische Barden, haben sie besungen als *„long and winding road"*. Natürlich sagt euch das nichts. Ihr schielt nur auf äußeren Glanz, wir aber sind bei der Schönheit der Natur zu Hause! Und euer primitives Gefasel beweist einmal mehr, wie tief eine so genannte „Kultur" sinken kann! Ich habe gesprochen. So wahr mir Thor helfe!

Marcus (im Rausch): *Pudicitia*? Die Germanen? Das wird immer behauptet, aber jetzt mal unter uns, Germane, wenn ich mir eure Blondies so anschaue und mir vorstelle, wie Männlein und Weiblein zusammen in den Flüssen rumschwimmen – das kannst du deiner Oma erzählen!

Arminius: Glaub es, Römer, oder glaub es nicht! Die Prüfungen des Lebens werden uns abverlangt – aber wenn ich mir deine *uxor* da so anschaue, glaube ich, auch d u hättest mit einer solchen Prüfung bestimmt keine Schwierigkeiten!

Diana: Was soll das heißen? – Das ist ja eine U n v e r s c h ä m t h e i t ! Nein! Ich bleibe keine Sekunde mehr unter diesem Dach! Marcus, wir gehen!

Cornelia: Diana, Marcus, jetzt wartet doch... bitte... das, das lässt sich alles bestimmt aufklären...

Diana (schluchzend): Sowas muss man sich bieten lassen, mitten in Rom, von einem dahergelaufenen Barbaren! – Nein, Cornelia, nie wieder betrete ich dieses Haus, diese... diese G e r m a n e n h ö h l e !

Bublius: Mama, kann ich jetzt das Armband von Tante Diana behalten?

(Anmerkung: „The long and winding road (to your heart)", Titel aus der vorletzten LP der Beatles „Let it be", 1969)

6.2 Rundfunk-Sendung zur Critognatus-Rede (Buch VII)

(Gong) 20 Uhr: Vom Bayerischen Rundfunk hören Sie Nachrichten. Alesia: In der südgallischen Stadt Alesia hat sich die Lage in den letzten Stunden dramatisch zugespitzt: Seit Tagen warten die von einem gewaltigen römischen Heer unter dem Oberbefehl Caesars Eingeschlossenen auf Hilfe von außen.
Auch heute stand die Stadt wieder unter schwerem Artilleriebeschuss. Verschärft hat sich die Lage inzwischen dadurch, dass die Lebensmittelversorgung in der Stadt völlig zusammengebrochen ist. Wie unser Korrespondent berichtet, tagt der Krisenstab der Stadt pausenlos.
Teile der Bevölkerung, vor allem Vertreterinnen der Frauenorganisationen, haben sich unterdessen für eine bedingungslose *Kapitulation* ausgesprochen, um ein weiteres Blutvergießen zu vermeiden. Andere wiederum befürworten einen gewaltsamen *Ausbruch*.

Critognatus, ein radikaler Vertreter der gallischen Widerstandsbewegung und enger Vertrauter des Gallierführers Vercingetorix, hat dies als *verweichlichtes, weibisches Gerede* abgelehnt. Er erinnerte an die oft bewiesene *tapfere Haltung* der Gallier, deren Existenz als Volk auf dem Spiel stehe, und forderte seine Mitbürger auf, dem römischen Aggressor um jeden Preis zu widerstehen.

Den Römern warf Critognatus einen hemmungslosen Imperialismus vor, der zu völliger Entmenschlichung und *ewiger Sklaverei* führe.

Wörtlich sagte er: „Was aber suchen und wünschen die Römer denn anderes, als *voller Neid* im Lande und in den Staaten derer sich einzumischen und denen *ewige Knechtschaft* aufzubürden, die sie als *ruhmvoll und kriegstüchtig* anerkannt haben? Noch niemals haben sie mit einem anderen Ziel Krieg geführt. Wenn ihr nicht wissen solltet, was in weit entfernten Nationen geschieht, so werft einen Blick nur auf das *benachbarte Gallien*, welches zur Provinz gemacht, nach Abänderung von Recht und Gesetz den Henkersbeilen ausgeliefert, in *ewiger Knechtschaft* schmachtet!" Soweit unsere aktuelle Berichterstattung aus Alesia.

Josef Braun

Beide Hördokumente sind in einer Ton-Cassette aufgenommen; sie können vom Verfasser (Prof. Friedrich Maier, Mitterlängstr. 13, 82178 Puchheim) zum Selbstkostenpreis zugänglich gemacht werden.

6.3 Vercingetorix (Hörspiel von Herbert Luible) (Buch VI)

Personen: *Caesar*
Vercingetorix
Morgetorix, keltischer Soldat
Sumnorix, keltischer Soldat
Keltix, keltischer Junge, Sohn des Morgetorix
Druida, Druidin
Vestalina, ehemalige Vestalische Jungfrau
Centurio, römischer Hauptmann

Gallien, 52 v. Chr.

I. LOCO SILVESTRI AC SEMOTO

Keltix: Da ist ja überhaupt keiner!

Druida: Sei still!
Keltix: Da ist doch keiner!

Druida: Sei still!

Keltix: Aber da ist ja nirgends einer!

Druida: Sei still!

Keltix: Wann kommt denn jetzt endlich dein Sumpfgeist?

Druida: Das Schweigen müsst ihr lernen, Kinder, das Schweigen! Lass die Zeit fließen, mein Kleiner, einen Splitter Unendlichkeit. Gleich ist unser Gold versunken. Ihr Geister, nehmt dieses Opfer entgegen!

Keltix: Das schöne Geld! Einfach ins Wasser geworfen! Ist ja ganz schön finster da unten. Man sieht gar nicht, wie's da unten weitergeht. Du, das blubbert ganz schön da unten! Das blubbert ganz schön von unten herauf!

Druida: Dämmerwald, dunstiger, Tautropfen, träufelnde, Klopfzeichen, knisternde, Blaubeeren, bläuliche, murmelndes Moor! Hörst du das, siehst du das, mein kleiner Keltix?

Keltix: Na und? Hier war's doch schon immer unheimlich...

Druida: Gleich kehrt es zurück, das Gold, goldener als jemals zuvor... schau! Da oben! Hoch oben in der Höhe, wie es glänzt, am Rand dieser Wolke! Hier kommt die Antwort der Geister.

Keltix: Die Wolke da oben? Ist das alles? Jetzt zauber' doch mal! Du hast doch gesagt, du kannst zaubern!

Druida: Natürlich kann ich zaubern. Jeder Druide und jede Druidin kann zaubern, hat dir das dein Vater niemals erzählt? Niemals in den Winternächten, wenn das Dachgebälk knirscht unterm Schnee?

Keltix: Über sowas redet Papa nicht mit mir. Seit der im Heer von Vercingetorix gegen die Römer kämpft, ist er nur noch selten zu Hause. Und wenn er schon mal daheim ist, redet er nur noch von Caesar und keltischen Freiheitsbewegungen und lauter so hochgestochenes Zeug. Nicht mal beim Abendessen hört er damit auf. Mama sagt dann immer: Morgetorix, wenn der Vogel frisst, singt er nicht.

Druida: Jetzt schau! Die Wolke bewegt sich! Jetzt bläht sie sich auf, treibt auseinander...

Keltix: Sieht aus wie ein Kopf. Da ist ein rötlicher Fetzen, fast wie ein Helmbusch. Der graue Knödel könnte die Nase sein. Eine richtige Römervisage.

Druida: Wie ein Gebirge, emporquellend, schwarz, wie ein Hügel, überschüttet mit Laub...

Keltix: Und was soll das bedeuten?

Druida: Was das bedeuten soll? Unser Vercingetorix hat verloren, der letzte Strohhalm ist fortgeweht, die Rebellion ist gescheitert, Gallien ist besiegt, schlicht und einfach.

II. Post cladem

Morgetorix: Das hast du ja großartig hingekriegt, Vercingetorix! Einfach großartig!

Sumnorix: Toll, Vercingetorix, ganz toll! Das war's dann wohl. Aber wir Kelten halten auch das noch aus, wir halten ja a l l e s aus! Wir brauchen ja nicht mal eine gescheite Rüstung! Uns genügt Helm und Schild, ansonsten geht unsereins nackt in die Schlacht!

Morgetorix: Du bringst die Sache wieder mal auf den Punkt, Sumnorix. Ein Zahnstocher genügt uns, und die Römer purzeln nur so durcheinander!

Sumnorix: Ganz genau, Morgetorix! Aber weißt du auch, wann wir Kelten erst so richtig zu voller Kraft auflaufen? Na? Wenn uns der große Vercingetorix in die Mausefalle katapultiert hat! Wenn wir in der Mausefalle sitzen! Schnapp, und zu ist sie! Wenn wir in Alesia rumsitzen...

Morgetorix: Aber vorher lassen wir noch ganz schnell Haus, Feld, Vorräte, unsern ganzen unnützen Krempel in Rauch aufgehen. Das brauchen wir nämlich nicht mehr! Wir Kelten brauchen sowas nicht! Wir kriegen ja ewige Herrschaft dafür und ewige Freiheit! Wir sind ja auch frei geboren wie die Löwin Elsa! Und dann ab in die Mausefalle!

Sumnorix: 'ne ganz feine Mausefalle, ganz feiner Käse! Besuchen Sie Alesia! Was hätten wir denn da?

Morgetorix: Da hätten wir zunächst mal drei saftige Gräben ringsherum, teilweise mit Wasseranschluss, dass man sich vorkommt wie im Wasserschloss, dann einen antiromanischen Schutzwall...

Sumnorix: ... angespitzte Bäume, Astgabeln...

Morgetorix: ... Fallgruben, blitzeblanke, blitzende Widerhaken...
Sumnorix: ... spendiert von Caesar...

Morgetorix: ... und wir zusammengeknäuelt mittendrin wie die Maden im Speck...

Sumnorix: ... der uns leider bald ausgeht, weswegen ...

Morgetorix: ... uns nur noch dein Freiheitsknochen in der Futterschüssel übrig bleibt, Vercingetorix! Guten Appetit! Wenn man schon keine Chance gegen die Römer hat, dann hat man eben keine Chance – dann muss man eben rechtzeitig seine Konsequenzen ziehen!

Sumnorix: Und jetzt? Jetzt haben wir alles vermasselt! Jetzt stehen wir vor Caesar wie begossene Pudel! Und wie geht's jetzt weiter?

Morgetorix: Ja, sag' uns doch mal, wie's jetzt weitergeht, Vercingetorix! Oder redest du nicht mehr mit jedem? So ein Vornehmer, ein ganz Vornehmer...

Sumnorix: ... so ein Bursch, ein Bursch... äh...

Morgetorix: ... aus der Bourgeoisie, aus dem Stamm der Arverner! Großer Häuptling der keltischen Rebellion! Großer Knechtschaftsabschüttler! Ja, Vercingetorix, Vercingetorix, der hat i m m e r recht! Vercingetorix!

III. In praetorio Caesaris

Centurio: Soll ich die Gefangenen jetzt vorführen, Caesar?

Caesar: Wie? – Ja, natürlich, Centurio, ich war gerade in Gedanken. – Vesta, Göttin des römischen Herdes, danke für diesen Tag, diesen Triumph! Das Herdfeuer römischer Größe wird nicht erlöschen, solange sich sieben Ochsen am Himmel drehen.

Vestalina: Gallien ist nun gefallen, gänzlich und endlich! Bei Vesta und Mars! Römischer Vorrang wird kenntlich!

Caesar: Ja, Vestalina. Ich tat es im Dienst deiner Göttin.

Centurio: Hereinspaziert, Freunde! – Name?

Vercingetorix: Vercingetorix.

Centurio: Aha, das Oberschwein! Nur immer herein! – Name?

Morgetorix: Morgetorix

Sumnorix: Sumnorix

Centurio: Morgetorix? – Der steht nicht auf meiner Liste. Und ein Sumnorix auch nicht.

Vercingetorix: Um die Sache abzukürzen, Centurio: es handelt sich bei diesen Individuen um kleine Lichter meiner keltischen Streitmacht, Wichtigtuer und Hochstapler. Jetzt kann ich es ja sagen, ihr beiden: euer Gequatsche geht mir schon die ganze Zeit auf die Nerven.

Caesar: Ich habe dir doch gesagt, Centurio, ich will nur die Heerführer sehen! Was schleppst du mir jetzt diese Nullus-Octo-Quindecim-Figuren ins Praetorium?

Morgetorix: Null... w a s? Unverschämtheit! Wir sind maßgebliche Kelten und dazu noch subordiniert, zu deiner Information, Römer! Und außerdem fallen wir unter die Quotenregelung!

Vercingetorix: Ja, die Flaschenquote.

Sumnorix: Aber in Alesia, da waren wir gut genug, was, Vercingetorix? Zum Hinhalten waren unsere Köpfe gut genug, was, Vercingetorix? – Und außerdem bin ich sowieso überqualifiziert, zufällig hab' ich nämlich d e n da kommandiert!

Morgetorix: Was? Du bist wohl total bescheuert! Kommandiert? Du? Mich? Du kannst ja nicht mal Schwert und Pferd auseinander halten! D i c h hab' ich kommandiert!

Centurio: Jetzt reicht's aber! Ruhe in Caesars Praetorium! Maul halten, ihr Stöpsel!

Vestalina: Zank, Hader, Empörung und Streit tun wenig zur Sache, Empörung und Hader und Zank – ach, streite nicht, lache!

Caesar: Ein rechtes Wort zur rechten Zeit. Ich danke dir, Vestalina! – Beenden wir also diese unnötige Personaldiskussion.

Sumnorix: Was hat denn eine Frau hier zu melden?

Centurio: Halt's Maul, Gallier! Das ist keine Frau... äh, ich meine , das war keine... äh...

Caesar: Vestalina war früher Vestalische Jungfrau, Virgo Vestalis, Hüterin des Herdfeuers im Tempel der Vesta gleich beim Forum in Rom. Auch jetzt nach ihrer Pensionierung bleibt sie römischen Interessen verbunden.

Vestalina: Sie zischt nicht und raucht nicht, Vestas züngelnde Flamme, die mächtig erhellende, flackernde, kräftige, stramme, im Siegeszug weit zu barbarischen Völkern verfrachtet, symbolisch für Romas Bestimmung, staunend betrachtet.

Sumnorix: Wer sind denn eigentlich diese barbarischen Völker, wenn ich mal fragen darf?

Morgetorix: Solche Gestalten wie du, Sumnorix.

Sumnorix: Und an welchem Eselsohr der Landkarte klebt dann d e i n Abziehbild, Morgetorix?

Vercingetorix: Merkt ihr nicht, Keltensöhne, dass man uns nur gegeneinander aufbringen will? Die übliche römische Taktik! Unsere aufgewiegelten Brüder macht man zu so genannten römischen Bundesgenossen, zu versklavten Trotteln, gebunden an die Räder des römischen Kriegswagens. Zersplittern will man uns und den Scherbenhaufen zusammenfegen.

Caesar: Die übliche gallische Propaganda. Das gewohnte Ideologengeschwätz.

Sumnorix: He, wer ist hier ein Idiolot? Wer für Galliens Befreiung kämpft, kann kein Idiolot sein!

Morgetorix: Sumnorix, du Idiot! Der redet von Ideologen. Das sind solche, die eine Idee haben. Ideologen, das sind solche, die was andres denken als er selber.

Caesar: Es ist immer dasselbe mit euch Galliern. Seht euch euere Freiheit doch mal an! Das freie Gallien, seine glücklichen Gallier und die Milch seiner glücklichen, gallischen Kühe! Wildkräuter und Wildrüben, Hochmoore, Tiefmoore, Uhugeheul, Auerochsengeröchel, Wald und Wald und Urwald von Horizont zu Horizont! Ab und zu ein ärmliches Gehöft; mit hölzernen Pflügen wackelt ihr durch den Morast. Und wenn man euch herausziehen will aus diesem schäbigen, stumpfsinnigen Sumpf, wenn man euch einfach nur helfen will, wird man als Unterdrücker beschimpft.

Vercingetorix: Herzlichen Dank aber auch für die Hilfe!

Caesar: Nur nicht sarkastisch werden!

Sumnorix: Will der Römer uns jetzt auch noch in einen Kasten stecken, oder was?

Morgetorix: Sumnorix, die Sache verhält sich so: Sarkastisch, das ist einer, der sagt was, was dann doch anders ist, als der andere vielleicht geglaubt hätte, dass es ist, wenn er es nicht so verstehen würde, aber das will er ja auch, der Sarkastische, der Sarkast. Verstanden?

Centurio: Maul halten, ihr zwei da hinten!

Caesar: Jedenfalls bietet euch Rom seine Hilfe an. Als römische Bundesgenossen braucht ihr keine Angst mehr vor feindseligen Nachbarn zu haben – ich meine in diesem Zusammenhang auch und gerade die Germanen. Rom wird euch beschützen. Ich möchte auch nachdrücklich betonen, dass in diesem Zusamenhang nicht daran gedacht ist, euch gallischen Stämmen die nationale Identität und eigene

Verwaltung prinzipiell zu verweigern. Euere Interessen werden nur insoweit tangiert als es dem Interesse römischer Sicherheitspolitik im Hinblick auf das Allgemeinwohl dienlich ist und den Interessen...

Sumnorix: Interessiert mich nicht!

Centurio: Maul halten, Gallier!

Caesar: Vercingetorix, glaubst du, ich weiß nicht, wie heillos viele euerer Stämme zerstritten sind? Diese Zwietracht muss und wird dann der Vergangenheit angehören. Römische Kaufleute, Gewerbetreibende aus der kultivierten Welt geben sich dann bei euch die Klinke in die Hand. Der Wirtschaftsstandort Gallien expandiert, die Importrate nimmt ungeheure Ausmaße an, Prosperität, verbunden mit dem entschiedenen Willen zu gesamtwirtschaftlicher Innovation...

Vercingetorix: Ja, ducken sollen wir uns und ja nicht aufmucken, wenn Rom uns seine selbstlosen Segnungen überstülpt. Wie heißt es so schön? PAX ROMANA! Ruhe, Ordnung und Frieden! Kasernenordnung und Friedhofsruhe! Auf diese Art von so genannter Zivilisation können wir Kelten gut und gern verzichten. Nein, ein herrliches, kostbares Gut haben uns unsere Ahnen hinterlassen, die allen gemeinsame Freiheit! Lieber bescheiden und frei als herausgemästet, verweichlicht, degeneriert und ein Befehlsempfänger von römischen Gnaden! Und auf deinen „Schutz", Caesar, verzichte ich demütigst! Wir Kelten beschützen uns selbst!

Caesar: Höre ich hier ein hohes Ideal? Oder ist es ein Raubtier, das alte Raubtier mit geschliffenen Eckzähnen? Oder sind es einfach nur habgierige, gallische Bauern, die ein gallischer Bauernfänger am Geldsack schnüffeln lässt? Sind es Tanzbären, geführt am Nasenring, der Fata Morgana angeblicher Freiheit hinterhertorkelnd?

Sumnorix: Fata Morgana? Wer ist jetzt diese Fata Morgana schon wieder?

Caesar: Solche verblendeten Narren bilden den Kern deiner Streitmacht, Vercingetorix! Blind ins Verderben!

Morgetorix: Wenn ich dir das mal erklären darf, Sumnorix: Wenn du eine Gazelle in der Wüste siehst, und die schwebt in der Luft, und das zittert dann so komisch...

Vercingetorix: Morgetorix! Sumnorix! Macht euch nicht lächerlich! Lasst euch von diesen Römern nicht wie Dummköpfe vorführen! – Nein Caesar, es wird dir nicht gelingen, die Wahrheit zu verdrehen. Der große Eroberer Caesar ist also so sehr auf das Wohl der Menschheit bedacht! Und so marschiert unser gütiger Onkel durch das glitzernde Warenhaus Welt, und Gallien lockt so verlockend verpackt im Regal, und – schwupp! – rein damit in die riesengroße Ländertüte, und „Bravo" rufen alle in Rom, „dieser Mann muss belohnt werden, hier, sei unser König, Caesar, unser Kaiser", und „Nein", sagt er und wischt sich eine Krokodilsträne aus dem Gesicht, „das wäre nicht nötig gewesen...!"

Caesar: Das ist eine ganz unverschämte Unterstellung. Jeder verantwortungsbewusste Politiker ist selbstverständlich im allgemeinen Interesse auf die Durchsetzung seiner Standpunkte bedacht. Im Übrigen, Vercingetorix, um auf ein pikantes Detail deiner Biographie zu verweisen, verhielt und verhält sich die Häufigkeit deiner Freiheitsbeschwörungen zur Sicherheit deiner persönlichen Macht geradezu umgekehrt proportional.

Sumnorix: Versteht das jemand? Also, ich nicht…

Caesar: Gib es doch endlich zu, Vercingetorix! Diese „Freiheit", von der du andauernd redest, ist doch zur bloßen Phrase verkommen, womit du deinen windigen Haufen zusammenkittest!

Vercingetorix: Wenn ausgerechnet d u anderen Machtgier unterstellst, Caesar, dann ist das direkt pervers. Wenn bei euch Römern ein anderes Volk seine Unabhängigkeit bewahren will, gilt es doch schon als aufmüpfig! Habt ihr vielleicht Hausrecht gepachtet auf dem ganzen Erdkreis?

Caesar: Auf dem ganzen Erdkreis, jawohl! So sieht nun mal die Geographie aus, ob es euch Galliern passt oder nicht! Rom ist und bleibt nun mal das Zentrum, das Herz, das Gehirn, der Nabel, und ringsum gruppiert sich alles andere kreisförmig. Darum heißt es ja auch „Erdkreis"! Orbis terrarum! So ist es nun mal! So haben es die Götter nun mal eingerichtet!

Morgetorix: Ja, e u e r e Götter vielleicht, aber u n s e r e Götter sind da ganz anderer Ansicht!

Caesar: Euere Götter? Wen kümmern schon die wurmstichigen Baumstümpfe, um die ihr auf den Knien rumrutscht?

Morgetorix: Baumstümpfe? Wurmstichig? Dich soll doch gleich der Sumpfgeist holen! Wenn wir nur einen Druiden hier hätten, ja, der würde es dir schon zeigen, Römer!

Sumnorix: Der verwandelt dich mir nichts, dir nichts in einen Wurm und wirft dich den Kröten zum Fraß vor, der verwandelt dich in wer weiß was! Der verwandelt dich…

Centurio: Maul halten! Maul halten, alle miteinander!

Caesar: Ich danke dir, Centurio! Ein rechtes Wort zur rechten Zeit.

6.4 Militaria

Rüstung und Ausrüstung eines Legionärs

Das Marschgepäck

Die Schutzwaffen

scutum/ Schild	9,5 kg
Schildhülle, -tragegurt	2,0 kg
Kettenpanzer	8–9 kg
galea, cassis/ Helm	2,0 kg
(evtl. Arm-, Beinschienen	4,0 kg)
Gesamtgewicht	*ca. 22 kg*

Die Angriffswaffen

gladius/ Schwert mit Scheide	2,2 kg
pugio/ Dolch mit Scheide	1,1 kg
cingulum militare/ Gürtel	1,0 kg
pilum/ Speer	ca. 2,0 kg
Gesamtgewicht	*ca. 6,5 kg*

Persönliches Gepäck, Kleidung und Schuhe

Leinentunika, Reservetuniken	1,5 kg
Mantel	2,5 kg
Caligae	1,3 kg
Tibialia, Lederriemen, Öllampe	1,5 kg
Gesamtgewicht	*ca. 7 kg*

Grundnahrungsmittel und Geräte zur Nahrungszubereitung

Eiserne Ration für drei Tage:

Speck und Käse	0,5 kg
Zwieback	1,8 kg

Tagesverpflegung:

Getreide	1,1 kg
Speck oder Frischfleisch (und möglichst Ergänzung durch Gemüse und Obst)	0,2 kg
Gesamtgewicht	*ca. 4 kg*

Bronzetopf (ev. Bratspieß)	1–1,5 kg
Kasserolle	0,6 kg
Löffel, Messer, Kleingerät	2,0 kg
Feldflasche mit Wasser-Essig-Gemisch	2,5 kg
furca/ Tragestange	2,0 kg
Gesamtgewicht	*ca. 8,5 kg*

Das Schanzzeug, Werkzeuge und Materialien zum Bau eines Lagers

dolabra/ Pionieraxt	knapp 1 kg
Ziehhacke	1,5 kg
Schanzkorb	2,5 kg
Rasenstecher und Spaten	3,0 kg
Säge, Stricke	0,5 kg
pilum murale	2,5 kg (eventuell 2 pila)
Gesamtgewicht	*über 10 kg*

Diese detailgetreue Nachbildung eines römischen Legionärs kann im Römisch-Germanischen Zentralmuseum in Mainz besichtigt werden.

Die Seiten 199 f. sind entnommen aus: Westermann Praxis Geschichte, 6/1998, Römische Legionäre

Legionäre bei der Arbeit

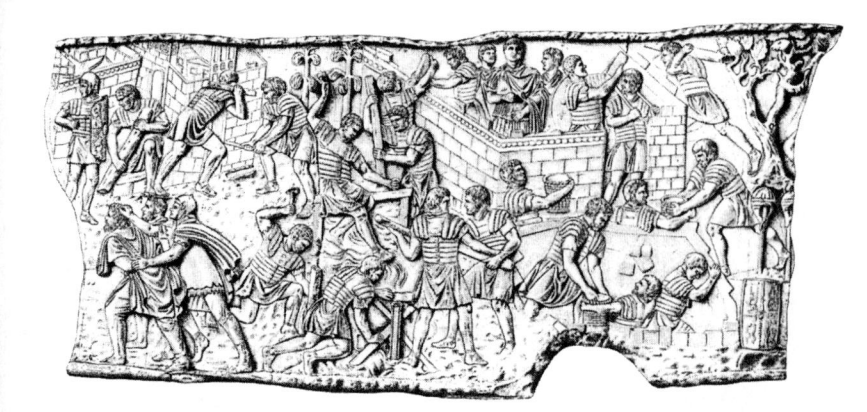

Dieser Ausschnitt der Trajanssäule 113 n. Chr. zeigt römische Legionäre bei verschiedenen Arbeiten.
Quelle: M. Corbishley, Ancient Rome, Cultural Atlas for Young People. Andromeda Oxford Ltd./ Foto: John Fuller

Befestigungsarten

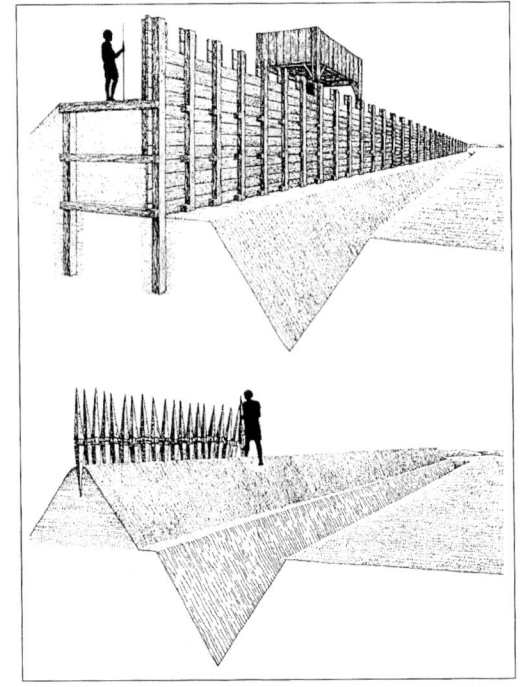

Schanzwerkzeug

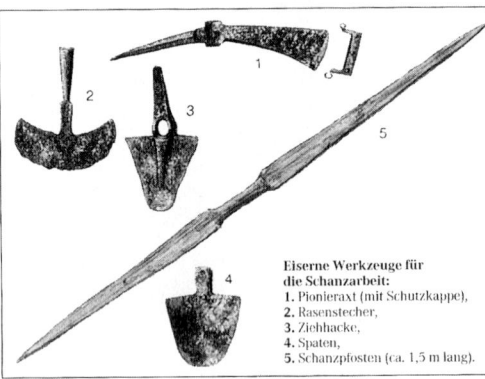

Eiserne Werkzeuge für die Schanzarbeit:
1. Pionieraxt (mit Schutzkappe),
2. Rasenstecher,
3. Ziehhacke,
4. Spaten,
5. Schanzpfosten (ca. 1,5 m lang).

Quelle: P. Connolly, Tiberius Claudius Maximus - Ein Römischer Legionär. Nürnberg 1990, S. 19

Römischer Lagerbau

Der jüdische Geschichtsschreiber Flavius Josephus schreibt im 1. Jahrhundert n. Chr.:

„Auch durch plötzlichen Überfall kann der Feind nicht viel gegen sie ausrichten; denn wenn sie in das Land des Feindes eingedrungen sind, lassen sie sich nicht eher auf eine Schlacht ein, als bis sie ein festes Lager aufgeschlagen haben. Dieses legen sie nicht aus Gerate wohl und unregelmäßig an, noch arbeiten alle durcheinander; vielmehr wird zunächst der Platz, wenn er uneben ist, geebnet, und dann ein Viereck für das Lager abgesteckt. Hierauf macht sich die Schar der Arbeiter mit den nötigen Bauwerkzeugen ans Werk.

Der innere Raum wird für die Zelte eingeteilt; die äußere Umfridung gleicht einer Mauer und ist in gleichen Abständen mit Türmen versehen... Vier Tore sind in die Umwallung gebaut, eins in jede Seite, alle bequem für den Durchgang von Lasttieren und breit genug für etwa nötig werdende Ausfälle... Die Verschanzung des Umkreises und die ganze innere Lagereinrichtung werden von den zahlreichen und geschickten Arbeitern schneller als man denken kann vollendet. Im Notfall wird an der Außenseite der Umwallung ein vier Ellen tiefer und ebenso breiter Graben gezogen."

Die Befestigung eines Standlagers (oben) unterschied sich deutlich von der eines Marschlagers (unten). Für den Bau der Holz-Erde-Mauer des Lagers in Haltern (nördlich des heutigen Ruhrgebietes am Fluß Lippe gelegen) mußten etwa 12 500 Eichen gefällt werden. Oft waren der Mauer zwei Gräben vorgelagert.
Quelle: Westfälisches Römermuseum Haltern, Katalog zur Ausstellung. Münster 1996, S. 29/ Foto: Westfälisches Museum für Archäologie, Münster

Quelle: Flavius Josephus, Der Jüdische Krieg III, 5, 1-2; Übersetzung von H. Clementz. Leipzig 1978, S. 240

JULIUS CAESAR

LEGION
LEGAT
6 TRIBUNEN

KOHORTE 2 3 4 5 6 7 8 9 10

6 ZENTURIEN
10 ZELTGENOSSENSCHAFTEN (JE 8 MANN)

ZENTURIO

LEGIONÄR					ZENTURIO

Berittener Soldat von einem
Grabrelief, 70 n. Chr., Bonn,
Rheinisches Landesmuseum

Römischer Legionär,
1. Jh. n.Chr., Berlin,
Staatliche Museen
Preußischer Kulturbesitz

7. Prüfungsarbeiten

7.1 Zum Projekt: Der Helvetierkrieg

I. Übersetzungsaufgabe

Caesar bringt seine Truppen in Stellung

Als Caesar gegen Bibracte, die größte Stadt der Haeduer zog, wurde seine Nachhut von Helvetiern bedroht.

    Postquam id animadvertit,
copias suas Caesar in proximum collem subduxit
equitatumque,
    ut impetum hostium sustineret,
emisit.
Ipse interim in colle medio triplicem aciem legionum quattuor veteranarum[1] instruxit.
In summo iugo duas legiones,
    quas in Gallia citeriore conscripserat,
et omnia auxilia conlocari,
    ita ut supra se totum montem hominibus compleret,
et sarcinas[2] in unum locum conferri
et eum ab his,
    qui in superiore acie consisterant,
muniri iussit.
Helvetii cum omnibus suis carris[3] secuti impedimenta in unum
locum contulerunt ...

79 LW

---

[1] *veteranus, -a, -um*: vgl. Veteran
[2] *sarcina, -ae*: das Reisegepäck, der Rucksack
[3] *carrus, -i*: der Transportwagen, der Karren

II. Interpretationsaufgabe

1. Welche zwei Übersetzungen sind bei *summum iugum* (Z. 7) möglich?   2 BE
2. Wie nennt man die stilistische Erscheinung, die in der durch *et – et – et* (Z. 9-12) bewirkten Textgliederung vorliegt? Was heißt hier *et – et – et*?   2 BE
3. Inwiefern kann Caesar die Helvetier *hostes* nennen? Was wirft er ihnen vor?   3 BE
4. Was berechtigt die Römer, in Gallien jenseits der *Provincia Romana* als „Helfer" einzugreifen?   3 BE
5. Nennen Sie zwei für Caesar gefährliche Gallierführer. Welchen Stämmen gehören sie jeweils an?   <u>4 BE</u>

Text: Caesar, BG I 24, 1-4   Bewertungsverhältnis 3:1   12 BE

7.2 Zum Projekt: Die Auseinandersetzung mit Ariovist

I. Übersetzungsaufgabe

Alexandria, eine Stadt in Ägypten

Caesar war im Krieg gegen Pompeius in die innenpolitischen Auseinandersetzungen der Ägypter hineingezogen worden; in einem Teil von Alexandria, den er besetzt hatte, wurde er vom königlichen Feldherrn Ganymedes belagert. Caesar beschreibt die Stadt folgendermaßen:

Alexandria est fere tota subfossa[1] et specus[2] habet ad Nilum pertinentes.
Quibus aqua in privatas domos inducitur,
  quae paulatim spatio temporis liquescit[3] ac subsidit[4].
Hac uti domini aedificiorum atque eorum familiae consueverunt:
nam,
  quae flumine Nilo fertur,
adeo est limosa[5] ac turbida,
  ut multos variosque morbos efficiat;
sed ea plebs ac multidudo contenta est neccessario,
  quod fons urbe tota nullus est.
Hoc tamen flumen in ea parte erat urbis,
  quae ab Alexandrinis tenebatur.
Quo facto est admonitus Ganymedes posse nostros aqua intercludi.   83 LW

---

1 *subfodere* h.: unterhöhlen   2 *specus, -us*: Höhle   3 *liquescere* h.: sich klären
4 *subsidere* h.: sich setzen   5 *limosus, -a, -um*: schlammig

II. Interpretationsaufgabe

1. a) Unter welchem Gesichtspunkt ist hier die Stadt näher beschrieben?   1 BE
   b) Stellen Sie vier Wörter/Wendungen zu dem Sachfeld zusammen, welches das Thema dieses Textes anzeigt.   2 BE
   c) Worauf kommt es dem Autor bei der Beschreibung dieser Stadt letzlich an?   1 BE
2. a) Mit welcher Stelle des gelesenen Textes lässt sich der Übersetzungstext vergleichen?   1 BE
   b) Was ist hier das *tertium comparationis*?   1 BE
   c) Wie hat Friedrich Klingner die hier fassbare stilistische Eigenart zu kennzeichnen versucht?   2 BE
3. Inwiefern wird an Caesars Art zu schreiben das Verhältnis von Sprache und Politik auffällig? Konkretisieren Sie Ihre Antwort durch Bezug auf die gelesene Ariovist-Partie.   4 BE

Text: Caesar, B. Alex. 5   Bewertungsverhältnis 2:1   12 BE

7.3 Zum Projekt: Der Griff nach Britannien

I. Übersetzungsaufgabe

„Einer für alle"

Ein römischer Centurio opfert sich für seine Soldaten, als ein römisches Sonderkommando versucht, in eine gallische Stadt einzudringen.

M. Petronius centurio,
   cum portam excidere[1] conatus esset,
a multitudine oppressus multis iam vulneribus acceptis manipularibus[2] suis,
   qui illum secuti erant:
   „Quoniam", inquit, „me una vobiscum servare non possum,
vestrae quidem certe vitae prospiciam,
   quos cupiditate gloriae adductus in periculum deduxi.
Data facultate vobis consulite!"
Simul in medios hostes irrupit duobusque interfectis reliquos a porta paulum submovit.
Conantibus auxiliari[3] suis
„Frustra", inquit, „meae vitae subvenire conamini,
   quem iam sanguis vires que deficiunt.
Proinde[4] abite,
   dum est facultas!"
Ita pugnans paulo post concidit ac suis saluti fuit.

84 LW

---

1 *excidere*: aufbrechen, einschlagen   2 *manipularis, -is*: Kriegskamerad
3 *auxiliari* (Deponens) von *auxilium*: abzuleiten   4 *proinde*: etwa *itaque*

II. Interpretationsaufgabe

1. Welche Konstruktion liegt bei *data facultate* (Z. 8) vor?
Nennen Sie ein weiteres Beispiel für diese Konstruktion aus dem Text.   2 BE
2. Stellen Sie vier synonyme Wörter zum Wortfeld *helfen* zusammen.
Einige können Sie aus dem Text entnehmen.
Geben Sie jeweils eine treffende Übersetzung dafür an.   4 BE
3. Welches sonst selten begegnende stilistische Mittel verwendet hier der Autor?
Was soll dieses bewirken?   2 BE
4. Mit welcher Stelle der gelesenen Partien im BG lässt sich der vorliegende Text inhaltlich und stilistisch vergleichen? Begründen Sie Ihre Feststellung.   4 BE

Text: Caesar, BG VII 50, 4-6   Bewertungsverhältnis 3:1   12 BE

7.4 Zum Projekt: Die Germanen – ein ganz anderes Volk

I. Übersetzungsaufgabe

Über die Lebensweise der Sueben

Sueborum moribus nihil turpius aut inertius habetur quam ephippiis[1] uti.
Ad quemvis numerum ephippiatorum[2] equitum quamvis pauci adire audent.
Vinum ad se omnino importari non sinunt,
    quod ea re ad laborem ferendum remollescere[3] homines atque effeminari[4] arbitrantur.
Publice maximam putant esse laudem
    quam latissime a suis finibus vacare agros:
hac re significari
    magnum numerum civitatum suam vim sustinere non potuisse.
Itaque una ex parte a Suebis circiter milia passuum sescenta agri vacare dicuntur.

73 LW

---

1 *ephippium, -i*: Sattel   2 *ephippiatus*: auf gesatteltem Pferd reitend
3 *remollescere*: verweichlicht werden   4 *effeminare*: jem. so schwächlich wie Frauen machen

II. Interpretationsaufgabe

1. a) Geben Sie Form und Funktion von *ferendum* in Z. 4 an.   2 BE
   b) Welche Konstruktion ist von *dicuntur* in Z. 10 abhängig?   1 BE
   c) Welches sind die Wortbestandteile (und ihre deutsche Bedeutung) beim Verbum *significare* (Z. 8)?
   Welches deutsche Fremdwort ist davon gebildet und was bedeutet es?   3 BE
2. Welche charakteristische Eigenschaft der Sueben stellt Caesar im obigen Text heraus?
   Nennen Sie zwei Beispiele, an denen der Autor diese Eigenschaft verdeutlicht.   3 BE
3. Welche Eigenheit im Verhalten zu den Nachbarn wird hier sichtbar, die Caesar im gelesenen Text an den Germanen allgemein feststellt?
   Wofür ist ihm dieses Verhalten ein Beweis?   3 BE

Text: Caesar, BG IV 2,4-3,2   Bewertungsverhältnis 2:1   12 BE

7.5 Zum Projekt: Vercingetorix – Galliens Freiheitsheld

I. Übersetzungsaufgabe

Römerfreunde in Galliens Freiheitskampf

Der Haeduer Convictolitavis war von Caesar mit dem höchsten Amt in seinem Stamm beschenkt worden. Er wäre ihm also zu großem Dank verpflichtet. Wie aber verhält er sich beim gallischen Großaufstand gegen die Römer?

Dum haec ad Gergoviam geruntur,
Convictolitavis Haeduus sollicitatus[1] ab Arvernis pecunia cum quibusdam adulescentibus colloquitur.
Quorum erat princeps Litaviccus atque eius fratres, amplissima familia nati adulescentes.
Cum his praemium communicat[2] hortaturque,
  ut se liberos et imperio natos esse meminerint.
Unam esse Haeduorum civitatem,
  quae certissimam Galliae victoriam distineat[3];
eiusque auctoritate reliquas civitates contineri[4].
Quae traducta[5] locum consistendi Romanis in Gallia non fore.
Se quidem esse nonnullo beneficio Caesaris adfectum,
sed plus communi libetati tribuere.
Celeriter adulescentes Convictolitavis oratione et praemio deducuntur[6]. 83 LW

---

1 *sollicitare* h.: bestechen   2 *communicare alci alqd*: mit jdm etwas teilen
3 *distinere* h.: verzögern   4 *continere*: festhalten, zurückhalten
5 *traducere* h.: auf die Seite der Gallier bringen
6 *deducere*: gewinnen (für die gemeinsame Sache der Gallier)

II. Interpretationsaufgabe

1. Welche inhaltlichen Schwerpunkte enthalten die drei Teile des Textes?   3 BE
2. Welcher Begriff bestimmt leitmotivisch den Text?
   Wie und wozu wird dieser argumentativ eingesetzt?   3 BE
3. In welchem Lichte sollen Convictolitavis und seine Leute, die doch *amici populi Romani* sind, erscheinen? Welche Wesensmerkmale schreibt Caesar den Haeduern indirekt zu? Inwiefern passen diese zu denen der Anhänger des Vercingetorix?   4 BE
4. Wie beurteilen Sie selbst das Verhalten der Haeduer hier?   2 BE

Text: Caesar, BG VII 37,1-6 (m.Ä.)   Bewertungsverhältnis 2:1   12 BE

Erwartete Leistungen

Zu 7.1
I. Übersetzungsaufgabe
Nachdem Caesar dies bemerkt hatte, führte er seine Truppen auf die nächstgelegene Anhöhe und entsandte die Reiterei, um den feindlichen Angriff aufzuhalten. Er selbst stellte auf halber Höhe des Hügels aus vier Veteranenlegionen eine dreifache Front auf. Die zwei Legionen, die er im diesseitigen Gallien ausgehoben hatte, sowie die gesamten Hilfstruppen ließ er auf dem Kamm platzieren, so dass oberhalb von ihm der ganze Berg mit Menschen angefüllt war, er ließ die Rucksäcke an einen Ort zusammentragen und diesen von denen, die in der höher gelegenen Front standen, befestigen. Die Helvetier, die mit all ihren Kriegskarren gefolgt waren, brachten ihren Tross an einen Ort zusammen.

II. Interpretationsaufgabe
1. der höchste Berg(rücken), der höchste Teil des Berg(rücken)s
2. Parallelismus (parataktische Reihung) sowohl – als auch
3. Die Helvetier sind *hostes*, also „äußere Feinde", weil sie in das Staatsgebiet der Römer eindringen und „Freunde des römischen Volkes" in Bedrängnis bringen. Er wirft ihnen aggressives Verhalten, damit *iniuria* vor.
4. Die Römer sind berechtigt, aufgrund des Freundschaftspaktes (*amicitia*) bedrohten „Freunden" (*amici*), „Bundesgenossen" (*socii*) Hilfe zu leisten; dazu dürfen sie ihr Staatsgebiet verlassen. Dieses Vorgehen gilt als Defensivmaßnahme.
5. z.B. Dumnorix, aus dem Stamm der Haeduer, und Divico, aus dem Stamm der Helvetier

Zu 7.2
I. Übersetzungsaufgabe
Alexandria ist fast ganz unterhöhlt und hat bis zum Nil hin sich erstreckende unterirdische Stollen (Höhlen). Durch diese wird Wasser in die Privathäuser geleitet, das sich im Laufe der Zeit allmählich klärt und setzt. Dieses pflegen die Besitzer der Gebäude und ihr Gesinde zu benützen: denn das Wasser, das durch den Nil geführt wird, ist so schlammig und trüb, dass es viele und verschiedenartige Krankheiten verursacht; doch damit muss sich das einfache Volk und die Menge zufriedengeben, weil in der ganzen Stadt keine Quelle ist. Dieser Fluss war jedoch in dem Teil der Stadt, der von den Alexandrinern besetzt gehalten wurde. Durch diesen Umstand ist Ganymedes auf den Gedanken gebracht worden, dass die Unseren vom Wasser abgeschnitten werden könnten.

II. Interpretationsaufgabe
1. a) unter dem Gesichtspunkt der Wasserversorgung
   b) *aqua inducitur; flumen Nilus; fons; aqua intercludi*
   c) auf die strategische Bedeutung der besonderen Wassersituation
2. a) mit der Beschreibung der Stadt Vesontio
   b) Reduktion der Gesichtspunkte der Beschreibung auf das bloß Militärische
   c) Klingner vergleicht Caesars Darstellung mit dem „Gerippe eines Blattes, dem die Raupen das Fleisch genommen haben".
3. Caesar legt die Darstellung der Auseinandersetzung zwischen Caesar und Ariovist wie ein Schachspiel zweier Politiker an; alles, was nicht dieser 'politischen' Zielsetzung zugeordnet ist, wird sprachlich ausgespart; also Verzicht auf Anschaulichkeit und Plastizität. Die Sprache ist funktionalisiert auf die Absicht, die Leser von der Rechtmäßigkeit des politischen Vorgehens zu überzeugen. Die Politik grenzt umgekehrt die Möglichkeiten der Sprache ein.

Zu 7.3

I. Übersetzungsaufgabe

Als der Centurio Marcus Petronius das Tor einzuschlagen versuchte (versucht hatte), wurde er von der Menge der Feinde überwältigt; schon an vielen Stellen verwundet, rief er seinen Kameraden, die ihm gefolgt waren, zu: „Da ich mich nicht mehr mit euch zusammen retten kann, so will ich denn gewiss für das Leben von euch sorgen, das ich aus Ruhmgier in Gefahr gebracht habe. Sobald sich die Gelegenheit ergibt, sorgt für euch!"
Zugleich stürzte er sich mitten in die Feinde, tötete zwei von ihnen und drängte die übrigen ein wenig vom Tor weg. Als die Seinen ihm Hilfe leisten wollten, sagte er: „Vergeblich versucht ihr, mir (meinem Leben) zu Hilfe zu kommen, dem schon Blut und Kräfte schwinden. Macht euch also davon, solange noch eine Chance dazu besteht!"
So brach er kurz darauf im Kampf zusammen und rettete den Seinen das Leben.

II. Interpretationsaufgabe

1. Ablativus absolutus; *multis ... vulneribus acceptis (duobus interfectis)*
2. *subvenire* zu Hilfe kommen; *auxiliari* Hilfe bringen; *adiuvare* helfen, unterstützen; *adesse* beistehen
3. Oratio recta; auf diese Weise wird der Leser unmittelbar in eine spannungsvolle Situation hineinversetzt, die er miterleben und mitempfinden kann; es wird eine emotionale Wirkung erzeugt.
4. Jene Stelle, an der der Fahnenträger der 10. Legion vom Schiff springt und mit einem anfeuernden Ausruf seine Kameraden mitreißt. Auch hier hebt Caesar eine vorbildhafte Tat des Einzelnen hervor, indem er ihn eine wörtliche Rede sprechen lässt, so dass die Szene eindrucksvoll wirkt und dem römischen Leser Sympathie abnötigt.

Zu 7.4

I. Übersetzungsaufgabe

Nach den Sitten der Sueben gilt nichts als schändlicher oder untüchtiger als Sättel zu gebrauchen. Sie wagen es, wie wenige sie auch sein mögen, eine beliebig große Zahl von Sattelreitern anzugreifen. Sie lassen es überhaupt nicht zu, dass Wein bei ihnen eingeführt wird, weil sie glauben, dass Männer dadurch für das Ertragen von Mühen verweichlicht und so schwächlich wie Frauen gemacht werden. Sie halten es im Interesse des Staates für den höchsten Ruhm, dass das Land an den Grenzen möglichst weit unbebaut bleibt: dadurch, so glauben sie, werde deutlich gemacht, dass eine große Zahl von Stämmen ihrer Gewalt nicht habe standhalten können. Deshalb soll auf der einen Seite der Sueben das Land ungefähr 600 Meilen weit unbebaut sein.

II. Interpretationsaufgabe

1. a) (attributiv gebrauchtes) Gerundivum zur Bezeichnung eines Vorgangs
   b) NcI
   c) *signa* (Zeichen) – *facere* (machen); signifikant – bezeichnend
2. Strenge Lebensführung oder Abhärtung
   Verdeutlichende Beispiele: Sie halten den Gebrauch von Sätteln für schädlich. Sie sehen im Wein die Gefahr der Verweichlichung.
3. Die Sueben schaffen rings um sich ein ödes Land, halten also Nachbarstämme von sich fern; das gilt als Zeichen ihrer Macht (*vis*): die Unnahbarkeit. Für Caesar ist es – wie auch bei seinem Urteil über die Germanen allgemein – ein Ausdruck ihrer Barbarei; sie sind es nicht wert, in den Zivilisationskreis der Römer einbezogen zu werden.

Zu 7.5

I. Übersetzungsaufgabe

Während dies in Gergovia geschieht, verhandelt der Haeduer Convictolitavis, der von den Arvernern mit einer Geldsumme bestochen worden ist, mit einigen jungen Leuten (aus seinem Stamm). Deren Anführer sind (waren) Litaviccus und seine Brüder, junge Männer aus hochangesehener Familie stammend. Mit diesen teilt er den Bestechungslohn und fordert sie auf, sie sollten sich daran erinnern, dass sie frei und zur Herrschaft geboren seien. *Einzig der Stamm der Haeduer sei es, der den ganz sicheren Sieg noch hinauszögere; durch dessen Einfluss würden die übrigen Staaten noch zurückgehalten. Wenn aber auch dieser Stamm auf die Seite der Gallier gebracht sei, dann gebe es für die Römer in Gallien keinen Platz mehr sich festzusetzen. Es sei ihm zwar von Caesar ein ziemlich großer Dienst erwiesen worden, doch gebe er der gemeinsamen Freiheit mehr Gewicht.*
Schnell lassen sich die jungen Leute durch Convictolitavis Rede und Belohnung verführen (für die gemeinsame Sache der Gallier gewinnen).

II. Interpretationsaufgabe

1. a) Verhandlungen des Convictolitavis mit den jungen Haeduern und deren Bestechung
   b) An der Entscheidung des Haeduerstammes hänge der Sieg Galliens.
   c) Schnelligkeit der Überredung der jungen Leute
2. Der Leitbegriff des Textes ist *liber, libertas*, also das Zentralmotiv des antirömischen Kampfes der Gallier. Der Redner benützt das Motiv, indem er die Angesprochenen an ihre Bestimmung zur Freiheit und Herrschaft erinnert und so ihre Solidarität mit dem Freiheitskampf Galliens weckt. Dass er selbst, wiewohl Caesar verpflichtet, sich doch für die Freiheit entscheidet, soll diese Argumentation noch unterstützen.
3. Convictolitavis und seine Leute sollen als unzuverlässige Partner der Römer erscheinen, die ihre aus dem *amicitia*-Verhältnis kommende Verpflichtung nicht wahrnehmen. Wesensmerkmale dieser Leute sind Bestechlichkeit und Treulosigkeit (Perfidie). Sie passen trefflich zu den Leuten, die Vercingetorix um sich geschart hat: *perditi et egentes*.
4. Die Beurteilung des haeduischen Verhaltens durch die Schüler kann nur subjektiv sein. Sie sollte die Aspekte der Bündnisverpflichtung (*fides*) und der Solidarität mit dem Freiheitskampf Galliens (*libertas*) abwägen und womöglich zu einer persönlichen Entscheidung kommen.

8. Literatur zur Caesar-Lektüre

(jeweils mit Angabe, in welchem Projekt die Literatur verwendet ist)

Übergreifende Literatur

BINDER, G.: SAEVA PAX. In: Krieg und Frieden im Altertum, Bochumer Altertumswissenschaftliches Colloquium, Bd. 1, Trier 1989, S. 219-245. **In: 1; 4.2**

BRENNER, S.: Die Landung in Britannien. In: Anregung 43 (1997), S. 75-88. **In: 1; 4.5**

CALLIES, H.: Zur Vorstellung der Römer von den Cimbern und Teutonen, Chiron I (1975), S. 341-50. **In: 4.1; 4.3**

DAHLMANN, W.: Julius Caesar, München/Zürich 1987. **In: 3.4; 5.1**

FINK, G.: Caesarbild und Caesarlektüre, AU 23,3 (1980), S. 32-41. **In: 1**

DERS./MAIER, F.: Konkrete Fachdidaktik Latein, München 1996. **In: 2.1**

FRAENKEL, H.: Über philologische Interpretation. Am Beispiel von Caesars Gallischem Krieg. In: Wege und Formen frühgriechischen Denkens, München 1950. **In: 2.2; 4.3**

DERS.: Neue Jahrbücher, 1933. **In: 4.3**

GELZER, M.: Caesar, Politiker und Staatsmann, Wiesbaden 1982. **In: 4.3; 4.4; 4.5; 4.8**

GLÜCKLICH, H.-J.: Feldherrnreden Caesars und Curios, AU 18,3 (1975), S. 33-64. **In: 4.3**

DERS.: Satz und Texterschließung, AU 31 (1987), S. 5 ff. **In: 4.5**

DERS.: Sprache und Leserlenkung in Caesars Bellum Helveticum, Stuttgart 1985. **In: 4.2; 4,5**

HAFFTER, H.: Der Politiker und Feldherr Caesar, Heidelberg 1971. **In: 4.1; 4.2; 4.3; 4.4**

HOLZBERG, N.: Die ethnographischen Exkurse in Caesars Bellum Gallicum als erzählstrategisches Mittel, Anregung 33 (1987), S. 85-98. **In: 4.5; 4.7**

KLINGNER, F.: C. Julius Caesar. In: Römische Geisteswelt, Hamburg/München 1961, S. 90-109. **In: 1; 2; 3; 4.1; 4.2; 4.3; 4.4; 4.5; 4.7**

LATACZ, J.: Zu Caesars Erzählstrategie, AU 21,3 (1978), S.70-87. **In: 1; 2; 4.1; 4.2**

MAIER, F.: Altes Recht in der Neuen Welt. In: Grundtexte Europas, Lehrerkommentar, Bamberg 1995, S. 164- 176. **In: 1**

DERS.: Caesar im Visier, AUXILIA 37, Bamberg 1995. **In: 1; 2; 4.1; 4.2; 4.3; 4.8**

DERS.: Caesar und die Schüler heute, AUXILIA 7, Bamberg 1983, S. 5-26. **In: 1**

DERS.: Europa – Bildungsauftrag für das Gymnasium. In: Profil. Das Magazin für Gymnasium und Gesellschaft 3/2000, S. 27-31. **In: 1**

DERS.: Freiheit der Barbaren. In: Zukunft der Antike, Bamberg 2000. **In: 2**

DERS.: Grundtexte Europas. Lehrerkommentar, Bamberg 1995. **In: 2**

DERS.: Herrschaft und Sprache, AU 18 (1988), S. 39-52. **In: 4.3; 4.5**

DERS./FINK, G.: Konkrete Fachdidaktik Latein, München 1996. **In: 2**

DERS./LOHE, P.: Latein 2000, AUXILIA 40, Bamberg 1996. **In: 1**

DERS.: Lateinunterricht zwischen Tradition und Fortschritt, Bamberg 1979.
  Bd. 2: **In: 1; 4.5**
  Bd. 3: **In: 2; 4.2; 4.3; 4.5; 4.7; 4.8**

DERS.: Stichwörter der europäischen Kultur, Bamberg 1992 ff., Textband u. Lehrerkommentar. **In: 5.1**
DERS./GROSSER, H.: Systemgrammatik Latein, München 1997. **In: 4.5**
MAIER, U.: Caesars Feldzüge in Gallien, Bonn 1978. In: 4.3; 4.5.
MEIER, CHR.: Caesar, Berlin 1982. **In: 1; 2; 4.2; 4.3; 4.4; 4.5; 4.7; 4.8; 5.1**
MENSCHING, E.: Caesars Studien. Eine Einführung, Frankfurt 1987. **In: 4.1; 4.8**
MUNDING, H.: Politische Bildung und Cäsar-Lektüre, AU 15,5 (1972), S. 26-43. **In: 2; 4.2; 4.3**
MUTSCHLER, F.-H.: Erzählstil und Propaganda in Caesars Kommentarien, Heidelberg 1945. **In: 4.3; 4.5**
OFFERMANN, H.: Verschiedene Wahrheiten oder wahr ist nicht gleich wahr. In: Anregung 45 (1999), S. 294-307. **In: 1; 2; 3; 4.2**
OLBRICH, W.: Ein neuer Einstieg in die Cäsarlektüre. In: Anregung 35 (1989), S. 228-230. **In: 3.5; 5.3**
OPPERMANN, H.: Caesar. In: Interpretationen lateinischer Schulautoren, Frankfurt 1968, S. 20-42. **In: 4.2**
DERS.: Caesar im Unterricht. In: Die Höhere Schule 3, 1950, S. 5. **In: 4.3**
OTT, A./WOLF, H.-J.: Ein neuer Weg zur Caesar-Lektüre in der zehnten Klasse der Gymnasien, AU 24,3 (1981), S. 53-69. **In: 1; 4.1**
POPPER, K.: Alles Leben ist Problemlösen, München/Zürich 1994. **In: 1; 2**
RAFFALT, R.: Cäsar. In: Große Kaiser Roms, München 1977. **In: 5.1; 5.2**
RASMUSSEN, D.: Caesars commentarii, Göttingen 1963. **In: 4.5; 4.8**
RICHTER, W.: Caesar als Darsteller seiner Taten, Heidelberg 1977. **In: 4.5; 4.8**
RINNER, W.: Erfassen der Tendenz in Caesars Bellum Gallicum – Die Darstellung des Dumnorix – ein Beispiel manipulierter Information? In: Caesar im Unterricht, AUXILIA 7. **In: 4.2; 4.6**
RÖMISCH, E.: Didaktische Überlegungen zur Caesarlektüre. In: Hafter, H./ Römisch, E., Caesars Commentarii De Bello Gallico, Heidelberg 1971, S. 53 ff. **In: 1; 4.3; 4.5**
RÜPKE, J.: Gerechte Kriege – Gerächte Kriege, AU 33,5 (1990), S. 5-13. **In: 2; 4.2**
DERS.: Wer las Caesars bella als commentarii? Gymnasium 99 (1992), 201-226. **In: 1; 2**
SIEBENBORN, B.: Bellum iustum, AU 33,5(1990), S. 39-53. **In: 2; 4.2**
SCHÖNBERGER, O.: Caesar, Dumnorix, Diviciacus. In: Caesar De Bello Gallico I 16-20. In: Anregung 17 (1971), S. 378-383. **In: 4.2; 4.6**
DERS.: Darstellungselemente in Caesars Bellum Gallicum, Gymnasium 95 (1988), S. 141-153. **In: 2; 4.3; 4.8**
SCHOLZ, U.: Der Commentarius und Caesars commentarii. In: Musen und Medien. Reihe Dialog Schule und Wissenschaft, Bd. XXXIII, München 1994, S. 82-97. **In: 1; 2**
SCHWARZ, F. F.: Caesar oder der Triumph der Verwirklichung, IANUS 11 (1990), S. 8-14. **In: 1; 2; 4.4**
SUERBAUM, W.: Vom antiken zum mittelalterlichen Staatsbegriff, München 1979. **In: 4.5; 4.8**
TSCHIEDEL, H. J.: Cäsar und wir. In: Caesar, Bellum Gallicum, Paderborn o.J., S. 5-29. **In: 1**

DERS.: Zu Caesars literarischer Aktualität. In: Widerspiegelung der Antike. Klassische Sprachen und Literaturen, Bd. XIV, München 1981, S. 78 ff. **In: 4.5**
V. ALBRECHT, M.: Meister römischer Prosa, Heidelberg 1971. **In: 2; 4.2; 4.3; 4.5**
DERS.: Römische Literaturgeschichte, Bd.1. **In: 1**
WILL, W.: Julius Caesar. Eine Bilanz, Stuttgart/Berlin/Köln 1992.
In: 1; 2; 4.1; 4.2; 4.3; 4.7; 4.8; 5.1; 5.2
WOLF, H.-J./OTT, A.: Ein neuer Weg zur Caesarlektüre in der zehnten Klasse der Gymnasien, AU 24,3 (1981), S. 53-69. **In: 1; 4.1**
ZINK, N.: Caesar. In: Handbuch für den Lateinunterricht, Sekundarstufe 1, Frankfurt 1987. **In: 1; 4.1; 4.2**

Projektbezogene Literatur

ADCOCK, F.: Caesar als Schriftsteller, Göttingen 1955. **In: 2.1**
BAYER, K.: Lernziele der Caesarlektüre - Interpretation der Dumnorix-Kapitel (BG 5,1-8), AU 15,5 (1972), S. 5-25. **In: 1**
BERGER, J.: Sehen. Das Bild der Welt in der Bilderwelt, Hamburg 1974. **In: 3.3**
BLUMENWITZ, D.: Grundlegung der Menschenrechte und der westlichen Kultur. In: Sonderheft der Hanns-Seidel-Stiftung 1(1995), S. 5-13. **In: 2.1**
BOBBIO, N.: Das Zeitalter der Menschenrechte – Ist Toleranz durchsetzbar? Berlin 1998. **In: 2.1**
BÖMER, F.: Caesar und sein Glück. In: Rasmussen, D., S. (Hrsg.): Caesar, Darmstadt 1967, S. 89 ff. **In: 4.5**
CHRIST, K.: Krise und Untergang der römischen Republik, Darmstadt ²1984.
In: 4.2
CLASEN, A.: Caesar im Unterricht, AUXILIA 7, Bamberg 1992, S.27-55. **In: 4.5**
DALFEN, J.: Probleme mit Caesar, Gymnasium 102 (1995), 263-288. **In: 1**
DORMINGER, G.: Der Gallische Krieg, München 1977. **In: 4.3**
ERNST, W.: Caesar der überlegene Heerführer, In: Anregung 45 (1999), S. 235-242.
In: 4,8
FODOR, E./EBERHARD, W.: Fodors moderne Reiseführer: Frankreich, Köln 1954.
In: 4.3
FRICEK, A.: Die Helvetier bei Caesar. In: Erziehung und Unterricht 138 (1988), S. 657f. **In: 4.2**
FRINGS-KEULEN-NICKEL: Lexikon zum Lateinunterricht, Freiburg/Würzburg 1981.
In: 4.5
FUHRMANN, M.: Caesar oder Erasmus? Gymnasium 81(1974), S. 394-407. **In: 1**
GESCHE, H.: Caesar, Darmstadt 1976. **In: 4.5**
GLÜCKLICH-NICKEL-PETERSEN: interpretatio. Neue lateinische Textgrammatik, Freiburg/Würzburg 1980. **In: 4.5**
GÖRLER, W.: Caesar als Erzähler, AU 23,3 (1980), S. 18-31. **In: 4.3; 4.5**
GOLEMANN, D.: Emotionale Intelligenz, München/Wien 1996. **In: 1**
GOTTWALD, R.: Cäsar und die Helvetier. In: Anregung 29 (1983), S. 315-318.
In: 4.2
GRANT, M.: Caesar – Genie – Eroberer – Diktator, München 1982. **In: 4.5**
GROSSER, H./MAIER, F.: Systemgrammatik Latein, München 1997. **In: 4.5**

HAHN, H.: Lernen aus der Geschichte, GWU 1986/6. In: 4.5.
HOCHHUTH, R.: Täter und Denker, Profile und Probleme von Cäsar bis Jünger, Stuttgart 1987. In: 1.
HUNDSRUCKER: Mediensatz bei der Caesar-Lektüre. Zum Beispiel der Helvetier-Krieg. In: AUXILIA 7 (1983), 117-140. **In: 4.2**
KEULEN, H.: Politisches Denken bei der Caesarlektüre in der 10. Klasse. In: Caesar im Unterricht, AUXILIA 7, Bamberg 1983, S. 66 ff. **In: 4.2**
KLINZ, A.: Schlagwort und Propaganda, AU 17,1 (1974), S. 85-88. **In: 2**
KONTROUBAS, D.: Die Darstellung der Gegner in Caesars Bellum Gallicum, Diss., Heidelberg 1972. **In: 4.3**
KOSEL, P.: Critognatusrede, Fachdidaktische Seminararbeit/99. **In: 4.8**
KRÜGER, M.: Caesars BG, ein Meisterstück der Propaganda, Beiträge zur Altertumskunde, 1949. **In: 4.3**
LOHMANN, D.: Leserlenkung im Bellum Helveticum, AU 33,5 (1990), S. 56-73. **In: 4.2**
LOHE, P./MAIER, F.: Latein 2000, AUXILIA 40, Bamberg 1996. **In: 1**
LUDWIG, W.: Lateinische Schulautoren, Mitteilungsblatt des deutschen Altphilologenverbandes 12 (1968), S. 1ff. **In: 1**
MEYERHÖFER, H.: Der Einzelne und der Staat. In: Handreichungen für den Lateinunterricht, 3. Folge, Bd. III, München, 1977. **In: 4.8**
MÜNKLER, H./ GRÜNBERGER, H.: Die alten und die neuen Barbaren. In: humboldt spektrum, 6. Jg., Heft 1/99, S. 26ff. **In: 4.8**
MÜLLER, W.: Overhead-Transparent-Serie zum Helvetierkrieg, Realienkunde zu Caesar, Klett-Verlag, Stuttgart 1982. **In: 4.2**
NICKEL-FRINGS-KEULEN: Lexikon zum Lateinunterricht, Freiburg/Würzburg 1981. **In: 4.5**
NIEDERMAYR, H.: Eutrop statt Caesar? Spätantike Geschichtsschreiber als Anfangs-, Interims- und Ergänzungslektüre, Teil II. In: LATEIN FORUM 40 (2000), S. 8-17. **In: 5.3**
PETERSMANN, G.: Caesar als Historiograph, IANUS 11 (1990), S. 2-7. **In: 2**
PETERSEN, O.: Freiheit, Sklaverei und die moderne Konstruktion der Rechte. In: Gaz, O., Menschenrechte in der Geschichte, Frankfurt 1998, S. 141-193. **In: 4,8**
PINKSTER, H.: Tempus, Aspect and Aktionsart in Latin, ANRW II (1983). **In: 4.5**
ROSNER, U.: Die Römer als Ordnungsmacht in Gallien, AU 31,5 (1988), S. 5-22. **In: 4.7**
SCHEDA, G.: Caesars Marsch nach Vesontio, AU 1 (1971), S. 70-74. **In: 4.3**
SEITZ, W.: Caesars Britannenexkurs. In: Pietsch/R. A. Prohaska, Lateinische Texte verstehen und lesen, Graz 1994, S. 117-122. **In: 4.5**
SCHIEFFER, R.: Die Rede des Critognatus (BG 77) und Caesars Urteil über den gallischen Krieg, Gymnasium 79 (1972). **In: 4,8**
SCHMITZ, D.: Eine Lanze gegen Caesar, Anregung 45 (1999), S. 32-40. **In: 1**
SEEL, O.: Römertum und Latinität, Stuttgart 1964. **In: 4.5**
STORCH, H.: Caesar als Stratege, Politiker, Erzähler, Mitteilungen I (1992), 4-16. **In: 4.3**
TREU, M.: Clementia Caesaris. In: Mus. Helv. 5 (1948). **In: 4.2**

TRZASKA-RICHTER, C.: Furor Teutonicus, Bd. 8, Trier 1991. **In: 4.3**
VIERECK; H. D. L.: Die römische Flotte, Herford 1975. **In: 4.5**
V. BORRIES, B.: Römische Republik: Weltstaat ohne Frieden und Freiheit? Stuttgart 1980. **In: 2**
VRETSKA, H.: Beobachtungen zu Caesars BG I, Festschrift für Karl Vretska, Heidelberg 1970. **In: 4.3**
WEINRICH, H.: Die lateinische Sprache zwischen Logik und Linguistik, Gymnasium 73 (1966). **In: 4.5**
WOLF, C.: Kassandra, Darmstadt/Neuwied 1984. **In: 4.5**
YAVETZ, Z.: Caesar in der öffentlichen Meinung, Düsseldorf 1979. **In: 4.5**
ZEITLER, W.: Der Germanenexkurs im 6. Buch von Caesars Bellum Gallicum. In: Caesar im Unterricht, AUXILIA 7 (1983), S. 87-116. **In: 4.7**

Abbildungsnachweis

S. 32, 59, 112, 136: Erich Lessing/AKG, Berlin; S. 41: Zeit Bild / Interfoto, München; S. 111a und b, 130, 171b: AKG, Berlin; S. 146: Gerhard Dittrich, Bamberg; S. 149, 154, 173: Friedrich Maier, Puchheim; S. 171a und c: Bildarchiv Preußischer Kulturbesitz, Berlin; S. 185: Scala, Antella; S. 199 f.: Westermann Praxis Geschichte 6/1998, Braunschweig; S. 202a: Alfredo dagli Orti / Bildarchiv Preußischer Kulturbesitz, Berlin; S. 202b: Jürgen Liepe / Bildarchiv Preußischer Kulturbesitz, Berlin; Verlagsarchiv.

Inhalt

Vorwort	3
1 Caesar – ein europäisches Bildungsgut	
Zur didaktischen Begründung des Autors	6
2 Inhaltliche Vorbedingungen zur Caesar-Lektüre	
2.1 *Bellum iustum* als Menschheitsproblem	15
2.2 Ratio, Rationalität, Rationalisierung im Denken, Handeln und Schreiben des Machtmenschen	21
3 Das neue Arrangement der Schulausgabe	
3.1 Das differenzierte Angebot des Originaltextes	26
3.2 Das zusätzliche Textmaterial	27
3.3 Das reichhaltige Bildmaterial	28
3.4 Der Anhang zur Abrundung der Caesar-Lektüre	30
3.5 Ein alternativer Einstieg in die Caesar-Lektüre	31
4 Die einzelnen Unterrichtsprojekte	
4.1 Das Proöm – Das Eingreifen in Gallien	32
4.2 Der Helvetierkrieg	38
4.3 Die Auseinandersetzung mit Ariovist	68
4.4 Caesar am Rhein	92
4.5 Der Griff nach Britannien	102
4.6 Dumnorix – Symbolfigur des gallischen Widerstands	130
4.7 Die Germanen – Ein ganz anderes Volk	138
4.8 Vercingetorix – Galliens Freiheitsheld	146
5 Vorschläge zum Abschluss und Einstieg in die Caesar-Lektüre	
5.1 Vom Gallischen Krieg zum Bürgerkrieg	174
5.2 Die Ermordung Caesars – Die Iden des März	178
5.3 Der lateinische Weg zu Caesars Leben und Taten	183
6 Ergänzende Materialien	
6.1 Furor Teutonicus – Hörspiel von Herbert Luible (Zu I, IV, VI)	186
6.2 Rundfunkmeldung zur Critognatus-Rede	190
6.3 Vercingetorix – Hörspiel von Herbert Luible (Zu VII)	191
6.4 Militaria	199
7 Prüfungsaufgaben	203
8 Literatur zur Caesar-Lektüre	211